評伝 戸田城聖 下

創価教育の源流 第二部

「創価教育の源流」編纂委員会 編

第三文明社

会長就任式の日の戸田城聖（1951年5月3日）

評伝　戸田城聖

創価教育の源流――第二部下巻――目次

第5章　学会組織の再建

第6章　後継の育成

第7章　願業を達成

付録

装幀／志摩祐子（有限会社レゾナ）
本文レイアウト・組版／有限会社レゾナ
撮影協力／柴田篤・手島雅弘

凡例

一、本書（上下二巻）は、月刊誌『第三文明』（二〇一四年八月号〜一六年十月号）に、二十七回にわたって連載した「創価教育の源流──第二部　戸田城聖」をまとめたものである。

二、編集に際しては、章と節を設け、新たに判明した事実を補足した上で、加筆・訂正を行った。

三、本文および注に示した以外の参考文献は、各節の末尾に提示した。

四、本文中の表記について

イ　『牧口常三郎全集』（全十巻、第三文明社、一九八一〜九六年）は、『牧口全集・第三巻』等と略す。

ロ　『戸田城聖全集』（全九巻、聖教新聞社、一九八一〜九〇年）は、『戸田全集・第三巻』等と略す。

ハ　『池田大作全集』（全百五十巻、聖教新聞社、一九八八〜二〇一五年）は、『池田全集・第八十八巻』等と略す。

ニ　『評伝　牧口常三郎――創価教育の源流　第一部』（第三文明社、二〇一七年）は、出版社名と発行年を省略する。

ホ　年齢および享年は、満年齢による。

五、引用文の表記について

イ　原則として原文のとおりに表記した。

ロ　（趣意）として、要旨をまとめたものがある。

ハ　旧漢字を常用漢字に、旧仮名遣いを現代仮名遣いに改めたところがある。

ニ　一部の漢字については、振り仮名を付けるなど読みやすくした。

ホ　明らかな誤字・脱字、もしくは、現代の表記と異なる場合などは修正した。

ヘ　必要な場合には、〔　〕内に語句を挿入した。

ト　手記については、読みやすさを考慮して、句読点・濁点を付すなどしたところがある。

六、（　）内に付した現在の市区町村や学校等の名称は、二〇二一年一月時点のものである。

七、新たに「略年譜」「単行本・論文・巻頭言等」「講義・講演・講話・質問会などの記事」を作成し、それらを下巻の巻末に付した。

八、所蔵が明示されていない写真は、編纂委員会が撮影したもの、『年譜 牧口常三郎 戸田城聖』（第三文明社、一九九三年）から転載したもの、もしくは、所有者の了解を得て掲載したものである。

なお、編集上の責任は、すべて編纂委員会が負うものとする。

第5章

学会組織の再建

1　一人立つ

一九四五（昭和二十）年七月三日、四十五歳の戸田城外は、妻幾子の証言によれば、夕闇の中、中野区新井町（現在の新井）にあった豊多摩刑務所[1]から、焼け野原が広がる東京の街へ出たという[2]。それは、新たな人生の第一歩であった。

敗戦直後

出所した戸田は、義弟跡部一雄[3]への手紙に次のように記している[4]。

「一雄さん　城聖は（城外改め[5]）三日の夜拘置所を出所しました。思へば三年以来恩師牧口先生のお伴をして法華経の難に連り独房に修業すること言語に絶する苦労を経て参りました。お蔭を持ちまして身『法華経を読む』と云ふ境ガイを体験し、仏教典の深奥をさぐり遂に仏を見、法を知り現代科学と日蓮聖者の発見せる法の奥義とが相一致し日

関東大震災後の豊多摩刑務所表門付近（撮影時期不明、中野区提供）

本を救ひ、東洋を救ふ一代秘策を体得致しました[6]」

しかし、戸田の身体（からだ）は、二年間の独房生活で相当弱っていた。出所時には、粗末な食事による栄養失調だけでなく、肺（はい）疾患（しっかん）や喘息（ぜんそく）、心臓病、リウマチ、糖尿病、痔瘻（じろう）、慢性下痢などの症状を抱えていた[7]。

この手紙の末尾には、「身が弱（よ）はって、視力がないので今後一切〔妻〕幾子に代筆させることに致しました」とつづられている。以前からの強度の近視は、獄中でさらにひどくなり、左目はほとんど見えない状態であった[8]。

彼が失ったのは健康だけではなかった。

経営に関与していた十七の会社はほとんどが廃業に追い込まれ、[9]多額の借金が残っていた。戸田は、「実に〔拘置所から〕出てきて見ますれば、当時六百万円からあった財産は、木の葉のごとく散り果てて、残っているのは二百何十万円という借金でありました[10]」と語っている。

また、会員三千人を数えた創価教育学会の組織は、壊滅状態にあった。それは、一九四四（同十九）年十一月二十日に行われた牧口常三郎の葬儀に端的に表れた。出席していた藤森富作は、「先生の死は時恰も戦争益々酷なる時であり、会員相互の連絡不如意にして、あの偉大なる牧口先生の葬送の大儀にも弟子たる同志四、五名の会葬者のみであった[11]」と述べている。

出獄後、そのことを知った戸田は、「あれ程弟子がいたのにわずか四、五人とは何事だ！　警視庁がそれ程こわいか！　今に見ろ！[12]」と腸が煮えくりかえるほど憤慨し、「価値論[13]」を生み出した世界の偉人を世に出さずにおくものかと強く決意したという。[14]

彼は自宅で静養しながら、事業の再建準備を開始した。[15]債権者への書面には、「愚生も出所後一日の休みなく債権の整理及び旧会社の整頓に努力仕り居り候（中略）又小生独特の新事業を企画是又経営の緒につき申候」と記している。[16]

一九四五（同二十）年八月十五日、戸田は、再起を図っている中で敗戦の日を迎えた。その日の『朝日新聞』東京本社版は、「戦争終結の大詔渙発さる」「新爆弾の惨害に大御心　帝国、四国宣言を受諾　畏し、万世の為太平を開く」の見出しのもと、次のように報じている。[17]

「大東亜戦争は遂にその目的を達し得ずして終結するのやむなきにいたった、科学史上未曽有の惨虐なる効力を有する原子爆弾とこれに続いて突如として起ったソ連の参戦とは大東亜戦争を決定的な段階にまで追ひ込んだ」

戸田は、敗戦後も依然として裁判を待つ身であった。九月二十七日に東京刑事地方裁判所から発せられた彼に対する「予審終結決定」の主文には、「本件ヲ東京刑事地方裁判所ノ公判ニ付ス」と記されている。治安維持法等の廃止などにより、免訴の判決が申し渡されたのは、十月三十一日のことである。[18]

通信教授を始める

出獄の日から四十九日目にあたる八月二十日、戸田は通信教授の事業に着手した[19]。品川区上大崎二丁目五百四十二番地[20]に日本正学館の事務所を開き、二十三日には、次のような広告を『朝日新聞』東京本社版の一面に出している[21]。

> 中学一年用 二年用 三年用
> **数学・物象**(ぶっしょう)[22]の学び方　考へ方　解き方（通信教授）
> 各学年別に数学物象の教科書主要問題を月二回に解説し月一回の試験問題の添削をなす。又これを綴込(とじこ)めば得難き参考書となる。資材関係にて**会員数限定**　六ケ月完了　会費各学年共六ケ月分金廿(にじゅう)五円前納　郵便小為替(こがわせ)或は振替にて送金の事
> 住所学校名　学年　氏名明記の上即刻申込みあれ（内容見本規則書なし）（以下略）

九月四日付の広告（『毎日新聞』毎日新聞社（東京）版、および、『朝日新聞』大阪本社版と西

部本社版）からは、「英語講座　読み方　話し方　作り方」が追加されている。そして、十月八日付の広告（『朝日新聞』東京本社版）からは、日本正学館の所在地を神田区西神田二丁目三番地（現在の千代田区西神田三丁目）に変更。[23] 反響は極めて大きく、一日に二万円程も入ってくるようになった。[24]

多数の応募があったのは、募集開始から約八カ月の間に、『朝日新聞』東京本社版（十一回）、『読売報知』[25]（十一回）、『毎日新聞』毎日新聞社（東京）版（十四回）、『日本産業経済』[26]（十一回）だけでなく、五十を超える新聞に何度も広告が掲載されたからである。[27] たとえば、『中国新聞』（本社　広島市）には十月二十六日以降二十三回、『長崎新聞』には十

『中国新聞』1945（昭和20）年11月19日付１面に掲載された日本正学館の広告（広島市立中央図書館所蔵）

月十五日以降十六回にわたって掲載されている。

翌一九四六（昭和二十一）年一月には、高等学校・専門学校入試添削（英語・数学・物象・国漢の四科目）も開始した[28]。

ただし、通信教授の募集広告が確認できるのは、『山形新聞』一九四六年六月十一日付一面が最後である。これは、用紙の入手難[29]や印刷代の高騰に加え、五月には普通小包料金（2キログラムまで）が三倍に、七月からは封書・はがきの料金も三倍になるなどして[30]、半年分の会費の前納というやり方では収支の見通しが立たなくなったことも関係あるかもしれない[31]。

厳しい経済状況の中での出版活動

一九四五（昭和二十）年十一月、戸田は、日本正学館の通信教授に加えて、大衆小説の出版を開始した。かつて大道書房を設立し、子母沢寛や長谷川伸の作品などを出していたので、その経験と人脈を生かそうとしたのである。そこで彼は、西神田の事務所に日正書房を立ち上げて、十一月三十日に子母沢寛『男の肚』上巻を出版[32]。同社からは、

日正書房が出版した単行本

No.	著者名	書　名	発行年月日
1	子母沢寛	男の肚・上巻(1)	1945年 11月30日・ 12月15日
2	同上	男の肚・下巻	12月15日
3	同上	男の肚(1)	1945年 12月15日(2)・ 1946年 3月18日
4	同上	起上り小坊主	1946年 3月15日(3)
5	同上	勝海舟・第一巻	3月18日
6	同上	勝海舟・第二巻	4月5日
7	川田賢一文・ 館野癸己夫絵	ハナトコドモ	5月15日
8	同上	タノシイコドモ	7月30日
9	大林清	暗夜群像	10月20日
10	子母沢寛	地獄囃子	10月30日
11	江戸川乱歩	猟奇の果	12月10日
12	藤島一虎	博多山笠	12月15日
13	湊邦三	花かるた	12月20日
14	子母沢寛	鬼火	1947年 1月20日
15	野村胡堂	馬子唄六万石	2月25日
16	城昌幸	怪奇探偵小説集 夢と秘密	2月25日
17	長谷川伸	馬追仁義	2月28日
18	子母沢寛	投げ節弥之	3月20日
19	大下宇陀児	殺人技師	3月20日
20	子母沢寛	最後の江戸っ児	5月20日
21	村山松風	怪奇探偵小説文庫 地下室の秘密	5月25日
22	湊邦三	お紋蛇の目傘	6月20日
23	長谷川伸	勘八男一匹	6月27日
24	横溝正史	首吊船	6月30日
25	村上元三	船唄街道	8月30日
26	谷崎岩雄	図解本位 社交ダンス入門	8月頃(4)
27	小栗虫太郎	探偵小説 有尾人	9月5日
28	長谷川伸	一本刀武者修行	9月25日

(1) 初版の発行年月日が異なるものがある。
(2) 上下巻を合体したものと、ページ番号を振り直したものがある。
(3) 奥付の発行年月日は、「昭和20〔1945〕年3月15日」であるが、発行所は同年10月以降の戸田の事務所の所在地になっている。1946年4月2日の『朝日新聞』東京本社版と『読売報知』の広告などには、『男の肚』・『勝海舟』第一巻と一緒に「新刊」として掲載され、同年3月29日にはGHQの検閲を受けていることから、発行年月日は1946年3月15日ではないかと考えられる。なお、裏表紙には「大衆社刊」と印刷されている。
(4)『帝国図書館・国立図書館和漢図書分類目録(国立国会図書館蔵書目録)昭和16年1月〜24年3月』(国立国会図書館、1964年)の858頁、および、『出版ニュース』第25号(日本出版配給、1947年7月11日)の10頁を参照。

その後、四七（同二十二）年九月までに、二十八冊が刊行されている。

内訳は、子母沢寛十冊、長谷川伸三冊、長谷川が主宰する小説研究会「新鷹会」に属する大林清・藤島一虎・村上元三・湊邦三(33)や、野村胡堂・江戸川乱歩(34)・横溝正史(35)・城昌幸・小栗虫太郎・大下宇陀児の小説などである。ほかにも、日本語に簡単な英語が付記された絵本『ハナトコドモ』と『タノシイコドモ』の二冊（ともに、文・川田賢一、絵・館野癸己夫）が、「日正絵本」として出版されている。

しかし、一九四七（同二十二）年四月頃になると、印刷用紙が極端に不足し、統制外の粗悪な仙花紙(36)の価格も高騰した。そのためか、この年に出版が予定されていた横溝正史『檻の死美人』・江戸川乱歩『人間豹』・土師清二『恋施餓鬼』『船唄雀念仏』『白鷺の女』・甲賀三郎『血染の電話機』・湊邦三『八百両道中』の七冊は、未刊のままに終わったのではないかと思われる(37)。

一方、日本正学館では、一九四六（同二十一）年九月頃から四七（同二十二）年六月頃にかけて、国民学校初等科(38)五・六年生用の学習書および中等学校の生徒用の学習書が刊行されていた。そのうちの十五冊は、アメリカ合衆国メリーランド大学ホーンベイク図

日本正学館が出版した学習書

No.	書　名	発行年月日	頁数等
1	最も信頼出来る 英語自修書 教科書準拠 （中等学校一年用）	1946年9月15日	92頁
2	数学講座(1)	9月20日	72頁
3	物象講座(1)	9月20日	72頁
4	英語講座(1)	9月20日	63枚
5	力のつく 国語学習書 初等科六学年 後期用	11月20日	47頁
6	地理学習帳 五年前期	12月20日	19枚
7	地理学習帳 初六前期	12月20日	19枚
8	学習帳 初五・前期 くにのあゆみ(2)	12月20日(3)	19枚
9	分類式 東京都内中等学校入学試験問題集 昭和二十年度 出題の傾向	12月25日	66頁
10	地理学習帳 初五後期	1947年1月15日	23枚
11	力のつく 理数科(4)学習書 初等科六学年 後期用	1月31日	48頁
12	地理学習帳 初六後期	(5)	38枚
13	家庭学習 理科の友 新制 小学五年用 全	5月25日	52頁
14	家庭学習 理科の友 新制 小学六年用 全	5月25日	43頁
15	新制中学校 LET'S LEARN ENGLISH 誰にもわかる 自修英語 中学一年生用	6月25日	60頁

(1) 新制中学校の1年から3年までの教材を収録。『物象講座』の発行部数は1万部。
(2)「くにのあゆみ」は、戦後、1946年に文部省が作成した国民学校初等科用の最後の国定国史教科書。
(3) 創価大学創価教育研究所が2007年2月23日に行った調査による。
(4)「理数科」は国民学校初等科の教科名。
(5) プランゲ文庫に所蔵されているものは、奥付が欠落。ただし、GHQの検閲を1947年2月25日に受けている。

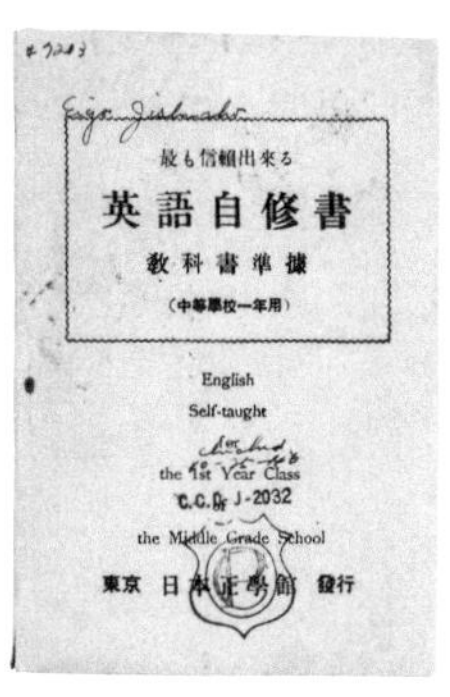

上記No.1の日本正学館の学習書（メリーランド大学ホーンベイク図書館ゴードン・W・プランゲ文庫所蔵）。スタンプと書き込みはGHQの検閲による

書館ゴードン・W・プランゲ文庫（以下「プランゲ文庫」と略す）に所蔵されている。[39]

また、一九四六（同二十一）年春から『民主主義大講座』（今中次麿・加田哲二・堀真琴・室伏高信責任編纂・全六巻・各冊予価三十円）の準備に取り掛かり、[40]五月初旬には出版予告が新聞に掲載されている。ただし、第一巻は二カ月後の七月に予定通り刊行されたが、[41]それから二年余りの間に四倍の値上げを余儀なくされ、第五巻までで終了することになった。[42]

〝創価学会〟として再建

一九四五（昭和二十）年十一月十八日に杉並区和田の日蓮正宗寺院歓喜寮[43]で行われた牧口常三郎の一周忌法要[44]について、小泉隆は次のように述べている。

「（戸田先生は、出獄以来）四カ月目に既に事業の一つの目安がついたと云っておられた。それからあの時（一周忌法要）が最初だったかな、広宣流布[45]は俺がやるんだとおっしゃったのは…先生は牢から出られて大地に踏み出した時に既にあの確信をもっておられた」[46]

戸田は、翌一九四六（同二十一）年の元日から法華経講義を開始した。[47]第一期の受講者は、戦前・戦中の創価教育学会の理事で生活革新同盟倶楽部[48]（経済人グループ）のメンバーであった岩崎洋三（武）、西川喜万（喜右衛門）、本間直四郎、藤森富作の四人である。[49]新しい方向性は、戸田とこの四人で検討されている。[50]同年五月一日には、会の名称を「創価学会」と改めて「綱領」と「規約」などを決定。[51]戸田が経営する日本正学館の二階を「創価学会本部」と定めた。[52]

そして、遠方の会員には、戸田理事長名で、次のような再出発を知らせる手紙が送られている。

「東京におきましては今般創価学会再建のため、活溌なる活動を展開して居ります。同封致しましたところの綱領並びに規約御覧の上、法友相誘ひ改めて新綱領規約に基いて御入会下されますやうお誘ひ申し上げます。地方支部の復活は勿論のこと今後益々地方支部の組織並びに進出を期待して居ります[53]」

一方、法華経講義は、新たな受講者を対象に四月から第二期を開講。[54]また、戸田を中心とした座談会が開かれるようになった。戦後、彼が初めて参加したのは、五月五日に開催された大森区調布嶺町（現在の大田区鵜の木）の小泉隆宅（蒲田支部）での座談会[55]である。翌六月には藤森富作宅（板橋支部）、戸田城聖宅（芝支部）、牧口クマ宅（目白支部）でも開催されている。[56]

小泉隆は、戸田の座談会について、次のように語っている。[57]

「戸田先生は『三人だって同志がおったら喜んで話すんだ。いや、たった一人でもよい。一人でも心から話し合い、感激し合って帰ればよいんだ』というのが口癖でした」

「ともかく仏法で説く『無作』に通ずるというか、自然のままというか、歩んできた体験の深さも我々とはまったく違う。その何か奥深い所から無尽蔵の知恵とユーモアが溢れ出てくるといった風でした」

さらに、六月一日には、戦前・戦中に発行されていた創価教育学会の会報の題名を引き継いで、新たに創価学会々報『価値創造』を創刊（謄写版刷り、B5判）[58]。第一号には、戸田の巻頭言とともに、彼が獄中で作った「独房吟」を掲載。第四号（一九四六年九月一日発行）には、同年十一月十八日に牧口の三回忌を迎えるにあたり、弟子・縁故者による告別式を行う旨の「御知らせ」を載せている。

戸田は、牧口の法要を目前に、痛烈な巻頭言を『価値創造』第六号（一九四六年十一月一日発行）に掲載した。それは、日蓮正宗の僧侶と退転した創価教育学会の旧幹部に対するものであった。

「〔牧口〕先生の法難に驚いて先生を悪口した坊主共よ、法を捨て先生を捨てたる意久地無共よ。

　懺悔滅罪せんと欲すれば我等が会に来って先生の遺風を仰ぎ仏の御訓に随順すべきであるぞ[59]」

　十一月十七日（日）、神田区一ツ橋（現在の千代田区一ツ橋）の教育会館[60]で、牧口の三回忌法要が行われた[61]。この時戸田は、次のように述べている。

「貴郎の慈悲の広大無辺は私を牢獄まで連れて行って下さいました。そのお蔭で『在々諸仏土常与師倶生』[62]と妙法蓮華経の一句を身をもって読み、その功徳で地涌の菩薩[63]の本事を知り、法華経の意味をかすかながらも身読する事が出来ました。何たる幸で御座いませうか。（中略）

　此の不肖の子、不肖の弟子も二ヶ年間の牢獄生活に御仏を拝し奉りては、此の愚鈍の身も広宣流布の為に一生涯を捨てるの決心を致しました。

御覧下さいませ。不才愚鈍の身ではありまするが、貴郎の志をついで学会の使命を完うし、霊鷲山会にて御目にかゝるの日には必ずやおほめに預る決心で御座います。

謹書　弟子城聖白す(64)」

続いてその場で、創価学会の第一回総会が開催されている。

後に戸田は、第一回総会を終えた頃を振り返って次のように述べている。

「昭和廿一〔一九四六〕年の秋には創価学会の再建は一先づ緒についた形となったが未だ人材は揃はず、信力弱く学力は低く到底一国広宣流布の大旗はかゝげられなかったのである(65)」

一九四七（同二十二）年の初夏、戸田は北海道に住む親戚の門脇辰五郎(66)へ次のような書簡を送っている。

「三日程前　私が出版した本を送りました。

君の読む民主主義大講座と冨枝の読む小説とを。(67)

出獄二ヶ年。一つは恩師の遺志をついで創価学会の再建と、一つは事業の復活と、二つながら御仏の加護を得て着々進行して居る　安心してほしい君も〔戦地から〕帰還後どうかね。絶えず案じて居る。しみじみと語り会ひたいと思っている。

激甚な変動を持つ経済界に闘ひ抜きつゝある私にも夢はある。青春の頃の如く。さればこそ若々しく男々しく働けるのだ。

信仰に事業に寧日もないが来年は一度帰郷したい[68]、先祖の法養〔法要〕もしたいと思って居る。君等も都合か（ママ）出来たら出京したまへ　楽しみにして居る」

注

（1）一九四五年六月頃、戦災にあった司法省等を東京拘置所内へ移転させるため、東京拘置所の収容者の大部分を中野区新井町の豊多摩刑務所内へ移動させることになった（『戦時行刑実録』、矯正協会、一九六六年、二七四〜二七五頁などを参照）。
戸田の後に東京拘置所から豊多摩刑務所に移送された神山茂夫（本書下巻の290頁5行目参照）は、次のように記している。

「〔一九四五年〕六月のすえになると、中野にあった豊多摩刑務所の収容者は、ほとんど宮城の刑務所に移送され、そのあとに、巣鴨の拘置所が『女区』だけのこして（じつは被拘禁者を男子用の六舎にうつし、本物の女区は看守たちの宿舎になっていた）移転した。そして巣鴨の建物には、霞ガ関で空襲で焼けだされた裁判所と検事局の一部が移転していた。

豊多摩刑務所は『近代的設備』を誇った巣鴨拘置所にくらべると、建物も古く、ひどく設備が悪いうえに、空襲で一部に被害をうけており、収容人員は定員をはるかにこえていたので、その待遇はいっそうひどかった」（窪田精編『愛する者へ――神山茂夫獄中記録――』、飯塚書店、一九六三年、一一七頁）

同じく、一九四五年六月に東京拘置所から移送された内山弘正は、次のように記している。

「六月、豊多摩刑務所の五舎二階の独房にうつる。独房は巣鴨と同じ三畳の広さだが、豊多摩は畳がなく板の床で、そのかわりベッドがあった」（豊多摩（中野）刑務所を社会運動史的に記録する会編『獄中の昭和史 豊多摩刑務所』、青木書店、一九八六年、一一八頁）

また、一九四五年三月二十八日に警視庁に二度目の検挙をされた哲学者の三木清は、六月十二日に東京拘置所に収監。六月二十日に豊多摩刑務所へ移送され、同年九月二十六日に同刑務所で死去している（宮川透『三木清 近代日本の思想家10』、東京大学出版会、一九五八年、一八一頁参照）。

（２）『池田全集・第二十二巻』、六三〜六五頁参照。戸田が妻の弟（松尾卓美）宛に書いた手紙には、「七月三日午後八時、（中略）七二九日目で〔白金〕台町の家に帰った」と記されている（戸田城聖『若き日の手記・獄中記』、青娥書房、一九七〇年、一八二頁参照）。

戸田が出所した当時の豊多摩刑務所の表門付近の様子については、本節11頁の写真とともに、『刑政』第四十四巻第七号（刑務協会、一九三一年七月）および第五十四巻第七号（一九四一年七月）の巻頭写真を参照。

『東京都戦災誌』（東京都、一九五三年）には、東京都全域の空襲被害について、死者九万二二二四人、傷者一四万八二七九人、全焼家屋八四万七二二六戸、罹災者三〇九万九四七七人と記されている（「人的物的戦争被害月別一覧表」参照）。豊多摩刑務所のあった中野区では、一九四五年五月二十五日から二十六日にかけての空襲で、一万八三四〇戸が全焼した。これらについては、『東京都戦災誌』の三六六頁、および、『中野の戦災記録写真集』（中野区、一九八五年）の一〇八〜一一三頁を参照。

（３）跡部一雄は、戸田の妹マサの夫。一時期、戸田の長男喬久（たかひさ）が岩手県西磐井郡（にしいわいぐん）一関町（いちのせきまち）（現在の一関市内）にある跡部家に疎開（そかい）していた（本書上巻の453〜454頁参照）。

（４）この手紙は、月を省いて「三日の夜」とあるので、一九四五年の七月中に書かれたと考えられる。なお、前出の戸田城聖『若き日の手記・獄中記』の注記には、「これは一ノ関の妹の主人宛てのものである。下書きのままになっており、投函されたかいなかは不明」（一八一頁）とある。

（5）戸田は、出所以前に、「城外」の名を改めることを考えていた。一九四四年二月二十三日付の妻幾子宛の封緘（ふうかん）はがきには、「出所後次ノ如ク（但しソノ内一つ）改名シテ一新、更生シテヤル。皆デ、ドレガヨイカ相談タノム、馨雅、城聖、雅公（仁）、雅皓（ママ）、剛弘」と記されている。

（6）池田は、「『人間革命』と戸田先生」の中で、獄中で戸田が体得したものについて、次のように記している。

「戸田先生は、戦時中の獄中生活で、自ら人間革命を体得し、全ての人にとっての人間革命の法を発見された。それは、とりもなおさず、仏法の本質を把握し、仏教の現代的蘇生をもたらす、一つの偉大な悟りでもあったのである。

悟りなどというと、ひどく神秘めいて聞こえるかも知れない。簡単にいえば、万人に通ずる真理の発見である。ところがこの真理というのは、ただ知識として与えられる限り、ことさらどうということもないようにしか思えない場合が多い。自分自身が人生において深刻な悩みに直面し、行き詰り、絶望の淵に沈もうとしたとき、真理の与える救済の力はこの真理の発見の至難さと尊さとをいやとい

うほど思い知らせてくれるものなのである」（『報知グラフ別冊 映画「人間革命」特集』、報知新聞社、一九七三年、七五頁）

（7）本書上巻の463頁注（28）、および、『池田全集・第七十二巻』の三二五頁を参照。戸田は、一九五二年十月中旬に、〝わたしも肺は片方しかない〟と語ったという（『聖教新聞』一九五九年九月四日付五面参照）。

（8）池田は、戸田の視力は〇・〇一と記している（『池田全集・第八十巻』、一一六頁参照）。あわせて、戸田城聖「私の闘病八十日」（『聖教新聞』一九五八年二月十四日付一面）を参照。

（9）債権者たちに宛てた一九四五年夏頃の書面（森田一郎が受け取ったもの）には、「幸ひ秀英社は戦災の難をのがれ、帝国光学レンズは戦災に遭遇致し候も新規に工場を借り入れ倍旧の増資活動の機と相成り候」と記されているので、わずかながら残った建物もあったようだ。

（10）『聖教新聞』一九五五年四月十七日付二面参照。なお、日本銀行の「公表資料・広報活動」で示されている各年の企業物価指数（戦前基準指数）で換算すると、一九四五年当時の「二百何十万円」は、二〇一八年における約五億円に相当する。

（11）『価値創造』第二号（創価学会、一九四六年七月）、四頁。牧口の葬儀に出席したのは、親族では牧口クマ・貞子・洋子、渡辺力夫妻と尾原金蔵夫妻。親族以外では、藤森富作・森重紀美子・住吉巨年など。このことについては、渡辺力からの聞き取りの記録、金子貞子からの聞き取り、戸田城正「故牧口先生追憶の辞」（『大白蓮華』第十三号、創価学会、一九五一年一月）の二三頁、『聖教新聞』一九五二年十二月一日付一面、などを参照。藤森は、検挙されなかった創価教育学会の理事の一人。森重・住吉は、戸田の会社関係者（『中外商業新報』一九四〇年八月二十七日付朝刊六頁参照）。

同じく理事で、葬儀に出席しなかった神尾武雄は、その理由を「〔牧口の告別〕式の当日は某々氏から『出席しない方がよからう』との勧告をうけ、その言葉のまゝに遂に参列を断念した」（『価値創造』第七号、創価学会、一九四六年十二月、六頁）と述べている。

なお、「戸田城正」という表記は、『大白蓮華』第九・十・十三号（一九五〇年七・八月および五一年一月）においてのみ見られる。

(12)『聖教新聞』一九五四年十一月二十八日付二面参照。

(13)『創価教育学体系』第二巻の「価値論」のこと。牧口は、「美・利・善」の新たな価値体系を打ち立てている。

(14) 牧口先生六回忌法要における戸田の発言（『大白蓮華』第五号、創価学会、一九四九年十二月、三三頁）

を参照。戸田は続けて、「性格も境遇も正反対の私が先生の跡をつぐのは心苦しいが、宿命と言ふものは厳しいものだと思ふと同時に『先生の跡を継承し、世界における学会の使命を断乎として果して死のう』と言ふ私の決意は絶対に変ることはない。諸君もこのような世界的偉人の弟子だといふことを忘れることなく、さらに私について純真に法華経を聞く者は先生のりっぱな孫弟子であることを確信せよ」と述べている（同頁参照、傍線引用者）。また、一九五五年三月二十七日の第四回鶴見支部総会では、「牧口先生こそ世界の大哲学者として、歴史の上に残る人である」と語っている（『聖教新聞』一九五五年四月三日付二面参照、傍線引用者）。

戸田は、牧口を「世界的偉人」「世界の大哲学者」と見ていたのである。

(15) 一九四五年七月中旬頃に記した戸田の「備忘録」、および、債権者たちに宛てた一九四五年七月二十一日の書面（森田一郎宛に出されたもの）を参照。

(16) 債権者たちに宛てた一九四五年夏頃の書面による（本節の注（9）参照）。この書面が発信されたのは、文面の内容から推測して、通信教授の事業が開始された八月二十日以降。

(17)『朝日新聞』東京本社版一九四五年八月十五日付一面参照。「四国宣言」とは、日本に無条件降伏を勧告したポツダム宣言のこと。当初署名したアメリカ・イギリス・中国の三カ国に加え、八月八日に日本に宣戦布告したソビエト連邦も署名国になった。

『朝日新聞』東京本社版一九四五年八月十一日付一面には、「国際法規を無視せる　惨虐の新型爆弾」「原子爆弾の威力誇示　トルーマン・対日戦放送演説」という見出しの記事が掲載されていた。戸田の手記「心影余滴」には、一九四五年九月二十二日に原子爆弾をめぐって思索した様子がみられる。

（18）一九四五年十月二十五日付の木下鹿次に対する「公判期日召喚状」を参照。「免訴」とは、裁判所が有罪・無罪を判断せずに訴訟を打ち切ること。戸田の免訴は、一九四五年十月四日に連合国軍総司令部（以下「ＧＨＱ」と略す）が日本政府に対して発した「政治的、公民的及宗教的自由に対する制限撤去の覚書」を受けて、十月十五日に「治安維持法」が廃止され、十月十七日に「大赦令（たいしゃれい）」が施行されたことなどによる。

（19）日本政府は、一九四五年三月十八日に「決戦教育措置要綱」を閣議決定した。その措置の一つとして、国民学校初等科を除き、学校における授業は同年四月一日より翌四六年三月三十一日までの一年間原則として停止することになった（宮原誠一他編『資料日本現代教育史』四　戦前、三省堂、一九七四年、三三八～三三九頁参照）。なお、この措置は四五年八月に廃止され、同年九月から授業が再開された。

戸田は、日本正学館の通信教授の開始について、「〔出獄して〕四十九日目今日は何か良い事があるだろうと思っていた、一つの生き残りの事務所（中は四坪ほどの土間で、机が一つしかない）で通信教育をやる事に気が付いた、有金全部ハタイテ三二五円（ママ）、これで広告を出した、一日一万円位（ママ）づゝ金が入って来たよ。その頃神田の旧本部を手に入れたのだ」と語ったという（『聖教新聞』一九五四年八月十五日付二面参照）。そのほか、『戸田全集・第四巻』の二七九〜二八〇頁を参照。

(20)『朝日新聞』東京本社版一九四五年九月七日付一面参照。借りたのは、栗山英三郎（当時品川区上大崎在住）の親戚が所有していた建物の土間（山浦千鶴子からの聞き取りの記録、および、戸田の手記「心影余滴」などを参照）。なお、日本正学館の創立年は、戦前に戸田が設立した日本小学館と同じ「昭和九年」としている（『商工信用録 東京版』、東亜興信所、一九五〇年度版、一七八頁参照）。

(21) 当時の新聞は、ブランケット判一枚の両面のみ。ブランケット判は、日本の一般的な新聞判型で、406ミリメートル×545ミリメートル。

(22)「物象」は、旧制の中等学校の教科の一つ。物理学・化学・鉱物学などを総括した名称。

(23) 日本正学館の建物があった神田区西神田二丁目三番地八の敷地は、約二十六坪。建物は木造亜鉛葺（ぶき）三階建て。床面積は、一階が十五・五坪、二階が十五坪、三階が十坪であった。戸田は、この土地を一九四五年十一月十五日に購入している（土地・建物閉鎖登記簿による）。

（24）戸田は、「毎日々々、現金が、昭和二十年の暮れであります。千円、二千円、三千円と入ってくる。それから、一日に一万円入ってくる様になったら、肉の一貫目〔3・75キログラム〕も買ってお祝いをしよう〔と話していた〕。ところが驚くことなかれ、〔その〕二日目には一日に二万円程も入ってくる」と語ったとのことである（『聖教新聞』一九五五年四月十七日付二面参照）。

通信教授を始めた時の会費は一科目六カ月分が二十五円なので、二万円は延べ八百科目分の申し込みがあったことになる。通信教授の新聞広告は、一九四五年八月は『朝日新聞』に一回のみであったが、九月は二十一紙に、十月以降は五十を超える新聞にたびたび掲載されるようになった。

通信教授による収益は、戸田が抱えていた多額の借金の返済にも充てられた。債権者たちに宛てた一九四五年夏頃の書面には、次のように書かれている。

「愚鈍不徳に加ふるに時局の変動は皆様に思はざる迷惑を及ぼし御恩借金の一時延期を御願ひ致すの止むなきに立ち至り候も愚生に貸すに一年の時日を以てして下さるならば一銭たりとも元利共に御迷惑相掛け申まじく何卒左の如く御願ひ仕り候

一、利子は年六分として元金に繰り入れ元利合計金を証書に書き入れること。

一、昭和二十一年十月三十日より毎月末元利金分割払ひ二ケ年以て完済のこと。」

(25)『読売報知』は、「新聞統制令」により、『読売新聞』が一九四二年八月に『報知新聞』を吸収合併したことで誕生。四六年五月には「読売新聞」、四八年二月には「報知新聞」の名称が復活した。

(26)『日本産業経済』は、一九四六年三月一日から『日本経済新聞』に改題された。

(27)日本正学館の通信教授の広告は、以下の新聞に掲載された。

『秋田魁新報』・『朝日新聞』大阪本社版・『朝日新聞』東京本社版・『朝日新聞』西部本社版・『伊勢新聞』・『茨城新聞』・『愛媛新聞』・『大分合同新聞』・『大阪新聞』・『香川日日新聞』・『鹿児島日報』・『河北新報』・『北日本新聞』・『岐阜合同新聞』（途中から『岐阜タイムス』）・『京都新聞』・『熊本日日新聞』・『高知新聞』・『合同新聞』・『神戸新聞』・『佐賀新聞』・『産業経済新聞』・『滋賀新聞』・『四国新聞』・『下野新聞』・『時事新報』・『静岡新聞』・『信濃毎日新聞』・『島根新聞』・『上毛新聞』・『新岩手日報』・『中国新聞』・『中部日本新聞』・『東奥日報』・『東京新聞』・『徳島新聞』・『長崎新聞』・『新潟日報』・『西日本新聞』・『日本海新聞』・『日本産業経済』（途中から『日本経済新聞』）・『日向日日新聞』・『福井新聞』・『福島民報』・『福島民友新聞』・『防長新聞』・『北海道新聞』・『北国毎日新聞』・『毎日新聞』毎日新聞社（大阪）版・『毎日新聞』毎日新聞社（東京）版・『南日本新聞』・『山形新聞』・『山梨日日新聞』・『夕刊新大阪』・『読売報知』・『和歌山新聞』

(28)「高等学校・専門学校入試添削」は、一九四六年一月には一科目の会費が三カ月で九円であったが、二月には十五円に変更になっている(『読売報知』一九四六年一月十五日付一面・二月九日付一面参照)。

(29)一九四六年の紙の生産量は、悪条件が重なり、戦前最高であった一九四〇年のわずか七パーセントであった(『日本雑誌協会史』第二部 戦中・戦後期、日本雑誌協会、一九六九年、一七五頁参照)。

(30)『郵政百年史』(郵政省、一九七一年)、七一三〜七一四頁参照。

(31)日本正学館が実施した数学・物象・英語の通信教授の会費は、一九四六年二月十四日の『新岩手日報』の広告以降、一科目六カ月二十五円から三十五円に改定されている。

(32)『男の肚』は、江戸時代末期に活躍した侠客大前田英五郎を扱った小説。ちなみに、一九四五年十一月三十日発行の『男の肚』上巻は、奥付は日本正学館だが、裏表紙には日正書房と印刷されている。本書では、奥付が日正書房となっている『男の肚』上・下巻が同年十二月十五日に発行されていること、および、奥付が日本正学館となっている下巻が見つからないことから、日正書房の出版物として扱った。

なお、一九四七年二月から四八年七月十一日まで、日本正学館の建物の一・三階を日本婦人新聞社が分室として使っていた(途中からは三階のみ)。また、四五年十二月頃から四八年二月頃まで、日本正学館に隣接する西神田二丁目三番地九に、西川喜万が経営する大衆社の事務所があった。これらについては、『聖教新聞』一九六〇年四月八日付三面に掲載された和泉覚の追憶談、和泉覚「歴代会長と歩んだ我が信仰の譜」（『前進』第二百五号、前進委員会、一九七七年六月）の四頁、『日本婦人新聞』一九四八～五〇年の各号、西川喜万編『読切講談』（大衆社）の一九四八～五〇年の各号、などを参照。

（33）湊邦三（一八九八～一九七六年）は、戸田と親交が深かった長谷川伸（本書上巻の387～390頁参照）門下の重鎮の一人で、直木賞の第一回と第二回の候補になった作家。後に戸田から依頼され、『小説 日蓮大聖人』を執筆（本書下巻の177～178頁参照）。一九五八年四月の戸田の学会葬では、友人代表で弔辞を読んでいる（『聖教新聞』一九五八年四月二十五日付二面参照）。

『朝日新聞』東京本社版一九五三年四月二十五日付朝刊六面には、「数ある長谷川伸の門下のうちでも、湊邦三と村上元三の二人が旗本直参ということが出来るだろう」と書かれている。

（34）江戸川乱歩（一八九四～一九六五年）は、日本の推理小説の礎を築いた作家。三重県名賀郡名張町（現在の名張市）生まれ。本名は、平井太郎。戸田は、自ら乱歩に会って出版の交渉を行っている。このことについては、平井隆太郎「回想の江戸川乱歩」（『オール讀物』第四十六巻第十一号、文藝春秋、一九九一年十一月）の二八一頁を参照。乱歩の長男である平井隆太郎は、夏休みの課題で取材に訪れた豊島区に住む東京創価小学校の児童たちに、「実はね、父の乱歩は、みんなもよく知っている、戸田先生と会っていたんだよ」「よく一緒に食事に行っていた。戸田先生はお酒が強くてね。宗教者なのに、気さくな方だと父も言っていたよ」「戸田先生と会って帰ってくると、いつも機嫌がよかったんだ」と語っていたという（『聖教新聞』二〇〇九年三月二十一日付三面参照）。

（35）横溝正史（一九〇二〜八一年）は、名探偵金田一耕助を生み出したことで知られる推理作家。兵庫県神戸市生まれ。代表作に『獄門島』『八つ墓村』『犬神家の一族』などがある。

（36）「仙花紙」は、くず紙をすき返した粗悪な洋紙のこと。

（37）『出版ニュース』第十七号（日本出版配給、一九四七年四月二十一日）の一一頁・第二十五号（同年七月十一日）の一〇頁・第二十六号（同年七月二十一日）の一二頁を参照。

（38）国民学校初等科は、一九四一年三月に公布された「国民学校令」で従来の尋常小学校が改称されたもの。四七年三月に公布された「学校教育法」で現在の小学校に改められた。

（39）プランゲ文庫が所蔵する日本正学館の学習書については、野田朱美・坂口英子編『メリーランド大学図書館所蔵 ゴードンW・プランゲ文庫教育図書目録 占領期検閲教育関係図書 1945〜1949』（文生書院、二〇〇七年）などを参照。なお、前出の『出版ニュース』第二十五号の一〇頁には、日本正学館の学習書三冊が紹介されている。

プランゲ文庫が所蔵しているのは、GHQが検閲のため接収した幅広い出版物など。ちなみに、同文庫には、『価値創造』『大白蓮華』（創価学会）・『冒険少年』『少年日本』（日本正学館）・『ルビー』（大道書院）や、日正書房や日本正学館が出版した単行本なども所蔵されている。そのうち、新聞・雑誌・教育児童図書の多くは、国立国会図書館デジタルコレクションで閲覧することができる。

（40）『民主主義大講座』の編者の一人である室伏高信は、一九四六年頃日本正学館を二度訪れたことがある。彼は、その時の印象を次のように記している。

「この小さい出版屋を訪れると、二度とも、戸田はわたしをうながして、梯子段を下り、裏口から小さい露路に出た。イタチのとおるくらいの小さい、陽の目を見ない露路だった。その突き当りに小さい一杯飲み屋が立っていた。立っていたというより蹲まるとか、しゃがむといったほうがぴったりする。そこに六十がらみの老婆がいた。戸田の顔をみただけで徳利をもってきて、先生どうぞといった。古いおなじみだということが直ぐとわかった。先生ということばには尊敬も親しみもうかんでいた。しかし徳利一本きりで、あとをつづけようともしなかったし、お酒の肴は何もそえてなかった。そのころ終戦後で、酒の事情も苦しかったせいもあろうが、戸田の懐ろ事情がわかっていたからでもあろ

う」（室伏高信『池田大作 どんな日本をつくろうとするのか』、全貌社、一九六七年、一四〇頁）

（41）ＧＨＱでは、一九四五年九月より出版物の検閲を開始した（四九年十月まで）。プランゲ文庫には、『民主主義大講座』第一巻の検閲の際に、削除修正の部分を指示した紙片が残されている。

（42）『民主主義大講座』各巻の発行日と、編纂委員会が調査した書籍に記載されていた価格は、次の通り。印刷用紙等の日ごとの高騰により、定価の異なるものがある。

第一巻 原理及歴史（上）　一九四六年七月十五日

定価が「三十円（行為税加算）」もしくは「四十円」と印刷されたものと、「八十円」の紙が貼られたものがある。

第二巻 原理及歴史（下）　一九四六年九月三十日

定価が「四十円（行為税加算）」と印刷されたものと、「八十円」の紙が貼られたものがある。

第三巻 実践及形態（上）　一九四七年六月二十五日

定価が「六十円」と印刷されたものと、「七十円」もしくは「八十円」の紙が貼られたものがある。

第四巻 実践及形態（下）　一九四七年十一月二十五日

定価が「八十円」と印刷されている。

第五巻 民主主義の現段階　一九四八年九月十日

定価が「百二十円」と印刷されている。

ちなみに、『民主主義大講座』第二巻に挟み込まれていた、日本正学館からの「お願ひとおわび」と題した紙片には、「第二巻の印刷に関して、第一巻と同様の紙質を保持すべく数ヶ月の間種々の努力を傾倒し来れるも終に第一巻の如き印刷三号紙は到底獲得しえざる現状と相成りましたるにつき、紙質の若干低下したることを御諒承願ひます。なお最近の著しき諸物価の値上がりの結果不本意ながらも定価を四拾円に引上げました」と書かれている。

また、荘司徳太郎他編『資料年表 日配時代史―現代出版流通の原点』（出版ニュース社、一九八〇年）には、「本年度（一九四七年度）における（書籍の）平均定価の推移をみると、書籍は、（中略）年初に比し年末では約四倍近い値上りを示した」（七一頁）と記されている。

なお、プランゲ文庫所蔵の『民主主義大講座』第四巻の表紙には、発行部数二千を意味する「cir. 2000」。また、同書第五巻には「800」が書き込まれている。

（43）歓喜寮については、本書上巻の317頁注（20）を参照。

（44）牧口の一周忌法要の日にちと会場は、『聖教新聞』一九五五年一月一日付九面を参照。

(45)「広宣流布」とは、仏法を広く宣べ流布すること。戸田は、「広宣流布とは全人類の境涯を最高の価値にまで引き上げ、地球上に真の幸福と平和を実現しゆくことである」と語っていたという（『池田全集・第八十七巻』、二四七頁参照）。

(46)『聖教新聞』一九五五年一月一日付八〜九面参照。

(47) 戸田の法華経講義は、戦前・戦中からの会員にとって理解し難いものであったようだ。戸田は、次のように語っている。

「私が牢から帰ってきて、三世の生命ということをいいだした。それまで学会では三世の生命論を知らないから信用しない。今の科学の人たちは、また生れてくるというと『そんな馬鹿な話なんて、迷信だ』という」（『聖教新聞』一九五八年一月十七日付五面の「質問会から」を参照）。あわせて、『聖教新聞』一九五八年四月二十五日付六面の中部版、および、戸田城聖「生命論」（『大白蓮華』第一号、創価学会、一九四九年七月）の二〜五頁を参照。

(48)「生活革新同盟俱楽部」については、本書上巻の346〜347頁注(19)を参照。

(49)「法華経講義修了者名簿」による。一九四三年に配布された「大善生活法実証座談会六月日程表」の出席理事欄には、西川・本間・藤森・岩崎の名前がある（『牧口全集・第十巻』、二二一〜二二三頁の補注10参照)。なお、一期の途中から、柏原ヤス・和泉ミヨなども受講している。

西川喜万については、本書上巻の248頁注(43)を参照。西川は、一九四四年一月二十六日に検挙され、同年九月十日に起訴猶予(ゆうよ)。彼については、『内務省警保局保安課 特高月報 昭和十九年一月分』(政経出版社、一九七三年、復刻版)の九〇頁、および、『牧口全集・第十巻』の「解題・I」の三八二頁を参照。

本間直四郎は、一九四三年四月に〝経済違反〟の容疑で検挙され、四四年十二月二十二日まで東京拘置所に収監された(堀日亨編『富士宗学要集』第九巻、富士宗学要集刊行会、一九五七年、四三一・四三三頁参照)。彼は、戦前、淀橋区戸塚町(現在の新宿区戸塚町)で本間写真館を経営(『価値創造』第一号、創価教育学会、一九四一年七月、四面参照)、平和食品株式会社の代表取締役も務めた(『帝国銀行会社要録』、帝国興信所、一九四一年版、東京府会社之部の五七一頁参照)。西川喜万からの聞き取りの記録によれば、本間は、戸田と北海道で小学校が一緒だったという。厚田小学校の卒業者の名簿に「本間直四郎」の名はないが、戸田と尋常科と高等科の卒業年度が同じ「増田直四郎」は存在する(『開校九十周年記念誌』、厚田小学校、一九六七年、七三・一三八頁参照)。戸田の日記には、次のように記されている。

「〔一九一七年〕七月初旬

増田も社界に打って出たとて端書(はがき)がきた。

無事屏息
厚田出奔、
但し逃走
面白いやれ、め女しく故山の土を踏む勿れ。万難を排せ増田よ」

藤森富作は、豊島区西巣鴨で眼鏡や光学器械のレンズ製作と販売の仕事をしていた（『価値創造』第二号、創価教育学会、一九四一年八月、四面参照）。この有限会社創価光学レンズ製作所（一九四二年七月、板橋区上板橋に設立）では、戸田が代表取締役で藤森が取締役（神奈川県立公文書館所蔵の藤井家文書参照）。あわせて戸田城聖の藤森富作宛封書（一九四五年七月頃）を参照。藤森は創価教育学会の理事であったが、検挙の対象にはならなかった。

岩崎洋三については、本書上巻の437〜438頁注（53）および461頁注（18）を参照。前出の『特高月報昭和十九年一月分』の九〇頁および岩崎洋三「精進」（『価値創造』第七号、創価学会、一九四六年十二月）の一八頁によれば、岩崎は、まず別の容疑で検挙されて警察で九十余日留置された後、一九四四年一月三十一日からは治安維持法違反等の容疑で一年間拘置所に収監されている。あわせて、明石博隆・松浦総三編『昭和特高弾圧史4』宗教人にたいする弾圧下（一九四二〜四五）（太平出版社、一九七五年）の三〇四〜三〇六頁を参照。

西川喜万からの聞き取りの記録によれば、岩崎は金融関係（無尽会社）の仕事をしてきており、後に信用組合の仕事を戸田に勧めた人物とのことである。

（50）『価値創造』第一号（創価学会、一九四六年六月）、七頁参照。西川喜万は次のように記している。「元旦から始めた経本廿八品（にじゅうはっぽん）開結の読合会は、城聖先生中心に末法極悪の同志五人と共に、兎（と）にも角（かく）にも桜咲く頃には、一段落した。創価学会の再建が期せずして叫ばれたのも、そのやうな雰囲気からでもあった」（前出、『価値創造』第二号、創価学会、九頁）

また、彼によれば、戸田は、京橋区日本橋江戸橋一丁目（現在の中央区日本橋）にある川内安忠（かわうちやすただ）（本書上巻の335〜336頁参照）の事務所を訪問後、同行した四人に、「牧口先生の仇討（あだう）ちをしよう」「創価学会〔という名称〕でいこう」と語ったという（西川喜万からの聞き取りの記録による）。

（51）「役員会報告」（前出、『価値創造』第一号、創価学会、七頁）、および、「創価学会綱領」と「創価学会規約」を参照。後に戸田は、一九五六年七月二十八日に放送された日本短波放送の「宗教の時間『世の批判に応（こた）う』」において、「私の代になりましてから教育の理念だけではいけないというところで創価学会というわけなんです」と答えている（『聖教新聞』一九五六年八月五日付二面参照）。

(52) 前出の『価値創造』第一号(創価学会)の一頁、および、和泉覚「戸田先生と私」(『大白蓮華』第三百号、大白蓮華刊行会、一九七六年四月)の五六頁を参照。戦後間もなくの本部周辺の様子について、小平芳平は、「御書出版と戸田先生」の中で、次のように述べている。

「水道橋の駅で下車すると、一面の焼野原で、防空壕のなかに人が住んでいたり、ようやく仮設のバラックが建ちはじめ、あき地には、カボチャやトウモロコシが作られているような時代だった。

そうして、(中略)ナッパ服にゲタバキで、オイモを食べたり、豆やトウモロコシをかじりながら、先生の講義をお聞きするために、西神田(専修大学うら)の本部へ通った」(『大白蓮華』第百七号、創価学会、一九六〇年四月、一六頁)

(53)『創価学会四十年史』(創価学会、一九七〇年)の一一九頁の写真を参照。戸田は、一九四六年八月七日から十一日まで、創価学会として初めての夏期修養会(後の「夏季講習会」)を、静岡県富士郡上野村(現在の富士宮市上条)にある大石寺で開催、約三十人が参加した(『価値創造』第四号、創価学会、一九四六年九月、三〜七頁参照)。また彼は、地方組織構築の第一歩として、会員六人とともに、一九四六年九月二十一日から二十三日にかけて栃木県那須郡黒羽町および両郷村(ともに現在の大田原市内)、翌二十四日には群馬県桐生市を訪れている。このことについては、『価値創造』第五号(創価学会、一九四六年十月）の四頁、および、同行した会員などから両郷村の益子家へ宛てた手紙を参照。

福岡県八女郡福島町（現在の八女市内）には、本部から幹部を派遣した。田中国之の長男淳之は、次のような手記を残している。

「学会の大弾圧の時、〔創価教育学会の福岡県福島町支部の〕学会員は二十世帯であった。中心者であった田中国之は逮捕され、その後折伏活動は大いに阻害されたものの終戦時には三十世帯に近い会員になっていた。

一九四六年八月、終戦後はじめて学会本部から数名の幹部の指導の手が九州にも延び、新生の芽が生じた。その後、毎年八月に学会本部から二、三名の幹部の指導を受け、折伏教化の動きが活発さを増してきた（趣意）」

(54) 法華経講義の第二期は、一九四六年四月から同年九月まで開講された。第二期の修了者は、柏原ヤス・辻武寿・奥山和平・矢島周平・原島鯉之助（宏治）・小泉隆・小平芳平の七人。柏原ヤスは、「再建期の教学」の中で、次のように述べている。

「法華経の講義第二期のときから、戸田先生は御書の講義を始められた。毎週月曜と金曜が法華経で、水曜が御書であった。いずれも夕方五時から八時までぶっ通しの講義で、獄中いためつけられたおからだで、しかも昼間は事業の再建のために獅子奮迅の活動をなさったあとの先生にとって、どれほど重労働であったかと今に拝察するものである。

しかも、八時に講義が終わったあとは、必ず懇談をなさり、教学の質問や生活上の問題で指導をされたり、新しく入信した人を面接したりで、片時もお休みになれる時はない。帰られる時も水道橋の駅まで十数人が離れず、和気あいあいと冗談を混じえながら帰ったものであった」(『大白蓮華』第百五十二号、創価学会、一九六四年一月、三八頁、傍線引用者)

同じく第二期修了者の辻武寿は、「〝剣豪の修行〟の如き教学鍛錬」の中で、次のように述べている。

「講義は冒頭から、大変な驚嘆、歓喜の連続であった。法華経の経文を通し、文底仏法の生命の法理を、確信を込めて教えられた。

『生命は永遠である』――。それが理解できず、質問する私達に、先生はタバコを手にされる。そして『今ここについている火と、やがてタバコが短くなったときの火とは同じではない。しかし、全く別のものかというと、そうではなくて連続している一つの火ではないか』と身近な譬喩(ひゆ)を通し、かんでふくめるように教えられた。毎週月・水・金曜日の講義は、食事ぬきでも聞かずにはおれぬほどであった。

私が、特に心に刻んだのは法師品の講義であった。戸田先生は私達の使命感として言われた。『食うや食わずのタケノコ生活をしているのも、人々を救うために、苦悩の庶民と同じ姿をして、この世に生まれてきたのです。本当は貧乏ではないのだ。大きな福運があるのです』――。瞬間、全身が感動にふるえた。確たる使命感に燃え、境涯を一変させることができた。『君の青びょうたんみたいな顔に赤みがさしてきた。ふっくらといい相になった』と先生に言われるほど、躍動の日々を開くことができたのである」(『大白蓮華』第三百五十号、聖教新聞社、一九八〇年四月、三四頁)

その後法華経講義は、第八期が一九四九年七月に終了。第九期が五〇年九月に開始され、同年秋に中途で突然終了した。これらについては、第一期から第八期までの開講日と修了日・修了者氏名が記されている「法華経講義修了者名簿」のほか、『大白蓮華』第百七号(創価学会、一九六〇年四月)の一一頁、同誌第五号(一九四九年十二月)の七頁、同誌第五十五号(一九五五年十二月)の三六頁、などを参照。

(55)小泉隆は、「戸田先生と私」の中で、次のように述べている。

「翌(昭和)二十一年に座談会を再開することになって、初めて開かれたのがボクの家。当時、タタミは汚れているなんて生やさしいもんじゃない。すり切れて、ところどころに大きな穴がポッカリあいてんだもの。その穴を隠すために座ぶとん、それもボロボロのものを置いたものです。そんなむさくるしいところへ、毎月、戸田先生は通ってくださいました」（『聖教新聞』一九八〇年二月十一日付六面）

（56）和泉覚（さとる）「再建期の折伏（しゃくぶく）活動」（前出、『大白蓮華』第百五十二号）の三〇頁、および、前出の『価値創造』第一号（創価学会）の七〜八頁を参照。和泉は、「再建期の折伏活動」の中で、「戸田先生が出獄後、初めて出席された座談会は、〔一九四六年〕五月五日に蒲田・鵜の木（うのき）の小泉宅で行なわれた座談会であった。その後、小泉宅以外では、小岩の和泉宅や杉並の山浦宅、目白の牧口宅、鶴見の森田宅、さらに西新井、浦安などでも座談会が行なわれていた」（三〇頁）と語っている。

また、和泉は、「創成期における学会斗争」の中で、次のように語っている。

「〔戸田〕先生は、座談会に臨まれる時、特別の行事でも重ならない限り、時間厳守でまっ先に会場にお着きになり、早くからきている、一人二人を相手に、真心こめて指導なされる。また、終了時間も八時半か九時には、きちんと終えられ、個人的話合いが長引いても、九時半には退出されるのが常であった」（『大白蓮華』第九十九号、創価学会、一九五九年八月、二一頁）

（57）本文中の二つの引用は、いずれも小泉隆「自在闊達（かったつ）、座談会の名人」（前出、『大白蓮華』第三百五十号）の三七〜三八頁を参照。続けて、小泉は、次のように語っている。

「座談会でも、面接指導でも、戸田先生のもとには、人生と生活に疲れ果てた人達がひっきりなしに指導をうけにきていました。時には厳しい指導もされた。それは相手の生命の濁(にご)りや慢心をへし折るためでしたね。

相手を何としても救わずにはおかないという慈悲が、そばにいる私たちにもひしひしと伝わってきました。わが子に対する父親のように常に同志に相対(あいたい)していました。

まことにスケールの大きい豪放らいらくに見える先生ですが、細かいことまで気を配られるお人柄でした。豪放にして細心、これは私には不思議としかいいようがなかった。

生活に困っている人には、陰で目に見えない所できちんと手を打っておられた。とくにその日の食事にも事欠くような人には、会場の隅でそっとお金を渡され『あげるんではない。貸すんだ。返すのは余裕ができてからでよい』といわれていました。

また、どんなに厳しく叱っても〝だれそれを怒っておいたから、相談にのって、応援してやってくれ〟と陰での配慮を忘れませんでした。会場で子供が泣いて母親が叱ると『叱ってはいけない』と喩(さと)され、自分であやされ、帰りには『可愛い子だ。良い子に育つ。大事に育てなさい』と声をかけられ

ていた。私はこうした姿をみるたびに、庶民を心から愛する指導者だと、いつも思いました」（同、三八〜三九頁参照）

（58）『価値創造』第一号の題字部分には、「創価学会々報第一号 六月号 価値創造」と記されている。戦後の『価値創造』は、一九四六年六月一日付の第一号から四八年十一月十五日付の第十六号・第三回総会特輯号まで発行された。プランゲ文庫所蔵の『価値創造』に記された検閲者による書き込みによれば、第八号（一九四七年三月）から第十四号（一九四八年五月）まで、および、第十六号・第三回総会特輯号（一九四八年十一月）の発行部数は、各号とも五百であった。

（59）戸田城聖「牧口先生」（『価値創造』第六号、創価学会、一九四六年十一月）、二頁。

（60）「教育会館」は、戦前・戦中の「帝国教育会館」。一九四八年十月からは、「日本教育会館」に改称（『日教組十年史 1947-1957』、日本教職員組合、一九五八年、口絵・年表参照）。

（61）『聖教新聞』一九五七年十一月二十二日付三面の「故、牧口先生を偲ぶ」という記事には、「一九四六年十一月十七日は、牧口先生の三回忌であると同時に、学会での御葬儀が行われた日でもあった。参加者は二、三百を数えたであろうか（趣意）」と書かれている。

（62）「在々諸仏土常与師倶生」は、法華経化城喩品第七に説かれている法理で、いたるところの仏の国土に、師と弟子が常に共に生まれ、仏法を行じるとの意。仏法の師弟の絆（きずな）が三世（過去世・現在世・未来世）にわたることを示している（創価学会教学部編『教学用語集』、聖教新聞社、二〇一七年、一二〇～一二一頁参照）。戸田は、一九四五年七月三日の出獄後、「私と牧口常三郎先生とはこの代切りの師匠弟子ではなくて私の師匠の時には牧口先生が弟子になり、先生が師匠の時には私が弟子になりして過去も将来も離れない仲なのです」、と義弟跡部一雄（本節の注（3）参照）宛の手紙につづっている。

（63）地涌の菩薩については、本書上巻の454～455頁および467頁の注（43）を参照。

（64）戸田城聖「弔辞」（前出、『価値創造』第七号、創価学会）、三頁。戦前より戸田との親交が深い堀米日淳（泰栄）は、後年次のように述べている。

「戸田先生はどうかと申しますと私の見まする所では、師弟の道に徹底されておられ、師匠と弟子ということの関係が、戸田先生の人生観の規範をなしており、この所を徹底されて、あの深い仏の道を獲得されたのでございます。私はそういうふうに感じております」（『聖教新聞』一九五八年六月六日付二面参照）

（65）戸田城聖「創価学会の歴史と確信」（『大白蓮華』第十六号、創価学会、一九五一年七月）、三頁。

（66）門脇辰五郎は、戸田の兄藤吉の長女冨枝の夫。

(67) 一九四七年六月には、日本正学館から『民主主義大講座』第三巻と『お紋蛇乃目傘』、日正書房からは『お紋蛇の目傘』が出版されている。

(68) 一九四八年は、母すえと長兄藤蔵の十七回忌にあたる。ただし、実際に北海道の厚田村へ帰郷できたかは不明。

その他の参考文献

『中野刑務所譜牒』(中野刑務所、一九八三年)

中野区企画部編『中野のまちと刑務所 中野刑務所発祥から水と緑の公園まで』(中野区、一九八四年)

『収監の作家・文化人―中野刑務所 1910~1983―』(中野区立中央図書館、二〇一一年)

読書研究会編『読書倶楽部』第一巻第一号(日本出版広告社、一九四六年七月)

総司令部民間情報教育部宗教文化資料課編『日本の宗教』(国民教育普及会、一九四八年)

塩原将行「創立者の大学構想についての一考察(1) 通信教育部開設構想とその沿革」(『創価教育研究』第五号、創価大学創価教育研究センター、二〇〇六年)

川内拓郎編『川内安忠の生涯』(一九七八年)

2 子どもたちに希望と勇気を

一九四七（昭和二十二）年、戸田城聖は、急激なインフレが進む中、単行本の出版から雑誌の発行に重点を移していく。一方、創価学会の活動としては、月曜・金曜の夕方は法華経を、水曜の夕方は御書を講義[1]、それ以外の日には各所で開かれる座談会の中心者を務め[2]、さらには、地方指導へも出かけている[3]。

十九歳の池田大作との出会い

戸田は、多忙な日々の中で、一人の青年と出会った。後に創価学会第三代会長となる池田大作[4]である。

当時池田は、大田区大森九丁目（現在の同区大森南二丁目）に住んでおり[5]、千代田区神田三崎町一丁目にある東洋商業学校の第二本科[6]（夜間部）へ通っていた。

一九四七（同二十二）年八月十四日、池田は小学校[7]の同級生二人に誘われて、友人二人とともに、大田区北糀谷（きたこうじや）（現在の同区西糀谷一丁目）で行われていた会合に参加した[8]。彼はそこで初めて戸田と対面する。

「戸田先生は、私がそれまでに会った、どのタイプにも属さない人であった。ぶっきら棒のような口調でありながら、限りない温（あたた）かささえ感じられた。私の先生をみつめる視線が、しばしば先生の視線にぶつかった。私は戸惑い、眼を伏せて、しばらくして顔をあげると、先生の視線はなおも私に注がれているようでならない。おかしなことだったが、いつか旧知の親しさという感情を覚えたのである。

話が終わると、友人は私を先生に紹介した。先生は、ほう、と言いながら、眼鏡の奥から眼を光らせて、一瞬、私の顔をまじまじと見てとった。そして、何かを知ったように、なんとも人懐（ひとなつ）こい微笑（びしょう）を浮かべて言ったのである。

『君、いくつになったかね』

私の旧知の感情は、即座に答えた。

『十九歳です』

『十九歳か』と、先生はなにかに思いあたるようにいった。
『十九歳といえば、僕が東京に出てきた時だ。北海道から、おのぼりさんで、初めて東京に出てきたのだよ……』」[9]

池田を会合に誘った酒井義男は、次のように語っている。

「〔二人は〕初対面であったが、戸田先生の彼を見る目つきが違うことに気がついた。話の間に、彼をじいっと見ていた。

私たちが連れていったのに、私どもには一顧（いっこ）もしてくれない。なんとも説明のできないような、やきもちをやいたのを、いまでも記憶している」[10]

戸田との出会いにより、池田は創価学会への入会を決意した。[11]十日後の八月二十四日、彼は小平芳平（よしへい）と矢島周平に付き添われ、歓喜寮で御本尊を受けている。しかし、それまで宗教に入るなどということは考えていなかったので、長い間心の中に抵抗があったという。[12]

池田が入会した一九四七（同二十二）年頃の青年部員は、わずか十人前後、会員数も、五百人から六百人であった。[13]同年十月十九日、創価学会は第二回総会を千代田区一ツ橋の教育会館で開催。支部は東京十二・地方十一になる。[14]支部単位で行われる座談会は、回を重ねるごとに活発となり、翌四八（同二十三）年十月頃には、「東京都内に約二十五、近県に約十ヶ所、地方に六ヶ所合計四十有余」[15]の会員宅で開催されるまでになった。ただし、当時、創価学会員に対して御本尊授与が行われていたのは、宗内の数カ寺に限られ、それも、おおよそ月例御講（おこう）の日だけであった。[16]

『冒険少年』を創刊

日本正学館は、一九四七（昭和二十二）年十二月、新年号として少年雑誌『冒険少年』を創刊する。編集兼発行人は、戸田城聖であった。[17]

新聞広告には、「痛快！　愉快！　冒険少年」と、大きな活字が目立っている。[18]表紙は樺島勝一（かばしまかついち）[19]が担当。柱となる連載小説と執筆者は、「怪星ガン」（海野十三（うんのじゅうざ）[20]）、「大宝窟」（野村胡堂（こどう）[21]）、「謎の笑う仏像」（南洋一郎[22]）であった。

『海野十三全集』第十三巻の解題において、瀬名堯彦（せなたかひこ）は次のように記している。

「『冒険少年』は戸田城聖が刊行した少年雑誌で、創刊当時、表紙絵を樺島勝一の動物

池田が編集長を務めた『冒険少年』1949（昭和24）年8月号
（創価大学池田大作記念創価教育研究所所蔵）

シリーズで飾り、創作欄には、海野十三、南洋一郎、野村胡堂と戦前からの人気作家の連載小説を揃える等、当時、雨後の筍の如く次々と出て来る少年誌の中でも、一際光った存在であった。口絵や『滑稽大学』に似た読者との問答欄を設ける等、明らかに、往時の『少年倶楽部』を意識した紙面作りで、少年達の人気を得していた。つまり、料理に喩えるなら、他の少年誌は単品料理であるのに対し、本誌はフルコースの趣があり、そのメイン・ディッシュが『怪星ガン』であるといってよかった[23]」

戸田は、編集長として、作家や画家に

直接会っている。漫画評論家の池田憲章は、海野夫人からの聞き取りに基づいて次のように記している。

「海野家への依頼は戸田城聖編集長が自ら訪れて依頼した。子供たちにおもしろく楽しい、しっかりとした雑誌を読ませたいと語る戸田編集長に海野十三は連載依頼を受ける。海野夫人の記憶では、戸田編集長は自らよく原稿取りにやって来て、原稿を書く海野の傍らで子供達の環境や社会問題、家族の話をポツリポツリと話していた。『戸田さんはどこか教頭先生みたいに静かな方で、とっても印象に残っている』」[24]（傍線引用者）

また、挿絵画家・絵物語作家である小松崎茂[25]の家に住み込んでいた根本圭助は、次のように述べている。

「『冒険少年』という雑誌があった。表紙は重厚な樺島勝一の絵で飾られており、ページ数も少なく薄っぺらだったが、内容は充実していて、子供たちの間でひっぱりだこであった。発行は日本正学館で、社長が戸田城聖であった。（中略）駒込へ移ってすぐ、この『冒険少年』から依頼があったが、予定が一杯で入れこむ隙がなかった。戸田城聖

自身、何回も足を運んで来た」[26]（傍線引用者）

小松崎は子どもたちに人気があり、多くの仕事を抱えていた。それでも彼は、戸田の熱意に動かされたのか、創刊号から「怪星ガン」などの挿絵を担当することになる。

一九四八（同二十三）年の『冒険少年』の発行部数は、新年号（創刊号）は一万五千部、六月号は二万五千部、十月号は三万部、十一月号は四万五千部と、着実に伸びていった。[27]

またこの年、日本正学館から、「冒険少年文庫」として、野村胡堂『馬子唄六万石』（三月二十五日）、南洋一郎『怪獣と魔神像』（四月二十五日）、海野十三『海底都市』（六月十日）を出版。ほかにも同社から、小栗虫太郎『有尾人』（六月十五日）、湊邦三『お紋蛇乃目傘』（六月二十五日）、江戸川乱歩『猟奇の果（りょうき はて） 新編』（七月十日）が出版されている。[28]

あわせて、一九四八（同二十三）年九月、杉並区神明町（しんめいちょう）（現在の同区南荻窪）に株式会社大道書院を設立。同年十月には、月刊誌『ルビー』が創刊された。[29] 編集人矢島周平・発行人則武正市（のりたけ）で、表紙には「あなたの大衆娯楽雑誌」と印刷され、創刊号の四八（同二十三）年十一月号は二万部、その後、翌年の二月号まで、毎号三万部が刷られている。

主な執筆者は、中村武羅夫（むらお）・加藤武雄（たけお）・陣出達朗（じんでたつろう）・山岡荘八[30]の四人で、山岡と同じ長谷川仲門下の藤島一虎（いっこ）・湊邦三・長谷川幸延（こうえん）・大林清や、山手樹一郎（きいちろう）・城昌幸なども書いている。

この頃出版界は、極めて厳しい状況にあった。

「昭和二十三年に入ると、三・四月に早くも出版界の通例である夏枯れ状態があらはれ、そのまま夏を越し、例年は好調を示しはじめる月になっても回復の兆（きざし）がいささかも見えず破局に近い様相を呈した」[31]（傍線引用者）

その中でも戸田は、創価学会員の信仰を深めていくためには、新たな定期刊行物が不可欠であると考えていた。そこで、一九四八（同二十三）年十一月以降休刊していた創価学会の会報『価値創造』に代わり、四九（同二十四）年七月には宗教雑誌『大白蓮華（だいびゃくれんげ）』を創刊している。[32]

『少年日本』に改題

新たな前進を考えた戸田は、一九四九（昭和二十四）年一月頃、『ルビー』編集部を日本正学館内へ移動。[33] そして、『冒険少年』編集部の強化を図っている。候補として挙がったのは、四七（同二十二）年八月に出会った池田大作であった。

池田は一九四八（同二十三）年三月に東洋商業学校を卒業し、同年四月から大世学院政治経済科の夜間部へ通っていた[34]。

「次第に仏法哲理の正当さも分かり[35]、戸田城聖という稀有の人格を知ったものの、なお心に躊躇しつつ[36]、昼間はある企業団体（蒲田工業会）に勤め、夜は学生として学校に通っていた。一年を過ぎたころ、先生の経営する出版社へ勤務することが、自然の成り行きのように決定した[37]」

池田が日本正学館に入社したのは、一九四九（同二十四）年一月三日である[38]。『冒険少年』は、大手出版社の攻勢などによって発行部数が減少しつつあった[39]。その中で戸田は、入社して半年に満たない池田を編集長に抜擢する[40]。

池田は、次のように述べている。

「一九四九年（昭和二十四年）の一月、二十一歳で戸田先生の会社に入社した私は、少年雑誌『冒険少年』の担当となり、その年の五月に編集長となった。

〝先生の会社を、この雑誌を、日本一にしたい〟

それが私の決意であった。子どもに夢を与える雑誌を作ろうと、作家や画家とも、よく語り合った(41)」

池田が編集長になった翌月には、このままでは他の有力誌に埋もれてしまうとの危機感から、『冒険少年』の改題が検討された。その結果、〝面白く、為になる〟最高の雑誌を作り、状況を打開しようということになり、誌名を改めることになった(42)。一九四九（同二十四）年八月号には、編集部から次のような案内が掲載されている。

「元気いっぱいの皆さん！　思い出多い二年の間、憧れの的であった『冒険少年』はこのたび勇躍少年雑誌の王座として、新出発のため九月号より『**日本少年**』と改名いたすことになりました。（中略）堂々百頁をとり、断然日本一の『**日本少年**』として親愛なる皆さんの所にお送りしたいと張切っています。楽しみにお待ち下さい」

ところが、その九月号は発行されなかった(43)。

『時事年鑑』には、この頃の出版界の様子が記されている。

「この一年（一九四九年九月〜五〇年八月）ほど出版界は苦難と試煉に満ちた年はなかった。インフレからディス・インフレへの移行に伴って、税金攻勢の重圧、一般購買力の極度の低下、資金回収の遅延等から群少(ママ)出版社の倒産が相次いだ。この動きは五〇年上半期には更に激化し、返品洪水にあえぐ各社は血みどろの企画、宣伝、販売戦を演じ、大出版社は資力にものを云わせて（中略）激しい〝生残り競争〟が続けられている」[44]

そうした中で、戸田は、『冒険少年』を『少年日本』と改題して再出発。[45]「十月大躍進号」と題した表紙には、「面白く為になる　少年日本」と印刷されている。

『少年日本』十月号の「家庭の皆様方へ」には、「いよ〱『**少年日本**』が新天地にむかい第一歩をふみだしました」「編集局としましては、明るく正しく少年を導く様に誠心を打込んで編集に従事して居ります。雑誌の進み方も、面白くて勉強の材料になり、又内容もこれから新しい世界を築き上げる少年に、力強く豊かな気持を抱かせる様、希望して居ります」と書かれている。

内容の充実に、若き編集長の池田は尽力した。

「当時、少年少女にもっとも人気があった作家が、山岡荘八氏であった。

氏の多忙を承知で、私は、懸命に執筆をお願いした。

『子どもは、未来からの使者です。その子どもに勇気を与え、正義の心を育てたいのです』

氏は、髭（ひげ）を蓄（たくわ）えた口もとに、微笑（びしょう）を浮かべてうなずかれた。

『書きましょう。あなたの情熱に打たれた。

小説は、何よりも、おもしろくなければならない。読者が手に汗を握り、正しい者の受難に涙したり、思わずプーッと吹きだしたりしながら、心が高まるような作品を、あらん限りの知恵を絞って書きますよ』

そうして始まったのが、『紅顔三剣士』であった(46)」

『少年日本』は面白いだけでなく、将来の社会を考えさせる記事も取り上げた。十月号では、小松崎茂の画（え）による「原子力機関車と原子力空中船　近ずく輝く原子力時代は。」と、沢田謙の「世紀の科学者　アインスタイン　相対性原理から原子爆弾へ」を掲載した。

沢田の文章には、次のように書かれている。

「アインスタインは、自分のつくらせた原子爆弾の将来について、大へん心配している。『科学の上からみて、原子爆弾をふせぐ方法は考えられない。人類がほろびてしまうのをすくうには、世界に正しい平和をうちたてるほかはない』といま一生けんめいそのことを考えている」

『中国新聞』1949（昭和24）年10月9日付1面に掲載された『少年日本』同年11月号の広告（広島市立中央図書館所蔵）

続く十一月号でも、秋永芳郎の小説「原子野の花」と、新進気鋭の理論物理学者である中村誠太郎[47]の「原子力とこれからの世の中」が掲載されている。特に秋永の作品は、原爆が投下された八月六日の広島を描いたもので、「ああ、荒野。この荒野に、美しい平和の花が咲くのはいつだろうね」という言葉が印象的である。当時、原爆の惨禍を描いた児童小説が発表されることは、ほとんどなかった[48]。

また、十月号では、予告していた池田宣政「ペスタロッチの少年時代」が間に合わず、編集長の池田が〝山本伸一郎〟の筆名で「大教育家 ペスタロッチ」を執筆[49]。十一月号でも、天然痘ワクチンの開発者であるエドワード・ジェンナーを題材にした「ジェンナー人類を救う」を書いている(50)。

戸田は、『冒険少年』の新聞広告をあまり出してこなかったが(51)、池田の努力に報いるかのように、『少年日本』十月号については、九月三日付の『朝日新聞』東京本社版と『読売新聞』のほか、十五の新聞に広告を載せている(52)。さらに、十一月号では、二十の新聞に出しただけでなく、そのうちの『中国新聞』ほか十二紙には、「ジェンナー人類を救う 山本伸一郎」（傍点引用者）と池田の筆名が大きく印刷されている(53)。

戸田は、このことを池田には伝えなかった。池田は、ある日、水道橋駅の構内に張り出された『少年日本』の広告を発見した。後に彼は、「片すみの小さな広告であったが、私はうれしかった。戸田社長がたいへんななかを出してくれたにちがいない。胸が熱くなり、しばらく私は広告に見とれていた(54)」と記している。

日本正学館は依然として厳しい経営状態が続いていた。すでに新年号の原稿依頼が行われていたが、十月二十五日、戸田は『少年日本』の休刊決定を社員に告げた(55)。

準備に全力を注いでいた池田は、次のように述べている。

「詩人の西条八十氏(56)にも依頼にうかがった。『少年たちに偉大なる夢を与えきれる詩を、ぜひ書いてください』とお願いした。性急な言い方であったろう。しかし西条氏は発言の意をくみ取ってくださった。しげしげと私を見つめ『偉大なる夢、いい言葉だ』と原稿執筆を約束してくれた(57)」

この依頼に西条は、「正月二日の初夢は／大きな夢が……」で始まる「初夢」という詩を書いている(58)。

また、横溝正史の連載探偵小説が始まることになっており、ペン画「マゼラン太平洋発見」も画家から受領。編集長の池田も、野村胡堂の少年時代について原稿を書いたという(59)。

戸田は、一九四九(同二十四)年四月頃から経営に携わっている「東京建設信用購買利用組合」改組の準備を進めていた(60)。『少年日本』の休刊を伝えてから四日後の十月二十九日、全社員を集めた戸田は、その概要を説明し、今後の展望を語っている(61)。

注

（1）「御書」は、日蓮の著作・手紙などを指す（本書上巻の317～318頁注（23）参照）。『価値創造』第一号（創価学会、一九四六年六月）には、「本部に於て戸田先生の法華経の講義あります。（中略）第二回目を毎〔週〕月金曜日午後五時より八時迄、亦毎水曜日仝時刻御書の講義既に観心本尊抄は終り、目下立正安国論の講義中です。御希望の方は奮って御集り下さい」（七頁）、また、二年半後の第十六号・第三回総会特輯号（一九四八年十一月）には、「毎週月水金の午後六時から神田の日本正学館で法華経の講義が継続されていますが さらに今度は毎週月曜日の午後五時から六時まで開目抄、毎週金曜日の午後五時から六時まで観心本尊抄の御講義があります」（一六頁）と書かれている。第二期の法華経講義は午後五時からであったが（本書下巻の47～48頁注（54）参照）、第五期（四七年九月）には、六時からに変更になっている（『価値創造』第十一号、一九四七年十一月、八頁参照）。

和泉覚は「再建期の折伏活動」の中で、次のように述べている。

「講義会場はまた折伏活動の中心にもなっていた。講義終了後に、戸田先生から、新来者を折伏していただいたからである。／また入信者をできる限り法華経講義に参加させて、講義終了後戸田先生に紹介して、指導していただいた」（『大白蓮華』第百五十二号、創価学会、一九六四年一月、三〇頁）

（2）和泉覚は、前出の「再建期の折伏活動」の中で、「在京における座談会は、最初は一日に一会場であり、戸田先生が出席されていた。したがって、たとえば、小岩で座談会が開かれると、どこからでも新来者を小岩の座談会へ連れて行った。一九四八年三月頃からは、在京で一日に二カ所以上の座談会が行われるようになり、戸田以外の幹部も担当するようになった（趣意）」（同前、三一・三四頁参照、傍線引用者）と述べている。また、この頃戸田は、横浜市の鶴見方面に足繁く通っていた。森田一哉は、「昭和二十二年の後半から、二十三年の前半にかけて、戸田先生は、毎週、鶴見の座談会においでになった」（『大白蓮華』第九十九号、創価学会、一九五九年八月、二二頁）と記している。

（3）戸田は、一九四七年一月二十八日を第一回に、翌年一月までに静岡県伊豆方面へ少なくとも五回、四七年二月下旬と四九年一月頃には群馬県桐生市、四七年八月下旬に長野県諏訪市と諏訪郡永明村（現在の茅野市塚原）、十月下旬に諏訪市を訪れている。これらについては、土屋みな・敏子の手記、「わが町の広布史《2》＝郷土にめぶく学会精神＝」（『聖教新聞』一九七三年一月五日付九面の静岡版）、戸田城聖と矢島周平が諏訪支部の矢崎英一に宛てた書簡と矢崎英一の手稿、『価値創造』第九号（創価学会、一九四七年六月）の七〜八頁、同第十一号（一九四七年十一月）の八頁、本書下巻の46〜47頁注（53）・本節の注（32）、などを参照。

一九四七年時点の地方支部は、南崎（ママ）・橋本・伊東・小田原・群馬・栃木・諏訪・浦安・比企・大牟田・福島の十一支部（「創価学会役員一覧昭和二十二年十月現在」参照）。

（4）池田大作は、一九二八年一月二日に東京府荏原郡入新井町大字不入斗（現在の大田区大森北二丁目）に住む池田子之吉・一の五男太作として出生。四八年七月頃には「大作」と名乗り、五三年十一月に正式に改名した。「大作」と名乗り始めた時期については、四八年七月十四日付の池田の手稿の記名が「大作」になっていることによった。これらについては、『池田全集・第二十二巻』（『私の履歴書』）の二七三〜二七四頁などを参照。

（5）一九四七年頃、池田は、兄と二人で両親の住む家の近くに六畳間を借りていた。このことについては、近所に住んでいた山本毅（本節の注（8）参照）からの聞き取りの記録および央忠邦『池田大作論』（大光社、一九六九年）の四四〜四五頁を参照。

（6）東洋商業学校は、現在の東洋高等学校の前身。第二本科は、四年制夜間部のこと。池田は、一九四五年九月の中等学校授業再開にあわせて、第二本科第二学年へ編入した（『池田全集・第二十二巻』の二三四頁、および、本書下巻の32〜33頁注（19）を参照）。ただし、東洋商業学校は、四四年三月に「教育ニ関スル非常措置方策」により東洋工業学校に転換。四六年五月に東洋商業学校に再転換されている

(『東商学園100年のあゆみ　1906〜2006』、東洋高等学校、二〇〇六年、四五〜四七・五七頁参照)。

(7) 羽田第二尋常高等小学校尋常科のこと。同校は、一九四一年に糀谷(こうじや)国民学校、四七年に糀谷小学校になったが、五二年に移転のため校名が北糀谷小学校に変更された。跡地には、同年新たな糀谷小学校が開校している(『北糀谷—創立百周年記念誌—』、大田区立北糀谷小学校、一九七七年、四九〜五二頁参照)。

(8) 池田が誘われた会合では、戸田による立正安国論の講義が行われていた(『池田全集・第百三十三巻』、九九〜一〇〇頁参照)。

同行したのは、一緒に草水文庫を運営していた山本毅と茨田(ばらだ)鏡次。池田と二人は、読書グループ「郷友会」のメンバーでもあった。山本は、五十年後の一九九七年四月にその時の思い出を「美しき虹にであいて　遅刻せり」という句に詠み、同年一月に出版した自著に記して池田に届け、池田は「美しき　虹は心に　かかる日も」という句を写真集に記して返している。これらについては、山本毅からの聞き取りの記録、奥嶋紘(おくしまひろし)「青春讃歌 草水文庫(一)」他(『めだかの学校』七十二〜八十二号、二〇〇〇年五月〜〇二年一月)、本書上巻の112〜114頁、などを参照。

後年池田は、戸田と初めて会った一九四七年八月十四日についての記述の中で、大田区大森九丁目から同区北糀谷までの情景を、次のように記している。

「占領下の東京、城南一帯はまだ焼け野原。小さなバラックや防空壕がいまだに散在している。夜、窓からもれてくる裸電球の灯も薄暗い。八時過ぎ、街灯もない暗い道を歩いていった。めざす家の玄関をはいると、二十人ばかりの人びとがいた」（『池田全集・第二十二巻』、二四五頁）

（9）『池田全集・第十八巻』、九一〜九二頁。二〇二〇年九月二十五日に行った原田稔（創価学会第六代会長）からの聞き取りによれば、戸田は、池田と会う前に、彼の兄が戦死したこと、空襲で家が焼かれたこと、働きながら学んでいることなどをすでに聞いていたとのことである。

池田は、戸田と初めて会った時のことを、千葉県の会員の質問に答えて次のように語っている。

「私が一番最初に会長先生とお会いしたのは、先生が蒲田のあるお宅で立正安国論のお講義をなさっておられたときです。（中略）〔紹介された時に〕もう、何ともいえないほど大きくつつまれたような気がしました。ひょっと先生のおそばへ行けるんじゃないかなという気持になったんですよ。それはリクツではないんですね」（『聖教新聞』一九五九年四月十七日付六面の関東版参照）

講義と質問への応答が一段落した後、池田は戸田に尋ねている（以下の二つの引用は、いずれも『聖教新聞』二〇〇六年九月七日付二面による）。

「正しい人生とは、いったい、どういう人生をいうのでしょうか」。それに対して戸田は、「これは難問中の難問だな」と言いながら、誠実に、明快に答えた。そして最後に、次のように語ったという。

「正しい人生とは何かと考えるのも良い。しかし、考える間に日蓮大聖人の哲学を実践してごらんなさい。

青年じゃないか。必ずいつか、自然に自分が正しい人生を歩んでいることを、発見するでしょう。私は、これだけは間違いないと言える」

(10) 前出、央忠邦『池田大作論』、五五~五六頁参照。あわせて、酒井義男からの聞き取りの記録、および、山本毅からの聞き取りの記録(二〇一一年)を参照。酒井は、羽田第二尋常高等小学校尋常科六年の時、池田と同じ一組だった(卒業記念アルバム参照)。

(11) 小林正巳(まさみ)によれば、池田は入会の動機について次のように語ったという。

「戦後の混乱期にあって、未来に生きる力強い人生観を求めていたことは事実だったが、入信について、これという特別の動機はなかった。ただ、戸田先生にお会いした時、その確信、溢(あふ)れる人間味にふれて、深い感動を覚えた。

それは単なる言葉でもなければ、挙動でもない。この人についていけば間違いない、という激流にも似た強い感情が、私の胸の中をよぎった。

戦争中、牢獄にいて、軍部と戦い、戦争反対を叫んだこの人の言うことには、絶対ウソはないと確信したのが、決定的な入信動機といえるかも知れない」（小林正巳『〈現代人物論〉池田大作』、旺文社新書、一九六九年、三〇頁参照）

（12）池田大作「松本清張対談 戦争と貧困はなくせるか」（『文藝春秋』第四十六巻第二号、文藝春秋、一九六八年二月）、一三二頁参照。池田は、一九六〇年一月十二日の日記に、「昭和二十二年、十九歳にて入信。その日、八月の二十四日、勤行、受戒、堀米尊能師のお話ありて、その時間、午後一時ごろより三時ごろまでとおぼゆ」（『池田全集・第三十七巻』、五〇二頁）と書いている。池田が入信した頃のことについては、「池田会長あいさつ」（『聖教新聞』一九六二年二月二十日付一面）、草柳大蔵「〝手づくり人間〟池田大作」（『文藝春秋』第四十七巻第十号、文藝春秋、一九六九年九月）の一六六頁、池田大作「私の初信当時」（『聖教新聞』一九五七年十月十八日付六面の関東版）、なども参照。

（13）『聖教新聞』一九六四年一月二十一日付二面・二〇〇八年八月二十七日付三面を参照。

（14）前出、『価値創造』第十一号（創価学会）、八頁参照。

（15）『価値創造』第十六号・第三回総会特輯号（創価学会、一九四八年十一月）、六頁。なお、この第十六号は、前月に第十六号・錬成講習会特輯号が出されているので、実質的には第十七号である。

また、当時の座談会の思い出を、馬場修子(なおこ)は次のように述べている。

「草創期の座談会といえば、帰りの足に困ったことを思い出します。最終バスは午後9時になると行ってしまいますし、あとは最寄(もより)の国電の駅まで歩くか、通りがかった車に乗せてもらうしかありません。こんなとき、いつもトラックを止め、同乗の交渉をしてくださるのが戸田先生でした。入信(昭和23年3月)直後のこととはいえ、家族そろって、それが当たり前のように甘えておりました」(『聖教グラフ』第九百十六号、聖教新聞社、一九八〇年四月二日、一八頁)

馬場修子は、足立区高野町(こうやまち)(現在の同区江北四丁目)の藤田建吉宅で開催されていた座談会に出席している。このことについては、馬場勝種「今ぞ知る!　先生の御慈悲を」(『大白蓮華』第九十一号、創価学会、一九五八年十二月)の二二頁、および、一九四九年各月の「創価学会行事予定表」を参照。

(16) 前出、和泉覚「再建期の折伏活動」、三二頁参照。

(17)『冒険少年』一九四九年五月号の「編集あとがき」には、「城山」という筆名が記されている。この筆名は、『ルビー』同年十・十一月号の「編集後記」にも見られる。

(18)『朝日新聞』東京本社版一九四七年十二月十三日付一面参照。

(19) 樺島勝一(一八八八~一九六五年)は、長崎県北高来(きたたかき)郡諫早(いさはや)村(現在の諫早市)出身の挿絵(さしえ)画家。

『冒険少年』では、本姓の「椛島」で表記されている。一九四九年四月号の表紙から、林唯一に交代した。

(20) 海野十三（一八九七〜一九四九年）は、徳島市出身のＳＦ小説・科学小説・探偵小説などを執筆した作家。海野は、『冒険少年』に「大地獄旅行」を連載中に急逝したが、神式の告別式終了後、戸田は家族の了解を得て勤行を行い、追善供養をしたという（平田昭吾・根本圭助・会津漫画研究会『日本のレオナルド・ダ・ヴィンチ　手塚治虫と6人』、ブティック社、二〇〇五年、五五頁参照）。

(21) 野村胡堂については、本書上巻の403頁注(32)を参照。彼の出身地である岩手県紫波郡紫波町の野村胡堂・あらえびす記念館には、『冒険少年』に連載された「大宝窟」「大地の上に」の原稿などが収蔵されている。

(22) 南洋一郎の本名は、池田宜政（一八九三〜一九八〇年）。彼は、少年小説・冒険小説などは南洋一郎、伝記は池田宣政の筆名で執筆。『冒険少年』『少年日本』に最も多くの作品が掲載された作家である。主な作品に『アルセーヌ・ルパン全集』全二十巻（ポプラ社、一九七〇〜七三年）などがある。東京府西多摩郡東秋留村野辺（現在の東京都あきる野市野辺）出身。

(23) 瀬名堯彦「解題［第13巻・少年探偵長］」（『海野十三全集』第十三巻、三一書房、一九九二年）、五四九頁。
(24) 池田憲章「『冒険少年』と海野十三の挑戦」(前出、平田昭吾他『手塚治虫と6人』)、五一頁。
(25) 小松崎茂(一九一五〜二〇〇一年)は、空想科学のイラストやプラモデルの箱絵などでも活躍した画家・イラストレーター。東京府北豊島郡南千住町(現在の東京都荒川区南千住)出身。
(26) 根本圭助『異能の画家 小松崎茂 その人と画業のすべて』(光人社、一九九三年)、一三七〜一三八頁。あわせて、根本圭助『忘れ得ぬ人々 思い出の風景 昭和から平成へ――私の交遊録』(北辰堂出版、二〇一五年)の五九〜七〇頁を参照。
(27)『冒険少年』『少年日本』『ルビー』『大白蓮華』の発行部数は、GHQが検閲を行った際の書き込みによる(本書下巻の40頁注(41)参照)。
ちなみに、手塚治虫のアシスタントであった平田昭吾によれば、手塚が、まだ医学生で、将来のことも決めかねていた時期の思い出として、「この本〔『冒険少年』〕からは何か特別な情熱みたいなものを感じたよ」「自分から是非描きたいと思った雑誌は当時はこの本くらいだったねエ……」などと語っていたという(前出、平田昭吾他『手塚治虫と6人』、一三五〜一三六頁参照)。
(28)『冒険少年』第一巻第八〜十号(日本正学館、一九四八年八〜十月)の裏表紙にある日本正学館の単行本の広告には、『猟奇の果』『お紋蛇乃目傘』『有尾人』とともに、横溝正史『首吊船』が出ているが、同書の日本正学館版が出版されたかどうかは不明。同じく、『冒険少年』第一巻第十二号（一九四八年十二月）と第二巻第一号（一九四九年一月）の裏表紙全面に、「冒険少年文庫」として山中峯太郎『緑の健児』の広告が出ており、第二巻第二号（一九四九年二月）では「いよいよ近日発売」（七〇頁）となっているが、同書も出版されたかどうかは不明。

(29)『読売新聞』一九四八年十月一日付朝刊一面には、『ルビー』の創刊号である同年十一月号の広告が出されている（『ルビー』創刊号の奥付は、「昭和二十三年十一月一日発行」）。創刊号は、二万部発行された。『ルビー』は、『出版年鑑』（出版ニュース社、一九五一年版）では、大衆雑誌に分類されている（八一三頁参照）。なお、大道書院の最初の出版物は、陣出達朗『人肌卍』（一九四八年九月）。

(30)山岡荘八（一九〇七～七八年）は、歴史小説家。主な作品に『徳川家康』などがある。新潟県北魚沼郡小出町（現在の魚沼市佐梨）出身。

(31)『文芸年鑑』（新潮社、一九四九年度版）、三二一頁。

(32)『大白蓮華』第一～十八号の編集兼発行人は、矢島周平。同誌の発行部数は、第一号が二千部、第二号が千五百部、第三号が千部。戸田は、第一号に、巻頭言「宗教革命」と巻頭論文「生命論」を執筆している。

同誌の創刊について、『聖教新聞』一九五九年四月十日付八面には、次のように書かれている。

「戸田先生が学会の再建にあたられ次第に会員も増大してきて、従来の機関誌では間に合わなくなり、ここに面目を一新した機関誌『大白蓮華』が発行されることになり、その第一号は〔昭和〕二十四年七月十日付である。

先生はこの年の春、桐生へ地方折伏に行かれた道中、この御構想をもらされ、東京へ帰られてすぐ、編集の一切の責任を小平芳平氏に命ぜられて、出発することになった」

また、小平も、「三周年を迎える大白蓮華」において、「昭和二十四年一月頃戸田先生は学会の機関紙を新しい企画のもとに発刊したいと語られていた」（『大白蓮華』第二十五号、創価学会、一九五二年六月、四二頁）と述べている。『聖教新聞』一九五九年四月三日付七面には、「〔小平〕教学部長の半生は雑誌、書籍の編さん編集に色どられている。戦後、先生の会社〝日本正学館〟で雑誌を編集したのが、皮切り。（中略）雑誌『大白蓮華』の編集には人知れず苦労した。そのころは中労委〔中央労働委員会〕事務局に勤務する身。そのかたわら〔昭和〕三十一年まで一人で編集にあたった」と紹介されている。

（33）『ルビー』第二巻第二号（大道書院、一九四九年二月）の六一頁、および、同誌第二巻第六号（同年五月）の七四頁を参照。

（34）『池田全集・第百二十九巻』、二三五〜二三七頁参照。大世学院は、後の富士短期大学。

（35）池田は、戸田の講義を一九四七年秋から自主的に受講（『池田全集・第三十七巻』の五〇三頁および『池田全集・第二十二巻』の八八頁を参照）、四八年九月十三日からは第七期生として正式に受講している（二月五日に終講・翌年二月十一日に〝卒業式〟）。このことについては、池田大作「戸田先生　法華経講義の感想」（『大白蓮華』第百六十七号、創価学会、一九六五年四月）の三〇〜三三頁を参照。

（36）池田は、一九七五年六月二十七日に行われた映画「続・人間革命」で山本伸一役を務めることになった俳優のあおい輝彦らとの懇談で、次のように語っている。

「入信後も一年間ぐらいは、煩悶しました。しかし、宗教には反発しながらも戸田城聖という指導者の人間的な魅力には、どうすることもできなかった。結論していえば、戸田城聖という偉大な人格を知ったところに仏法があり、創価学会があったということです」（『前進』第百八十三号、前進委員会、一九七五年八月、三五頁参照）

（37）『池田全集・第十八巻』、九二頁。池田が勤務していた蒲田工業会の主事であった小田原政男は、「手放したくなかったんだが、将来、文学で志を立てるといっていたので『雑誌記者になるので……』

といわれたときには、引きとめられなかった」と語っている（前出、央忠邦『池田大作論』、八三頁参照）。

蒲田工業会と小田原の職名については、『蒲田工業協同組合創立十周年記念史 十年の歩み』（蒲田工業協同組合、一九六〇年）の七一～七三頁およびホームページ「蒲田工業協同組合の沿革」を参照。

（38）『池田全集・第二十二巻』、二五二～二五三頁参照。池田は、「編集部員といっても編集長と私のほか数人、それに使い走りのアルバイトの学生である」（同書、二五三頁）と述べている。

なお、一九四八年十一月頃には、日本正学館の本社の所在地を港区芝白金台町一丁目八十三番地とし、千代田区西神田二丁目三番地を分室の所在地にしている。このことについては、『冒険少年』第一巻第十一号（日本正学館、一九四八年十一月）以降の奥付を参照。

（39）前出、平田昭吾他『手塚治虫と6人』、五五頁参照。一九四九年の『冒険少年』の発行部数は、一月号が五万部、二月号～五月号が四万部、六月号が三万六千部、七月号が三万部であった。

（40）『池田全集・第二十二巻』、二五四頁参照。池田は、「『冒険少年』の七月号から私は編集を全面的に任された」（同頁）と述べている。

（41）『池田全集・第百二十九巻』、二五一頁。

（42）同前、二五二頁参照。

（43）『少年日本』十月号には、「九月号を無断で休刊しました事をお詫びいたします」（一三〇頁）と書かれている。また、『ルビー』も九月号を休刊。十月号からは「恋愛と希望と結婚の雑誌」として再出発したが、十一月号を最後に休刊になった。なお、十一月号の発行部数は、二万部。

（44）『時事年鑑 1951』（時事通信社、一九五〇年）、二九二～二九三頁。

（45）『少年日本』十月号の「編集室より」には、「最初、日本少年と改名する計画でしたが、色々な事情で『少年日本』と改名しました」（四七頁）と記されている。そのほか、『池田全集・第二十二巻』の二五四頁を参照。

（46）『池田全集・第百二十九巻』、二五二～二五三頁。

（47）中村誠太郎（一九一三～二〇〇七年）は、理論物理学者。執筆時は、東京大学助手。その後、同大学理学部教授などを歴任。『少年日本』に寄稿した翌一九五〇年には、アインシュタイン『晩年に想う』（日本評論社）を共訳で出版している。

（48）『少年日本』一九四七年十月号に掲載された秋永芳郎「原子野の花」の本文には、「原子爆弾」という言葉とともに、原爆投下後の広島を描いた三枚の挿絵（さしえ）が入っている。また「作者のことば」の中にも、「広島におとされた原子爆弾」「原子爆弾の放射能の中」と記されている。

原爆の惨禍を描いた児童向け小説が日本で最初に発表されたのは、連合国軍総司令部（ＧＨＱ）の検閲が始まる直前の一九四五年九月一日発行の『少女倶楽部』に掲載された壺井栄「石臼の歌」。ただし、雑誌掲載時の「あの世界を驚かせた原子爆弾が、この日広島に投下されたのです」という部分は、童話集『十五夜の月』（愛育社、一九四七年七月）に収録された際には削除されている（谷暎子『占領下の児童出版物とＧＨＱの検閲―ゴードンＷ・プランゲ文庫に探る―』、共同文化社、二〇一六年、六六～八一頁参照）。また、雑誌『少女』（光文社）の創刊号から第一巻第九号（一九四九年二～十月）に連載された若杉慧「火の女神」には、「原子爆弾」という言葉は見当たらない。四九年十月に単行本になった際には、「原子爆弾」という言葉を含む一節が原爆投下後の広島を描いたところに加筆されている。

神奈川文学振興会編『原爆文学展 ヒロシマ・ナガサキ 原民喜から林京子まで』（神奈川近代文学館、二〇〇〇年）には、「『原爆＝ヒロシマ・ナガサキ』が児童文学の世界に本格的に登場するのは、対日講和条約発効直前の一九五二年（昭和二七）一月に発表された、いぬいとみこの『川とノリオ』以降である」（五二頁）と書かれている。

これらについては、今堀誠二『原水爆時代―現代史の証言―』上巻（三一新書、一九五九年）の二五～二七頁、『原爆被災資料総目録 第一集』（原爆被災資料研究会、一九六九年）の一一八頁、長岡弘芳『原爆文学史』（風媒社、一九七三年）の五〜二〇頁、および、広島市中央図書館スタッフのご教示による。
（49）池田大作『希望の世紀へ 教育の光』（鳳書院、二〇〇四年）、七二〜七三頁参照。
（50）『聖教新聞』二〇〇一年三月九日付三面によれば、池田は、『少年日本』十二月号においても、コラム「お薦めしたい世界名作物語〔2〕モンテ・クリスト伯（巌窟王）」を書いたとのことである。
（51）広告があまり出されなかったことについて、池田は次のように述べている。
「大手の出版社に押され、本（『冒険少年』）はなかなか売れなかった。（中略）私は一つには宣伝の弱さを痛感していた。経営が苦しいことは百も承知していたが、戸田社長に宣伝してほしい、と申し出た。しかし、かなわぬことに思えた」（『池田全集・第二十二巻』、二五四頁）
大手の出版社とは、『少年クラブ』（一九一四年創刊、四六年復刊）の講談社、『少年』の光文社（一九四六年創刊）、『小学五年の学習』『小学六年の学習』（一九四七年創刊）の学習研究社、『小学五年生』『小学六年生』（一九二二年創刊、四八年復刊）の小学館、『少年少女』（一九四八年創刊）の中央公論社、『少年少女冒険王』（一九四九年創刊）の秋田書店、『おもしろブック』（一九四九年創刊）の集英社など。そのほかにも、『野球少年』（一九四七年創刊）の尚文館、『漫画少年』（一九四七年創刊）の学童社、『冒険活劇文庫』（一九四八年創刊）の明々社、『東光少年』（一九四九年創刊）の東光出版社、『小学世界』（一九四九年創刊）の尚文館、などが挙げられる。

(52)『少年日本』一九四九年十月号の広告は、『秋田魁新報』・『朝日新聞』大阪本社版・『朝日新聞』西部本社版・『朝日新聞』東京本社版・『大阪新聞』・『大分合同新聞』・『佐賀新聞』・『中部日本新聞』・『東奥新聞』・『富山新聞』・『長崎日日』・『福井新聞』・『日向日日新聞』・『北海道新聞』・『北国毎日新聞』・『山形新聞』・『読売新聞』に掲載された。

(53)『少年日本』一九四九年十一月号の広告は、『秋田魁新報*』・『朝日新聞』東京本社版・『大分合同新聞*』・『河北新報*』・『佐賀新聞*』・『島根新聞*』・『中国新聞*』・『中部日本新聞』・『東奥新聞*』・『富山新聞*』・『長崎日日*』・『西日本新聞』・『福井新聞*』・『日向日日新聞*』・『北海道新聞』・『北国毎日新聞*』・『毎日新聞』毎日新聞社（大阪）版・『毎日新聞』西部本社版・『山形新聞*』・『読売新聞』に掲載された。なお、＊印の新聞の広告には、「ジェンナー人類を救う 山本伸一郎」と印刷されている。

(54)『池田全集・第二十二巻』、二五五頁。

(55)『池田全集・第三十六巻』（『若き日の日記』）の三六頁、および、『池田全集・第二十二巻』の二五七頁を参照。『少年日本』は、一九五〇年一月号以降休刊。同誌の発行部数は、四九年十月号が三万部、十一月号が六万部。十二月号はプランゲ文庫未所蔵のため不明。

『冒険少年』『少年日本』に収録されている作品等については、北川洋子「『冒険少年』・『少年日本』総索引」（『創価教育研究』第四号、創価大学創価教育研究センター、二〇〇五年）の二三八〜二七二頁を参照。ただし、総索引作成後、『冒険少年』第二巻第一号の付録である「冒険ゲーム」が見つかっている。

（56）西条八十（一八九二〜一九七〇年）は、東京市牛込区（現在の東京都新宿区）出身の詩人・作詞家で、児童小説・童話も手がけた。「蘇州夜曲」「青い山脈」などの作詞でも知られている。

（57）『池田全集・第二十二巻』、二五六頁。

（58）「初夢」は、西条八十著作目録刊行委員会編『西条八十著作目録・年譜』（一九七二年）には、『少年日本』原稿とあるが未発表」（二〇四頁）と記されている。なお、その原稿の所在は不明。

（59）『少年日本』第二巻第十一号（日本正学館、一九四九年十二月）の八四・一三三頁、『池田全集・第三十六巻』の三八頁、『池田全集・第二十一巻』の二九九頁、などを参照。

（60）西野辰吉は、『伝記戸田城聖』（第三文明社、一九八五年）に、次のように書いている。

「戸田にはしかし、そのとき信用組合の経営の話がもちこまれていて、日本正学館は倒産したわけではなく、出版の一時休止と転換をはかったのだった。もちこまれたのは東京建設信用組合（東京建設信用購買利用組合）の経営で、都のもと土木局長が理事長をしている産業組合法による組合が、大蔵省監督の信用組合に転換をはかっていたが、官吏あがりの理事長は経営能力がとぼしくて、協力者をもとめていた。この話を斡旋したのは、戦前の生活革新同盟のなかまで、(中略)岩崎洋三であった」(一三二頁)

(61)『池田全集・第三十六巻』、四一~四二頁参照。池田は、一九四九年十月二十九日の日記に、次のように書いている。

「三時より、新事業への会合をする。

戸田先生の経済観を、胸を高鳴らせて聞く。

共産経済と、資本経済と、信用組合との連関性等。

なお、先生の事業体験談。一生涯を貫いてきた、努力、情熱、苦心談等、尊いお話であった。他の社員はどう聞いておるか知らぬが」(同前)

その他の参考文献

『大田の学校 100年の歩み』(大田区教育委員会、一九七六年)

池田大作「先輩からのメッセージ 命のアルバムを大切に」(『希望峯』第一号、東商学園校友会、一九八七年一月)

池田大作「大世学院の思い出」（五十年史編集委員会編『校友会五十年史』、富士短期大学校友会、一九九九年）
文部省実業学務局編『夜間実業教育』（全国夜間実業学校連合会、一九三五年）
五十年史編纂委員会編『学園五十年史』（富士短期大学、一九九三年）
田原総一朗『「戦後五十年の生き証人」が語る』（中央公論社、一九九六年）
山本たけし「童句随想 土家先生と童句と私」（『児童文芸』第四十四巻第七号、ぎょうせい、一九九八年七月）
山本たけし『童句集 母のバリカン』（ノンブル、二〇〇三年）
『山本毅追悼集』（めだかの仲間、二〇一一年）
伊藤貴雄「『少年日本』掲載の山本伸一郎『ペスタロッチ』について（1）」（『創価教育研究』第四号、創価大学創価教育研究センター、二〇〇五年）
国際子ども図書館所蔵の「池田宣政（南洋一郎）コレクション」
「池田大作とその時代」編纂委員会『民衆こそ王者 池田大作とその時代』Ⅵ「友よ強く」篇（潮出版社、二〇一四年）
堀場清子『原爆 表現と検閲 日本人はどう対応したか』（朝日選書、一九九五年）
水田九八二郎『原爆児童文学を読む』（三一書房、一九九五年）

3　〝不二〟の弟子

戸田城聖が取り組んだ信用組合[1]の事業は、当初から困難が続いていた。その中で彼は、池田大作青年の薫陶(くんとう)に力を注いでいくことになる。

東京建設信用組合

戸田は、一九四九（昭和二十四）年春頃に千代田区西神田の建物に「保証責任東京建設信用購買利用組合」の事務所（最初は分室）を置き、専務理事[2]として業務を行っている。[3]そして、同年十二月からは、日本正学館の社員であった池田大作などもその業務に加わることになった。[4]その後、同利用組合は、翌年二月までに「東京建設信用組合」へ改組されている。[5]信用組合の主な業務は、資金の貸付・手形の割引・貯金や定期積金の受入などである。新しい会社を軌道に乗せるには、新たな出資者や預金者の開拓が不可欠であった。

当時の日本は、中小の事業所[6]などに対する貸付機関が十分に整備されておらず、それを担っていたのは協同組合や信用組合である。東京建設信用組合もその一つで、借りる側も貸す側も小規模なものであった。

戸田は戦前・戦中に、日本商手株式会社やカギサ商店などの金融関係の会社も経営していたので、その手腕が期待されていたのである[7]。

とはいえ、それは、逆風の中での船出であった。とめどもない物価の上昇を収束させるために、一九四九（同二十四）年三月から財政金融引き締め政策（ドッジ・ライン[8]）が実施され、経済界は著しい不況に陥っていた。特に中小の商工業者の中には、徴税の強行・内外需要の減退・余剰在庫の増大などによる金詰まりで、倒産や廃業するものが相次いでいた[9]。

一九五〇（同二十五）年一月六日、戸田は池田を呼んで、実情を率直に語っている。

「先生は事業がたいへんなことを説明され、君が頼りだと言われた。また、苦労をかけさせてすまぬ、とも……。（中略）師はつづけて『仕事も忙しくなるので、ついては夜

創価学会本部と東京建設信用組合が置かれていた千代田区西神田の建物
（学会本部が新宿区信濃町に移転する1953年11月13日に撮影と推定、聖教新聞社提供）

学のほうも断念してもらえぬか。(10) そのかわり、私が責任もって個人教授しよう』との話をされた(11)」

池田は、戸田の指示を受けながら、毎日のように東奔西走した。そのため、創価学会の会合に参加できないこともしばしばであった。しかし彼は、その中でも仏法対話を積み重ね、五月十四日には大田区在住の小学校教員を入会へ導いている(12)。

この年の六月二十五日には、朝鮮戦争が勃発。戸田は、隣国の人々の行末を深く憂えていた(13)。池田も開戦の報道に心を痛め、六月二十八日の日記に「平和を希う。絶対、戦火を拡げてはならぬ(14)」と書いている。

業務停止の命令

東京建設信用組合では、努力して預金を集めても、解約の金額のほうが次第に上回るようになった。さらに、貸付の希望は多くあったが回収は思うように進まず、資金が枯渇してきていた。

池田は、一九五〇(昭和二十五)年七月の日記につづっている(15)。

「〔戸田〕先生の事業、非常に、苦境の模様。内外共に、その兆候あり。

今日〔日曜日〕も、出勤、午前中、少々休んで。

同志の、退職してゆく姿に、胸が痛む」(七月十六日)

「会社、事業、非常に苦しいらしい。先生のお弱りの様子、目が痛い程」(七月二十日)

「現実の戦いは、刻一刻と激しさを加える。吾が社の動き、全く危険と聞く」(七月二十二日)

戸田は、窮余の一策として、大蔵省(現在の財務省)に他の組合との合併の斡旋を申請した。[16] しかし、係官が組合の経営状況を調査して何日か経った八月二十二日、同省から届いたのは、業務を停止せよとの通達であった。[17] そして、業務停止後に残ったのは、多額の負債であったという。[18]

池田は、日記に次のように書き留めている。

「会社、業務停止が決定。

戸田先生と、最後の盃をかわす。先生より、先生の大願[19]を、お聞きする。そして、敗れゆく、悲惨なる、覚悟をお聞きする。

ああ、吾れ、断腸の思い有り。無念、無念。

しかし、私は再び、次の建設に、先生と共に進む。唯これだけだ[20]」

翌八月二十三日には、早くも信用組合の業務停止を聞きつけた新聞記者が訪れた。池田からその報告を受けた戸田は、二十四日、池田と共に新聞記者に会いに出かけた。戸田が記者と会い、誠実に対応したことで、事態が報道されることによる混乱は免れることができた。

その帰途戸田は、「新聞というものは、今の社会では想像以上の力をもっている。一つの新聞をもっているということは、じつにすごい力をもつことだ。学会もいつか、なるべく早い機会に新聞をもたなければならんな」と語っている[21]。

その夜、幹部に対する御義口伝の講義を終えた戸田は、創価学会の理事長辞任を表明した[22]。事業の挫折が会員の信仰に動揺を与え、学会に影響が及ぶことを恐れたのである[23]。

業務停止から間もなく、給料は遅配から半額へ、最終的には無配になった。社員は、一人去り二人去りして、残ったのは池田と戸田の身内だけになる。

池田が人知れぬ苦闘の日々を送ったのは、そのような時であった。戸田とともに埼玉県に出向いた時のことを、池田は日記につづっている。

「内外の、批判、誹謗の声、しきりなり。

先生、〔信用組合の〕重役達と共に、大宮方面に、事業の打開策を講じにゆく[24]。重役達も先生を信じていない様子を、感ずる[25]」（九月二日、傍線引用者）

組合の中に、ともに事態の打開に当たろうという重役はいなかった。戸田は、池田に期待した。池田は次のように記している。

「債権者の人々に対して、〔戸田〕先生は、誠意をつくしてあたり、事態の収拾にうちこんだ。私も、そうした席に、同伴されるのが常だったが、それは単に私が社員であるからというのではなく、私を教育するためであったと思われる。――渉外にあたっての、相手の人物に対する認識や、折衝後の判断と手の打ち方等を、先生は、事こまかに教え、訓練してくださった。

そして、人間対人間のこの社会で、なによりも肝心なことは、結局、誠意以外のなにものでもないことを、口をすっぱくして教えられたのである」[26]

しかし、池田は体調を崩していて、背中には常に痛みがあり、三十九度近い熱を出す日も多かった[27]。

「あるとき、血を吐いたことを〔戸田〕先生に見つかってしまったのである。先生は真剣な顔で私の体をさすってくださった。『若いのだから、生き抜くのだ。死魔と戦うのだ』と言われた[28]」

池田の日記には、次のようにつづられている。

「本部にて、先生、御本尊に、御祈念して下さる。

生命力が弱っている、弱っていると、強き強き叱咤。

先生の、真剣な御様子に、驚く」[29]（九月十二日）

それから数日後の九月二十一日、池田は、戸田へ次のような歌を書いて差し出した。[30]

古の　奇しき縁に　仕へしを
　人は変れど　われは変らじ

戸田は、これに応えて即座に二首を詠んで池田に渡した。[31]

幾度か　戦の庭に　起てる身の
　捨てず　持つは　君の太刀ぞよ

色は褪せ　力は抜けし　吾が王者
　死すとも　残すは　君が冠

十月三日、戦前からの知己が再起を支援したことにより、大蔵商事株式会社が設立されている。戸田は最高顧問となり、池田も同月入社した[32]。そして、十二月には事務所を新宿区百人町一丁目二十番地（現在の同区西新宿七丁目）に置いている[33]。

その頃戸田は、出獄以来の日々を振り返って、世界の平和とすべての人々の幸福を実現するという大願に立ちながら、責任ある立場（会長）に就かなかったこと、さらに、一人一人の会員に強い信心の骨格を作ろうとした法華経講義が日蓮仏法を正しく理解させるものになっていなかったことを深く懺悔していた[34]。

一方池田は、日記に「大願に立ちたる先生の苦悩を知れば、苦しいなどといってはいかん[35]」（十月九日）と書いている。

一九五〇（同二十五）年十一月十二日（日）午前十時、千代田区一ツ橋の日本教育会館で、牧口常三郎の七回忌法要が行われた[36]。席上戸田は、「故牧口先生追憶の辞」として、牧口との出会いから始めて、牧口の葬儀の様子を聞いた時の憤激と決意を語った[37]。

昼食をはさみ、正午から創価学会第五回定期総会が開かれ、七百余人が参加した。その席上で理事長の交代が発表され、挨拶に立った戸田は、次のように述べている。

「牧口先生亡き後、第二代会長も未だ空席の折に、私は釈迦の教法たる法華経を当学会の指導理念としたことが、私の重大なる誤りであったことに気がつきました。よって学会の遠き将来を考へ、より偉大なる前進を思ひ、身の謗法を深く感じて、理事長の席を二代目の矢島〔周平〕君にゆづることを決心致しました。（中略）それではお前は何をするのかとお思ひになるかも知れませんが、私は自ら深く期するところがあります(38)」（傍線引用者）

戸田は総会の最後に再び登壇した。

「広宣流布は仏意であり、仏勅(39)であります。（中略）たとへいかなる大難に遭はうとも、第六天の魔王に攻められていかにそれが困難な道であらうとも、一度び題目を唱へたならば、水を呑み草の根を噛み、その為に死ぬる日があらうとも、命のあらん限り諸君と共々に広宣流布をめざして邁進致したい。これこそ私の唯一無上の願ひであります(40)」

この頃のことを、星生八重子は次のように記している。

「昭和二十五年の夏のことです。戸田先生の事業の破綻が起きました。同志のなかでも『功徳を説く戸田理事長が、事業で失敗するのはおかしい』などと、信仰を皮相的にしかとらえず、短兵急に批判する人もあり、反逆を起こす者すら出てまいりました。
そして、あれほど盛況だった本部の講義も、理事長を退かれた頃には、受講者もだんだんと潮の引くように少なくなってしまいました。

当時、私の心に強く残ったことがあります。事業の清算事務に追われる大変な苦闘のなかで、なお戸田先生はわずかな暇をみつけて講義を続けてくださいました。それもいつしか、ほんの五、六人になってしまったことがありました。

でも先生は力強く、あれほどの大きな苦悩を抱えていたとは、どうしても想像できないほど、お元気そのものでした。御書を講義するときは、確信に満ちみちた王者の姿そのものでした。その講義が終了したとき、故事を引いて話をされた後、『私は、たとえ一人でも求める諸君たちのために全力を尽くすのだ』『私は地獄に落ちても平気だ。そのときは地獄の衆生を折伏して寂光土とする。しかし信心弱い君たちのことを考えると心配だ……』とおっしゃったことが心に強く残っております（趣意）[41]」

戸田は、理事長を退いても、会員の心の支えにならねばならぬと決めていた。[42] 彼は最悪の事態に備えながら、何としても困難な状況を切り開き、自らの使命を果たそうとしていたのである。

逆境の最中にあって

第五回総会から四日後の一九五〇（昭和二十五）年十一月十六日、戸田と池田は千代田区神田駿河台にある日本大学工学部（現在の理工学部）第一号館の食堂[43]で、昼食をともにした。

この日のことを池田は、次のように記している。

「その〔理事長辞任の〕わずか四日後のこと。局面打開のために奮闘の日々を送っていた恩師と私は、昼食のため、神田・駿河台の日本大学の学生食堂に入った。大学の食堂はなにより安い。もはや外食の費用にもこと欠く日常だったのである。

だが、込みあう学生の間を縫うようにして探しあてた席で、恩師は、未来への展望を語って倦むことがない。そして牧口先生が抱かれていた『大学建設』の構想を語られながら、二十二歳の私に声をはずませて言われたのである。

『大学をつくろう。創価大学をつくろうよ。私の代でできなければ、大作、君がつくる

神田駿河台の日本大学工学部の食堂（『五十年の歩み』、日本大学理工学部工業化学科、1988年から転載）

のだ』」[44]

この時戸田は、〝世界第一の大学にしようではないか〟とも語ったという。[45]

二日後の十一月十八日は、牧口常三郎が獄死して六年、『創価教育学体系』第一巻を出版して二十年目に当たる。戸田の心には、かつて牧口と語り合った創価教育の学校の構想と、〝僕の代に設立できない時は戸田君の代で作るのだ〟という牧口の熱い期待が深く刻まれていたのである。[46]

日本大学工学部は、西神田から歩いて二十分ほどである。とりわけ寒かったこの日、二人は、神田駿河台の池田坂まで足を延ばしている。

工学部の建物の斜め向かいには、戸田が予科から通った中央大学の学舎があった。彼は、懐かしい学生街の一角で、人類の未来のために世界一の大学をつくろうと語ったのである。

信用組合が業務停止になり、創価学会の理事長を辞任しても、戸田の心にあったのは〝人類の未来〟であった。彼は、世界のすべての人々が平和で安心して暮らせる社会を実現したいと願っていた。一方池田は、どんな困難があったとしても、戸田に応(こた)えようとした。二人の心は遥(はる)かな未来へ向けて一体となっていたのである。

十一月二十七日、池田は大蔵商事の営業部長になる。[47] 池田は、十一月二十九日の日記に次のように書いている。

「半日、先生と共に語る。私が、師の遺業を、継ぎ、実現せねばならぬことを、沁々(しみじみ)と指南して下さる。

午後より、先生は、大蔵省にゆかれる。寒さの為(ため)、震(ふる)えて帰ってこられる。

先生曰(いわ)く『世の中は、寒いなあ』と。笑って居(お)られる[48]」

東京建設信用組合に対する大蔵省の心証は厳しいものがあった。[49] 後年池田は、次のように述べている。

「恩師と事業打開の糸口を求めて埼玉県の大宮方面に出かけ、不調に終わって、川の流れに沿っての帰路のことであった。

終戦直後の暗い世相のもとで『星の流れに……こんな女に　誰がした』（清水みのる作詞『星の流れに』）という歌が流行したものだが、私はその歌詞をもじって、ふとユーモアをまじえながら『こんな男に誰がした』と歌ったのである。星が冷たくまたたいていた、美しい師走（しわす）の夜だった。

すると戸田先生が振り返られて『おれだよ』と言って屈託（くったく）なく笑われた。生きるか死ぬかのような、苦境の時である。私は『おれだよ』の一言に熱いものを感じた」[50]

十二月二十七日、池田は日記につづっている。

「先生に対する非難、ごうごうたり。私は、断然、戦う。

先生の大使命を、最も知っているのは、私だと確信する。先生の意中を、最も理解しているのは、私一人だと決意する」[51]

戸田は、年が改まった一九五一（同二十六）年一月六日正午近く、池田を自宅に呼び、

「私に、もし万一のことがあったら、学会のことも、事業のことも、いっさい、君に任せるから、全部、引き受けてくれないか」と伝えた(52)。

剛毅な戸田も、この時ばかりは憔悴しきっていた。厳しい表情であった(53)。池田は、日記に書いている。

「先生の、なみなみならぬ決意をひしひしと感ずる。

先生は正成の如く、吾れは正行の如くなり。奥様は、落涙。（中略）後継者は、私であることが決まった(54)」

戸田は心労が重なって体調を崩し(55)、池田の疲労も極限に達していた。戸田は、池田に語っている。

「大作、仏法は勝負だ。男らしく命のあるかぎり、戦いきってみようよ。生命は永遠だ。その証拠が、必ずなにかの形で今世に現れるだろう(56)」

注

（1）信用組合は、「産業組合法」（一九〇〇年）で初めて法制化された。その後、「市街地信用組合法」（一九四三年）・「中小企業等協同組合法」（一九四九年）が定められている。

（2）「保証責任東京建設信用購買利用組合　専務理事　戸田城聖」という名刺が残されている（創価学会本部所蔵）。

（3）専務理事戸田城聖名で作成された「保証責任東京建設信用購買利用組合」の「出資払込金領収書」№54の日付（一九四九年四月二十日）による。また、一九四九年一月二十日発行の戸田ほか四人に対する領収書の発行者が「東京都港区芝南佐久間町一丁目八番地　保証責任東京建設信用購買利用組合　組合長理事　今井哲」となっていることから、同利用組合の所在地は、同年一月以降に千代田区西神田へ移り、戸田が組合の専務理事になったと考えられる。同利用組合は、「産業組合法」に基づいて設立された法人（「産業組合法」は一九四八年九月に廃止）。『ルビー』第二巻第七～十号（大道書院、一九四九年七・八・十・十一月号）の裏表紙には、「皆様の定額貯蓄の受付、資金の運営、資金の貸付の相談に応ず」との同利用組合の広告が、日本正学館と同じ所在地で掲載されている。ちなみに、『ルビー』第二巻第七号の発行日は、一九四九年六月二十五日。第二巻第十号は、同年十月二十五日。

（4）池田は、一九四九年十二月四日の日記に、「今日から、新事業への、仕事を始む」（『池田全集・第三十六巻』、四四頁）と記している。

（5）「中小企業等協同組合法施行法」の第三条第二項を参照。「東京建設信用組合」について、一九五〇年十月二十日に発行された『金融年鑑 昭和二十五・六年版』（金融通信社）の六〇八頁には、大要次のように記されている。

千代田区西神田二ノ三（九段四一七九）

設　立　大一〇・四・二八[*1]

預金高　四、六〇四万円　　貸出高　一、三九二万円

支店数　―　　組合員数　七五三名　　職員数　五名

組合長　今井　哲[*2]　　専務理事　戸田　城聖

＊1　設立の日付は、東京建設信用組合の淵源となる城東建築信用購買利用組合の設立日。同組合は、一九三八年一月頃に昭和建物信用購買利用組合、四九年一月頃に東京建設信用購買利用組合へ改称されている。これらについては、東京都公文書館所蔵の「市有地借地人名称変更届」、『東京電話番号簿 昭和23年4月1日現在』（東京中央電話局、一九四八年）の二〇八頁、『80年の歩み 東京三協信用金庫創立80周年記念誌』

（東京三協信用金庫、二〇〇五年）の一五頁、などを参照。

＊2　今井哲は、東京市の土木局長・水道局長などを歴任。今井については、『日本紳士録 第四十五版』（交詢社、一九四一年）の七一頁および『日本紳士録 第四十六版』（一九四二年）の六〇頁を参照。

なお、「東京建設信用組合」は、「中小企業等協同組合法」に従って設立された法人。同法は、全国市街地信用組合協会などの強い反対運動を押し切って、一九四九年六月一日公布・同年七月一日施行されたが、大蔵省内部からも早くから反対意見があり、二年後の五一年六月十五日にはそれに代わる「信用金庫法」が公布・施行された（『信用金庫25年史』、全国信用金庫協会、一九七七年、八三〜八八・一〇〇〜一〇一頁参照）。「信用組合」の名称と事業については、「中小企業等協同組合法」第五条および第七十六条（末川博編『六法全書』、岩波書店、一九五〇年、一五二・一六〇頁）を参照。

（6）一九四八年の時点で、従業員三十人以上の事業所の七三パーセントは、従業員九十九人以下であった（『時事年鑑』、時事通信社、一九五一年度版、五七〇頁参照）。

（7）本書上巻の337・394頁参照。

（8）ドッジ・ラインは、一九四九年三月から、日本経済の安定と自立のために実施された、インフレと国内消費の抑制と輸出振興を軸とした財政金融引き締め政策。その結果、インフレは収まったが、逆にデフレが進行し、失業者が増加、中小企業の倒産が相次いだ（渡辺武『占領下の日本財政覚え書』、日本経済新聞社、一九六六年、二三二頁参照）。

（9）『信用組合史 全国信用協同組合連合会20年史』（全国信用協同組合連合会、一九七六年）、八〇頁参照。中小企業の多くは、一九五〇年三月には「三月危機」が叫ばれるまでの苦境に追い込まれた（同前参照）。

（10）「夜学」とは、池田が通っていた大世(たいせい)学院政治経済科二部のこと（五十年史編纂委員会編『学園五十年史』、富士短期大学、一九九三年、一六五〜一七五頁参照）。

（11）『池田全集・第二十二巻』（『私の履歴書』）の二五九〜二六〇頁、および、『池田全集・第三十六巻』の一七九頁による。池田によれば、「やがて、戸田先生は、毎週、日曜日になると、私をご自宅に呼ばれ、一対一の個人教授をされるようになった」（『池田全集・第百三十巻』、二六二頁）という。

（12）池田の紹介で最初に入会した土屋せつ子は、当時大田区立女塚(おなづか)小学校に勤務し、校地内の仮設住宅に住んでいた。その後、一九五一年三月十七日までに、池田の紹介でさらに五人が入会。戸田が会長に就任した五一年五月三日にも池田の紹介で近所に住む人が入会している。これらについては、土屋（原）せつ子からの聞き取りの記録、『池田全集・第三十六巻』（『若き日の日記』）の五四・二四〇

頁、『池田全集・第百二十九巻』の二三一～二三二頁、『聖教新聞』一九五九年二月六日付四面・二〇一一年五月四日付三面、などを参照。

池田は、一九五〇年五月に両親が住む大田区大森九丁目を離れて、同区新井宿六丁目（現在の中央三丁目）のアパート「青葉荘」に住んでいる（『聖教新聞』一九七八年六月二十六日付一面に掲載された第一回団地部大会での池田の話、『池田全集・第三十六巻』の四三・四七・五七・六二頁、池田が一九四九年七月頃に作成した名刺の自宅住所、青葉荘の「貸室申込書」、土屋せつ子からの聞き取りの記録、などを参照）。

（13）戸田は、翌一九五一年五月に発表した論文「朝鮮動乱と広宣流布」の中で、「此の戦争に依って夫を失い妻をなくし子を求め親を探す民衆が多く居りはしないかと嘆くものである」（『大白蓮華』第十四号、創価学会、一九五一年五月、一頁）と述べている。朝鮮半島における戦争は、五〇年六月に始まり、五三年七月に休戦協定が結ばれたが、金学俊（キムハクジュン）著・鎌田光登訳『朝鮮戦争 痛恨の民族衝突』（サイマル出版会、一九九一年）によれば、その間に朝鮮民族だけで五百二十万人の死亡・行方不明者があり、南北に引き裂かれた離散家族は一千万人にのぼるという（二七六～二七八頁参照）。

（14）『池田全集・第三十六巻』、九一頁。

（15）本文中の三つの引用は、いずれも『池田全集・第三十六巻』の九八～一〇〇頁による。

(16) 西野辰吉『伝記 戸田城聖』(第三文明社、一九八五年)、二三二〜二三四頁参照。この頃、大蔵省では、いくつかの組合の経理が破綻したことを踏まえて、「市街地信用組合経営改善対策(銀特、昭和二四、七、二二)」という文書を作成。また、同時期に作成された「組合の整理統合について」という文書には、赤字克服が困難な組合は、積極的な整理統合を勧慫すると書かれている(国立公文書館所蔵資料参照)。戸田は、このような大蔵省の意向を踏まえた上で、他の信用組合との合併の斡旋を申請したと思われる。

(17)『池田全集・第三十六巻』、一一〇頁参照。

(18)『池田全集・第二十二巻』、二六一頁参照。

(19) 後年池田は、「恩師は、御自分の使命だけを自覚されていたのであろう。それが私には痛切に感じられたのだ」(『池田全集・第十八巻』、九三頁)と記している。

(20)『池田全集・第三十六巻』、一一〇頁。

(21)『池田全集・第百二十九巻』、一一五頁参照。新聞創刊への思いを戸田が初めて語った「八月二十四日」は、「聖教新聞創刊原点の日」とされている。

(22) 御義口伝講義の受講者は、幹部数十名。「理事長更迭」(『大白蓮華』第十一号、創価学会、一九五〇

年十月）の巻末頁、原島宏治「会長推戴（すいたい）前後」（同誌第百五十三号、一九六四年二月）の二〇頁、『池田全集・第百巻』の四〇九頁、『大白蓮華』第五十五号（創価学会、一九五五年十二月）の三八頁、などを参照。

（23）『聖教新聞』二〇〇九年四月二十四日付三面参照。

（24）池田は、大宮方面へ、一九五〇年九月以降十一月までに少なくとも三度訪問している（『池田全集・第三十六巻』、一一六・一一九・一六三頁などを参照）。

（25）『池田全集・第三十六巻』、一一六頁。

（26）『池田全集・第十八巻』、一五四〜一五五頁。

（27）『池田全集・第二十二巻』、二六二頁参照。

（28）同前、二六五頁。一九五〇年四月に入会した横浜市鶴見区在住の松本フキは、同年六月以降、たびたび自宅を訪れた池田について、次のようにつづっている。

「寒くなっても、着るオーバーを持たず、かわりにレインコートを着て、靴もいたんでいました。そのうえ、体調も最悪の状態だったようです。くたくたに疲れて、私の家にたどりつくというありさまでした。身体に熱があるのでしょう。その顔は赤く、目は充血して、時には苦しそうに血痰（けったん）を吐（は）かれ

ることもありました」（八矢弓子編『この日ありて─広布に生きる母の記録─』、聖教新聞社、一九七七年、一一～一二頁）

（29）『池田全集・第三十六巻』、一二〇頁。池田の心を見抜いた戸田は、次のように語ったという。「お前は死のうとしている。俺に命をくれようとしている。それは困る。お前は生き抜け。断じて生き抜け！　俺の命と交換するんだ」（『池田全集・第百三十八巻』、一二二～一二三頁参照）

（30）池田大作『私の履歴書』（日本経済新聞社、一九七五年）、九九頁参照。後年池田は、信仰をしてちょうど三年目の一九五〇年八月二十三日に、自分にとって最大の三障四魔があったんです、と語っている。そして、その時から彼は、一日二万遍の唱題を始め、だいたい六十万遍の題目にきたら、願いはすっとかなってきたという（『聖教新聞』一九五九年二月六日付四面参照）。戸田と歌の交換をした九月二十一日は、この時期にあたっている。

（31）『池田全集・第三十六巻』、一二四～一二五頁参照。池田は、日記に、戸田からの返歌を書き留めた後、「若人の感、無量なり。一層の決意、漲（みなぎ）れり」（同前、一二五頁）と記している。

（32）大蔵商事の元社員が作成した「大蔵商事株式会社の歩み」、『帝国銀行会社要録』（帝国興信所、一九五三年版）の東京都会社の部の八三頁、大蔵商事最高顧問の名刺、池田の一九五〇年十月十九日の日記（『池田全集・第三十六巻』、一三八～一三九頁）、などを参照。戸田は大蔵商事の最高顧問であり、筆頭株主であった（秋山ちえ子『お勝手口からごめんなさい』、春陽堂書店、一九五七年、一八七頁参照）。設立時の社長は山浦達二、五二年三月からは和泉覚（山浦千鶴子からの聞き取り、和泉覚・柏原ヤスからの聞き取りの記録、前出の『帝国銀行会社要録（一九五三年版）』の同頁を参照）。同社の広告には、「東京海上火災保険」の「第一代理店」と記されている（『聖教新聞』一九五一年四月二十日付一面の広告を参照）。

戸田は、一九五一年頃の白木薫次宛の手紙に、「此の度の大蔵商事株式会社は、組合の事態が如何様になるとも、預金者に於いては一銭も迷惑を掛けない私の心願から、種々の工夫を重ね候もの」と記している。

（33）大蔵商事の元社員がまとめた記録、『池田全集・第二十二巻』の二六六頁、『聖教新聞』一九五一年四月二十日付から六月一日付一面までの大蔵商事の広告、などを参照。なお、大蔵商事の百人町の事務所は、東京眼鏡株式会社内にあった。戸田が、一九五一年二月二日に渋谷邦彦に宛てた手紙（本節注（42）参照）の差出人の住所は、「東京都新宿区百人町一ノ二〇　東京眼鏡株式会社内　大蔵商事株式会社」となっている。

その後、同社の事務所は、一九五一年五月末に新宿区市谷田町一丁目四番地の市ケ谷ビルへ移転している（『池田全集・第百三十四巻』の一〇六頁、および、『聖教新聞』一九五一年六月一日付一面と十日付一面に掲載されている大蔵商事の広告の同社所在地が異なることによる）。

（34）戸田は、「創価学会の歴史と確信」において、「立つ可き秋に立たず つく可き位置につかず、釈迦文上の法華経をもてあそぶ者として大謗法の罪に私は問はれたのである」（『大白蓮華』第十六号、創価学会、一九五一年七月、三頁）と述べている。

（35）『池田全集・第三十六巻』、一三四頁。

（36）「第五回定期総会特集」（『大白蓮華』第十三号、創価学会、一九五一年一月）、一一二頁参照。

（37）戸田城正「故牧口先生追憶の辞」（前出、『大白蓮華』第十三号）、一二二〜一二三頁参照。この時戸田は、二十一年前の『創価教育学体系』第一巻出版の経緯について詳しく語っている。

（38）「前理事長挨拶要旨」（前出、『大白蓮華』第十三号）、一七頁参照。

（39）「仏勅」とは、仏の勅令。仏の命令。仏は教法の王であるから、その命を仏勅という（創価学会教学部編『教学用語集』、聖教新聞社、二〇一七年、三〇二頁参照）。

（40）「広宣流布について」（前出、『大白蓮華』第十三号）、一七頁参照。戸田は、一九五一年春に佐々木庄作（一九四九年入会、五九年に第二代鶴見支部長）に宛てた手紙の中で、次のように記している。

「第六天の魔王は正法の流布を好まず、広宣流布の徒がらに大難をなします。

難の来る所以は何所よりにもせよ、第六天の魔王の眷属の所為で法華経の信者の信を強めんが為です。

我々に世事の難は多く御座いますが妙法を保つ者には必ず〳〵冥益のある事を信じて疑ってはなりません。

『まんだら』の事を功徳聚と申しまして三世十方の諸仏の功徳が集って居ります。秘法中秘法が三大秘法の御本尊で如何なる祈りも謗法のなき限り、功徳のない事は御座いません。信じて拝み参らす時は例ひ謗法ありとも罰と言ふ姿で流れ去って清浄となることが出来るので御座います（趣意）」（傍線引用者）

（41）星生八重子「戸田前会長と草創期の婦人部」（前出、『この日ありて』）、二一四～二一六頁参照。

（42）後年池田は、「恩師は毎日が身を切り刻まれるような逆境のなかでも、第一線の座談会に出席していた。そして、一人一人の市井の庶民の輪のなかで、足下の細かな問題から、人それぞれの悩みに親身に応じていた」（『池田全集・第二十二巻』、二六一頁）と記している。

また、戸田の指導を求める遠方の会員には、手紙を送り励ましている。一九五一年二月二日には、仙台に住む渋谷邦彦（一九四二年入信、後に初代仙台支部長・初代学生部長）に、「此の度の広宣流布は、全東洋に亙る可き『相•』があります。若人こそ、純真の信こそ此の大使命を果し得るので貴郎方の使命は偉大です（中略）成田君その他の同志にくれぐれも宜しく」（傍点は原文）と書いている。手紙の日付については、渋谷邦彦「戸田先生の御遺品をしのびて」（『大白蓮華』第百七号、創価学会、一九六〇年四月）の六八頁を参照。

(43) 日本大学工学部の食堂は、建物の一階南側角にあり、南西側から直接入ることもできた（『旧1号館の建築』、日本大学理工学部、二〇〇三年、七六頁参照）。

(44)『池田全集・第百二十六巻』、一四三～一四四頁。池田は、一九五〇年十一月十六日の日記に、次のように書いている。

「昼、戸田先生と、日大の食堂にゆく。

民族論、学会の将来、経済界の動向、大学設立のこと等の、指導を戴く」（『池田全集・第三十六巻』、一五五頁）

池田は前日（十一月十五日）に、戸田の代理で出向いた静岡県伊東市から戻っている。業務停止した信用組合の債務整理のため、彼は少なくとも四回伊東へ出張し、一九五〇年十二月二日・三日には戸田とともに出かけている（『池田全集・第三十六巻』、一四一・一五三・一五九・一六六頁参照）。

（45）『池田全集・第百四十二巻』、一八〇頁参照。

（46）本書上巻の338～339頁参照。

（47）『池田全集・第三十六巻』、一六〇～一六一頁参照。

（48）同前、一六二～一六三頁。一九五九年一月十六日の朝、池田は、小樽から旭川へ向かう車中で、同行した青年たちに、大要次のように語ったという。

「戸田先生が、事業の面で最も苦境に立たれていた一九五〇年の冬のある日。先生は『世の中は寒いなあ』とおっしゃった。火の気がないのと、ふところが寒いのと二つの意味があったと思う。そして先生は、次のような歌を詠まれた。

雪ぞ降る　雄猛ぶなかを　丈夫の
嬉しきことは　友どちの愛

先生は、会社の従業員には常に同志として接しておられた。先生は詩人でいらっしゃった。

そして、その歌に対して私は、『苦難の道をゆうゆうと』『じっとこらえて今にみろ』という言葉が入った詩を献じた（趣意）」（『聖教新聞』一九五九年一月二十三日付五面参照）

あわせて、『池田全集・第三十七巻』（『若き日の日記』）の四〇七頁を参照。

（49）一九五〇年一月に「本郷信用組合」が多額の不良貸付発覚により業務停止になり、同年八月に組合長などが逮捕されている。東京建設信用組合に対する大蔵省の心証が良くなかったのは、このような事件が半年前にあったからではないかと思われる（『夕刊読売』一九五〇年三月二十八日付二面・四月四日付二面・八月三十日付二面、および、『読売新聞』一九五〇年八月二十四日付朝刊二面を参照）。

大蔵省に勤務していた長谷井輝夫は、「信用組合で思い出すのは、〔昭和〕二十五年東京のH信用組合始め各地で不良債権による倒産があったことである。貯金の何割かを切り捨てて整理を行なうという、今では想像出来ない整理が行なわれた。あるときには組合員が本庁の局長室になだれこむという事も起きた」（長谷井輝夫『わが町 わが友』、一九七六年、六八頁）と記している。

（50）池田大作『私の履歴書』（聖教ワイド文庫、二〇一六年）、一一〇〜一一一頁。

（51）『池田全集・第三十六巻』、一七三〜一七四頁。

（52）『池田全集・第三十六巻』の一七九頁、および、『池田全集・第百巻』の四四〜四五頁を参照。

（53）『池田全集・第百巻』、四五頁参照。

（54）『池田全集・第三十六巻』、一七九頁。正成と正行については、本書下巻の210頁の注（45）を参照。

（55）池田は、日記に次のようにつづっている（『池田全集・第三十六巻』、一八四〜一九四頁参照）。
「先生のみえぬ社は、面白からず。実に、淋しく、腑甲斐ない」（一月十二日）
「先生の御容体、良好の模様なれど、お痩せになる。出社できるようになり、全く嬉しい」（一月十三日）
「先生の健康全く優れず。胸臆より心配す」（一月二十日）
（56）『池田全集・第七十一巻』、二六二頁参照。

その他の参考文献

『昭和十六年版　全国産業組合要覧並役職員録』（協同組合新聞社、一九四一年）
信用組合小史編纂委員会編『信用組合小史』（日本経済評論社、一九七八年）
『東京都　協同組合の歩み』（中小企業等協同組合法施行十周年記念出版委員会、一九六〇年）
『火災保険特殊地図（戦後分）千代田区（11）』（都市製図社、一九五一年）
『火災保険特殊地図（戦後分）新宿区（14）』（都市製図社、一九五四〜五八年）
佐藤洋一・ぶよう堂編集部『地図物語　あの日の神田・神保町』（武揚堂、二〇〇八年）
『おなづか　開校五十周年記念誌・文集』（東京都大田区立女塚小学校、一九八七年）

4

大願に生きる

一九五〇（昭和二十五）年秋頃、戸田城聖の肩には、二つの会社の責任が重くのしかかっていた。[1] 一つは、新しく立ち上げた大蔵商事を軌道に乗せること。もう一つは、信用組合の業務停止後の対応であった。

信用組合の解散

大蔵商事は、新宿区百人町一丁目二十番地の土間（どま）に机を並べただけの事務所で、営業部長になった池田大作が顧客の開拓に一人奮闘していた。信用組合のほうは、牧口門下の実業家グループの一人が清算の仕事を担っていたが、池田は日記に「Ｉ氏に、気を付けねばならぬ。彼は味方である振りをして、陰で先生に対し、策動している」[2]（一九五〇年十一月二十九日）と記している。

そのような中でも戸田は、苦境を案じて伊豆から上京した婦人に、「心配をかけるけど、僕のお金は世界にいっぱいあるから安心してくれよ」と語ったという。[3]

大蔵省の担当者であった小林春男は、次のように述べている。

「関東財務局では、東京建設信用組合は再建か解散かのどちらを選択すべきであるかが問題になっていた。東京都の局長あがりの前経営者が、組合事務に精通しておらず、放漫な運営をしたため、戸田城聖氏が協力を求められ、組合を主宰して立て直しに努力されていた。

しかし、組合の経営は次第に悪化し、業務停止もやむを得ない状況になっていた。氏は再建への途が開けなかったことに強い責任を感じ、いかにしたら善良な預金者に損失を与えることなく清算ができるかという一念で、終始真剣に対応されていた。

次第に明らかになったのは、預金債権者は戸田氏に厚い信頼を寄せており、事態が平静化していたことであった(趣意)[4]」

渦中にあった戸田は、獄中に続いて二度目の不思議な体験をしたという。彼は、次のように述べている。

「此の度は路上に於いて『霊山一会の大衆儼然として未だ散らず』して私の身の中に永遠の姿でましますこと、拝んだのであった。

私は歓喜にもえたのである。私は証のあり次第敢然立つことを決意したのである」(5)

一九五一（同二十六）年二月、大蔵省から戸田に対して、組合員の総意がまとまるなら信用組合を解散してもかまわないとの内意が伝えられた。解決の道筋が、ようやく見えてきたのである。(6)

その後、担保になっていた戸田の自宅が処分されそうになったが、それも無事に乗り越えることができた。(7) 東京建設信用組合は、三月九日に組合員全員の賛同を得て解散を決議。三月十一日にはその登記が行われ、戸田の専務理事としての責任は問われないことになった。(8)

会長就任への道程

戸田は、苦難を耐え忍びながら、万が一に備えて、人知れずさまざまな手を打っていた。理事長辞任はその一つであったし、池田の育成にひときわ力を入れたのも、そのためであった。

戸田は、一九五〇（昭和二十五）年十一月より、日曜日に池田ら七人に対して御書講義を始め、[9]池田には移動の列車の中で講義することもあった。[10]また、この頃彼に、『永遠の都』[11]と『九十三年』[12]を手渡して読むことを勧め、[13]翌年一月には池田に対して、「もし、よかったら、君と仲の良い同志十数名に、〔『永遠の都』を〕順番に読ませてあげてはどうだろう。みんなが読みおわったところで、その感想発表会をもつのも、いいだろう」と話している。[14]

戸田は、青年男子十四人による感想発表会を二月八日に開催。その日から彼らに対して御書を根本とした訓練を開始した。[15]また、青年女子十五人に対しても、御書や小説を通して訓練を始めている。[16]戸田は、一九五一（同二十六）年二月に行われた「総勘文抄（そうかんもんしょう）」の講義の際に、次のように語ったという。

「私には広宣流布しかない。私は立つぞ！　誰がなんと言おうが、恐れるものか！　もう、何ものにも邪魔させるものか！」[17]

彼は、創価学会の一切を背負って立つという決意を表明したのである。そして、この戸田の言葉を待ちかねていたように、会長推戴の署名運動が会員の中に広がっていった。[18]
一カ月後の三月十一日、日本教育会館で開催された臨時総会には数百人の会員が参加した。池田は、この日の日記に、次のように書いている。

「七時、起床。急いで食事にゆき、教育会館に飛ぶ。創価学会の総会である。恩師戸田先生が、元気で出席なされたことは、私の最大の歓びであった。

皆は知らぬ。而し、吾人は、いかほど先生を陰でお護りして来たことか。吾れは泣く。吾れは嬉し。先生の師子吼に[19]」

三月二十八日、戸田は、学会本部で行われた支部長会で、次のように述べている。

「あの朝鮮の動乱を見よ。地獄の苦にあえぐ朝鮮民族を救うは誰か、明日の日を知らず迷う東洋民族の否世界人類に光明を与える力は何か。大聖人様の御慈悲を蒙せる以外に何ものもないではないか。即ち広宣流布以外に手はないのである。しからばこの聖業は誰人の手によるか。仏意計り難きことなれども、創価学会を除いて他になし。先師牧口先生以来の因縁であり、宿命である。不肖戸田年来の望みなれども、昨年来一つは法華経の講義により大罰を受け一つは王法遂に仏法に勝たずの二大現象により一層の確信を得たり。今はただ前進あるのみ、斗争あるのみ[20]」

彼は、四月六日の御義口伝講義終了後に臨時支部長会を開き、それまでの約三十支部を十二に整理統合。十二支部を世帯数によってＡ・Ｂ・Ｃの三段階に分け、競い合う態勢を整えた[21]。

さらに、四月二十日には、創価学会の機関紙として、『聖教新聞』を創刊。第一号の発行部数は約四千五百部、ブランケット判二面建て、月三回の旬刊である[22]。一面には、戸田が無記名で書いたトップ記事「信念とはなんぞや」を掲載[23]。二面には、「聖火鶴見に炎上」という見出しのもと、鶴見支部の活動が紹介されている[24]。また彼は、妙悟空[25]の筆名で小説「人間革命[26]」の連載を開始[27]。そのほかにも、「寸鉄」の欄を担当した[28]。

池田は、日記につづっている。

「先生の決意、次第に厳然たり。何か深く思念されし様子なり。学会の前進も、先生の前進、決意にて、全部決定されゆくなり[29]」（四月二十五日）

また、当時を振り返って、和泉覚は次のように述べている。

「その時まで、戸田先生と経済的な損得でつながっていた、友だちとも弟子ともつかない中途半端な人が何人かいたが、これらの人々は、先生を批判して、先生のもとから去っていった。経済問題は不純な弟子を選別するために、先生にとっては避けて通れない道であったように思えてならない（趣意）[30]」

晴れ渡る五月三日

一九五一（昭和二十六）年五月三日午後二時より、千人を超える会員が参集して、[31]創価学会第二代会長就任式が墨田区向島の常泉寺[32]で開催された[33]。

戸田は、就任の決意の中で次のように述べている。

「故牧口先生の後不肖私会長の任にあらざれども、（中略）こゝに不思議のことありて大確信を得、会長就任の決意を固めた次第である。大聖宗旨御建立の後　立正安国論を御したゝめあって七百年、大陸は中共勢力の席巻する処となり、朝鮮に世界の兵力集まっての戦乱である、この時手をこまねいて見過すならば霊鷲山会にていかなる御しかりあるべきか、然れば無間地獄疑い無し、今後どしどし無理な注文を出す事と思うが是非通して頂き度い[34]」

（1）　昭和26年5月10日　聖教新聞　第3号

聖教新聞

創価学会会長就任式

五月三日常泉寺にて挙行

論説　本尊に迷うなかれ

戸田先生御講演

邪教を叩く！　立正交成會の狂態　便所掃除が最も光榮

検眼　森川眼鏡店

戸田の会長就任を報じた『聖教新聞』1951（昭和26）年5月10日付１面

この時戸田は、次の三点について語った。

最初に、大折伏大願成就のための大御本尊の授与を、学会の総意として願い出ること[35]。

戸田は、五月十二日に請願書の取り次ぎを堀米日淳に依頼。五月十九日には有志四十人とともに大石寺に到着。翌二十日に日蓮正宗管長水谷日昇[36]が認めた御本尊を受け取った[37]。御本尊の脇書として、右側には「大法弘通慈折広宣流布大願成就」、左側には「創価学会常住」と記されている。七月二十二日には、この御本尊の奉戴式を兼ねた臨時総会が千代田区三番町の東京家政学院の講堂に約千七百人が参集して行われた。

臨時総会において戸田は、「創価学会の歴史と確信」と題し講演。その中で、次のように述べている。

「私は五月三日会長に就任し学会は『生命は永遠であり、我々こそ末法に七文字の法華経を流布すべき御本仏の眷属なり』との自覚を生じて牧口会長〔が〕口ぐせに云われた発迹顕本をしたのである。此の確信に於いて広宣流布大願の曼荼羅を御願い申上げ精兵集ひよって壮大な開眼奉戴の式が営まれたのである(38)」

次に、僧俗一体による広宣流布の推進を宗門へ要望。なぜなら、当時、御本尊の授与を渋り、信徒の折伏意欲を削ぐような僧侶が少なくなかったからである(39)。

五月十日付の『聖教新聞』「寸鉄」欄には、僧侶に関するものが並んでいる(40)。

「折伏もしないで折伏する信者にケチをつける坊主は糞坊〔主〕だ」

「御布施ばかりほしがる坊主は乞食坊主だ」

「神本仏迹なんと言ふ坊主は化物坊主である(41)」

最後に、生涯のうちに七十五万世帯を達成するとの決意を表明。

「私が生きている間に七十五万世帯の折伏は私の手でする。もし私のこの願いが、生きている間に達成できなかったならば、私の葬式は出してくださるな。遺骸は品川の沖に投げ捨てていただきたい[42]」

すでに四月八日、戸田は牧口の墓前で〝広宣流布は城聖必ずお果し致します〟と誓い、会長就任以前に〝この身広宣流布にかなはずば骨を品川の沖にばらまいてくれ。葬式はしてくれるな〟と言っている[43]。しかし、「七十五万世帯」という具体的な数を明かしたのは、この日が初めてであった。

これらの発言は、宗門に対する警鐘でもあった。そして、人事が一新され、理事長であった矢島周平は指導監査部長になり、理事長は空席のまま筆頭理事に和泉覚が就任した[44]。

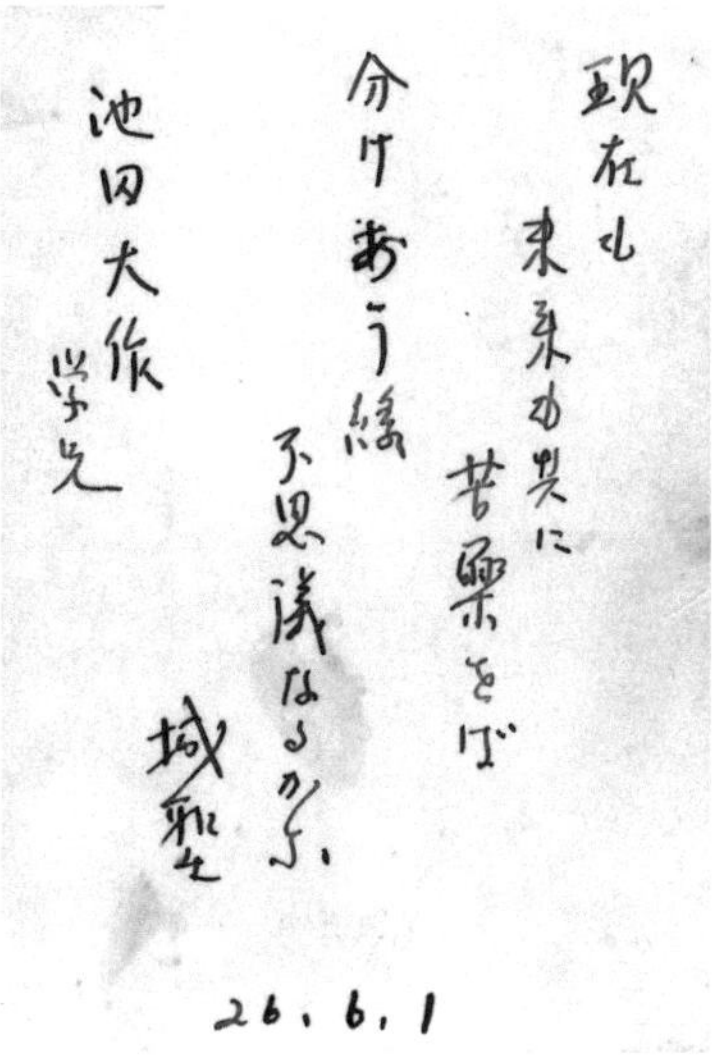

就任式を終えて一月ほど経った六月一日、戸田は、裏面に歌を記した

1951（昭和26）年6月1日に戸田が池田に贈った歌（聖教新聞社提供）

自身の写真（本書下巻の巻頭に掲載）を池田へ贈っている。[45]

現在も　未来も共に　苦楽をば
分けあう縁（えにし）　不思議なるかな

それは、会長就任への道を拓（ひら）いてくれたことを感謝するとともに、広宣流布への志を共有している二人の絆（きずな）を詠（よ）んだものであった。

広宣流布への三つの布石

会長に就任した戸田は、毎週金曜日（午後六時）に西神田の本部で御書講義を行っている。会員一人一人の育成を自らの活動の基軸に据（す）えたのである。[46]

その上で彼は、第一に、学会各部の整備を進めている。

一九五一（昭和二十六）年六月十日、第一回本部婦人部委員会を新宿区内のレストランで開催。[47]五十二人が出席し、この日が婦人部の実質的な出発となった。この時戸田は、テーブル上の白ゆりの花を前に一首の歌を詠んだ。傍らにあった紙に「白ゆりの香りも高き集いかな　心の清き友どちなれば」と書いて柏原ヤス（当時、指導部長）に渡し、彼女によって何度も詠まれている。[48]

参加していた牛田澄子は、次のように記している。

「『白ゆりの香りも高き……』の和歌をいただいたことがなによりの喜びでした。当時は、その日その日の生活が精いっぱいで、戸田先生の『私たちにとって御本尊様は、かならず幸福を与えてくださるありがたい当体といえよう』との指導に、希望と確信をもって泥まみれになって連日、折伏に駆けまわっていました。そんなときでしたから この和歌に、なにかほっとさせられ、心温まる思いでうかがったことが、大きな思い出になっております[49]」

七月十一日には、西神田の学会本部において、百数十人が参加して男子青年部が結成され、四個部隊の編成が発表された。[50] 席上戸田は、次のように述べている。

「今日集られた諸君の中から必ずや次の学会長〔創価学会の会長〕が現われるであろう、必ずこの中に居られる事と信ずる、広宣流布は私の絶対やりとげねばならぬ使命であり、各自にその尊い地位を自覚してもらいたい、近くは明治の革命を見ても原動力は青年であり、はるか大聖人御在世の時も御弟子の方々は皆青年であった、どうか諸君の手でこの尊い大使命を達成して頂きたい、我々の目的は日本一国を目標とした小さなものではなく、大聖人様は朝鮮支那〔中国〕、遠く印度〔インド〕まで大白法を伝えるよう御命令である。今日はこの席から次の会長たるべき方に御挨拶申し上げ、男子部隊の結成を心から御祝い申し上げる[51]」

また、同月十九日には、同じく本部において七十四人が参加して女子青年部が結成され、五個部隊の編成が発表された。[52] この日戸田は、学会の女子部員は、一人残らず幸福になるんですよ、と語っている。[53]

第二に取り組んだのは、決定版といえる〝日蓮大聖人の遺文集〟の刊行である。[54] 戸田は堀日亨[55]に編纂を依頼し、宗旨建立七百年記念事業として、七月二十二日の臨時総会で発表[56]。戸田は陣頭に立って、校正にもあたった。

けれどもそれは、会員が実質三千人ほどしかいない当時の創価学会にとって一大事業であった[57]。一九五二（同二十七）年四月の『日蓮大聖人御書全集[58]』の刊行を前にして、戸田は複雑な心境を語っている。

1951（昭和26）年7月22日に東京家政学院の講堂で開催された臨時総会において

「今度の事業は実に大変だった、まかり間違えば宗門の名誉、学会の名誉盛衰にまでひびいて来る事を想いながら必ず完成して見せる確信だけは終始不変だった。

色んな難関は覚悟の前だが、宗門の援助が得られぬと決定した時は胸にわき上るものがあった。然し堀猊下御一人の

御力を頂いて完成出来、唯もったいないという以外御礼申上げるべき言葉を知らぬ[59]」（傍線引用者）

戸田が刊行を急いだのは、理由があった。本格的に日蓮仏法を広めていくためには、可能な限り正確に編纂された『御書全集』の存在が不可欠だったからである。

第三に取り組んだことは、創価学会の法人化である。「宗教法人法」が一九五一（同二十六）年四月三日に公布・施行されたことを踏まえ[60]、宗教法人「創価学会」の設立公告を同年十一月一日付の『聖教新聞』に掲載。翌五二（同二十七）年六月二十日付の同紙に、先の公告に修正を加えたものを載せて、七月二十一日に東京都知事に申請[61]。八月二十七日に宗教法人設立の認証を受け、九月八日に登記して宗教法人「創価学会」が設立された[62]。

会長に就任した戸田は、『大白蓮華』第十六・十七号（一九五一年七・八月）に「創価学会の歴史と確信」という論文を掲載した。そこには、広宣流布実現への固い決意が示されている[63]。

「一国広宣流布の時は正に来れり。否、否、東洋への流布の時が来たのである」「広宣流布は日本一国のものでないことを学会人は確信するので全東洋へ大聖人の仏法は広宣流布することを信じて止まず、且(か)つ此れに向って大斗争を活動を開始したのである」

翌一九五二（同二十七）年二月十七日、第一回男女合同青年部研究発表総会が常泉寺で開催され、約四百人が参加。講評に立った戸田は、自らの思想は〝地球民族主義〟であると初めて語った[64]。

池田は次のように述べている。

「宇宙の根本法たる仏法の真髄を覚知された戸田先生は、つねに宇宙的視野から、物事を考えられていた。

そして、東西両陣営の対立の溝が深まる一九五二年（昭和二十七年）二月、先生は『地球民族主義』の叫びを放たれた。

民族、国家、イデオロギーなどを超え、人類が『地球家族』『世界は一つ』という認識に立って、共存への道を開かなくてはならないというのが、先生のお考えであられた[65]」

戸田は、七十五万世帯の達成に向けて、次々と的確な手を打っている。それは、日本一国だけではなく、東洋の、さらには世界の平和を展望するものであった。

注

（1）戸田のもとで、創価学会の秘書を務めた山浦千鶴子は、手記に「〔戸田の〕お家の方のお話では、債権者のきびしい取立てなど、経済危機に直面されて、朝起きられたお布団の上に、寝汗でくっきり人型が残される程の御苦悩〔であった〕」と書いている。

（2）『池田全集・第三十六巻』（『若き日の日記』）、一六三頁。

（3）土屋みなの手記による。土屋は、一九四七年一月に戸田が静岡県賀茂（かも）郡稲梓（いなずさ）村箕作（みつくり）（現在の下田市箕作）を訪れた際に入会した（本書下巻の71～72頁注（3）参照）。

（4）小林春男『信用金庫経営論』（日本経済評論社、一九九二年）、二一六～二一七頁参照。小林春男（一九一一～二〇〇五年）は、当時の大蔵省関東財務局理財部金融課長。退官後、長野市に本店を置く八十二銀行の代表取締役頭取を務めている。同書で彼は、「四〇年を経た現在も、お互いに信頼し、話し合えた故理事長〔戸田〕の人格の内なる光をいまだに忘れることができない」（二七頁）と記している。

大蔵省の官僚であった長谷井輝夫は、「同〔小林春男〕氏の信用組合に対する監督指導は、水際立っていて、本省としては安心してまかせられた」（『わが町 わが友』、一九七六年、六八～六九頁）と述べている。

（5）戸田城聖「創価学会の歴史と確信」（『大白蓮華』第十六号、創価学会、一九五一年七月）、三頁。「霊

山一会の大衆儼然として未だ散らず」とは、釈尊が霊鷲山で法華経を説いた会座（霊山一会）はいまなお儼然として散らず、永遠に常住しているとの意（創価学会教学部編『教学用語集』、聖教新聞社、二〇一七年、三六二〜三六三頁参照）。

山浦千鶴子は、手記に大要次のように書いている。

「〔一九五一年の〕年あけの頃でしょうか。先生の息をのむような体験を伺いました。それは、お題目をあげにあげつゝ神田の交叉点にさしかかった時、生命に電流が走る思いが貫いた。そして身内から『私は勝つ！　必ず挽回する』との大確信が溢れるようであったとのことでした（趣意）」

また、岡安博司は、「忘れられぬ感動」において、戸田から次のように聞いたと記している。

「私は、不思議な生命の実感をしたことが二度ある。一度は牢の中で題目をあげ切ったとき、いま一度は、戦後出版をはじめてある日、会社の帰り道です」（『法華経研究会と私　東大法華経研究会誌第1号』、一九七三年、一二頁参照）

（6）『創価学会四十年史』（創価学会、一九七〇年）の一四八頁を参照。池田は、「遂に活路が開け、事態が好転を見せ始めたのは、昭和二十六年の二月。先生の五十一歳の誕生日の節目であった」（『随筆　師弟の光』、聖教新聞社、二〇〇九年、九九頁）と述べている。

（7）池田は、一九五一年二月十四日の日記に、「御自宅の担保の事。明日まで解決せねば取られてしまうとの事。小生必ず解決させねばならぬ。題目だ。題目の力で」（『池田全集・第三十六巻』、二一七頁）と書いている。

（8）『聖教新聞』二〇〇七年八月二十四日付五面参照。ただし、戸田は専務理事だったので、かなりの額の負債を背負うことになった（西野辰吉『伝記 戸田城聖』、第三文明社、一九八五年、一三五頁参照）。後に戸田は、「東京建設（信用組合）の方は（昭和）三〇年五月まで整理はかかった」と語ったという（小口偉一他編『宗教と信仰の心理学』、河出書房、一九五六年、三六頁参照）。

（9）『池田全集・第三十六巻』の一五六〜一五七頁、および、山浦千鶴子の手記と聞き取りによる。池田によれば、池田ら七人に対する講義は、一九五一年春まで続けられたとのことである（『大白蓮華』第五十五号、創価学会、一九五五年十二月、三七頁参照）。開講にあたり戸田は、「何よりも大事なことは、大聖人御遺命の広宣流布だ。一日も遅らせてはならない。創価学会こそ、その御遺命を達成する唯一の団体なのだから」と語ったという（山浦の手記を参照）。戸田は、彼らに対して、「草木成仏口決」「一生成仏抄」「生死一大事血脈抄」「三世諸仏総勘文教相廃立」「当体義抄」「松野殿御返事」「総在一念抄」などを講義した（『池田全集・第百三十四巻』の一三五頁、および、『池田全集・第三十六巻』の一八七〜一八八・二〇〇〜二〇一頁を参照）。

（10）『池田全集・第三十六巻』、一六六頁参照。池田は、「先生にお供して移動する際も、飛行機の中でも、車の中でも、あらゆるところが『戸田大学』の校舎になった」（『聖教新聞』二〇〇六年八月二十六日付三面）と述べている。

（11）ホオル・ケエン著・戸川秋骨訳『永遠の都』（世界大衆文学全集・第三十九巻、改造社、一九三〇年）のこと。同書には、一九〇〇年頃のローマを舞台に、人間共和の理念を掲げ、国家と教会の権力に戦いを挑むデイビッド・ロッシィと無二の盟友ブルーノ・ロッコの固い絆が描かれている。池田は、一九五〇年一月二日の日記に、「〔東海道本線上りの車内で〕M君と共に、先生の隣に腰掛け、お話を、うけたまわる。――『永遠の都』の……」（『池田全集・第三十六巻』、四八頁）と書いている。

（12）ユーゴー著・早坂二郎訳『九十三年』（世界大衆文学全集・第十七巻、改造社、一九二八年）のこと。同書は、フランス革命期の反革命運動ヴァンデの反乱を主題とした小説。池田は、一九五一年一月十三日の日記に、「大文豪、ユゴー。革命の大叙事詩、小説家ヴィクトル・ユゴーの『九十三年』完読。感多し」（『池田全集・第三十六巻』、一八六頁）とつづっている。

（13）『池田全集・第二十三巻』の一〇六・二三六頁参照。池田が所持していた『九十三年』には、

「昭和二十五年十二月　恩師戸田先生ヨリ　給わりし本也」と記されている。

（14）『池田全集・第二十三巻』、一〇六頁参照。

（15）同前、一〇六〜一一二頁参照。戸田は青年男子十四人に、「三大秘法稟承事」「諸法実相抄」「四信五品抄」「佐渡御書」などを講義した（『池田全集・第三十六巻』の二一一〜二二二・二二八・二三四・二五四・二七五頁、および、前出の『大白蓮華』第五十五号の三七頁を参照）。

（16）一九五一年に入ると、青年女子十五人に対する戸田の講義・指導が、杉並区井荻二丁目にある山浦宅を会場にして、月一、二回行われるようになった。それに先立ち、五〇年秋から青年女子数人が、戸田の命を受けて、東京および近県に点在している女子会員一人一人を訪ねている。山浦千鶴子は、一九五〇年秋に、〝鎖を見てごらん、一つ一つの輪が互いにがっちり組み合っている、貴女たちも、人と人との輪をしっかり結び強固な組織を作っていきなさい〟との戸田の指導を受けて、必死に東京中を駆け回ったことが記憶に残っています、と語っている。

戸田は、時間厳守と教材を前もって勉強することについては、ことのほか厳しかったという。教材として「佐渡御書」や『九十三年』『永遠の都』『走れメロス』等が使用されている。この会は、戸田が会長になった後も何回か開催されたが、メンバーの多くが女子青年部の第一線で活動するようになったことから終了した。このことについては、山浦千鶴子「私と創価学会〈19〉華陽会結成への道程」

『聖教新聞』一九七五年二月十九日付四面）、同「九十三年を読んで」（『大白蓮華』第十五号、創価学会、一九五一年六月)の一八〜二〇頁、山浦の手記および聞き取り、などによる。

(17)『池田全集・第百三十四巻』、一三九頁参照。「総勘文抄」は、日蓮の遺文の一つである「三世諸仏総勘文教相廃立」のこと。

戸田は、創価学会第八回総会(一九五三年五月)の午後の講演において、次のように語っている。

「私は会長になるのが非常に嫌であった。昭和二十二年〔牧口〕会長亡くなった後、理事長に止(とどま)って居たいと願っていた処がもう一つの謗法(ほうぼう)と共にえらい目に合った。なりたくなかった最も一つの理由は資格がなかった事である。資格なくして会長になる事は恐ろしい事だからである。所がおとゝし〔一九五一年〕、資格を得た。御本尊様の功徳が証拠となって現れたら会長になるつもりであったが案の定物凄(ものすご)い証拠が出た。証拠が出た以上断乎(だんこ)として会長の席についたのである」(『聖教新聞』一九五三年五月十日付二面参照)

(18)戸田城聖「創価学会の歴史と確信(下)」(『大白蓮華』第十七号、創価学会、一九五一年八月)、一頁参照。なお、「戸田会長推戴賛意署名簿」には、三千人を超える人々が署名した。

（19）本文中の前段も含め、『池田全集・第三十六巻』の二三七〜二三八頁を参照。

（20）『聖教新聞』一九五一年四月二十日付一面参照。

（21）『聖教新聞』一九五一年五月一日付一面参照。支部が整理統合される前年（一九五〇年）の「創価学会行事予定表（十二月）」には、以下の二十九支部の座談会日程が掲載されている。

鵜ノ木・小岩・文京・中野・矢口・足立・芝・本郷・深川・杉並・糀谷・向島・築地・上野・西新井・板橋・城東・北多摩（以上、東京都）、鶴見・川崎・横浜・茅ケ崎（以上、神奈川県）、上福岡・川越・川口・志木（以上、埼玉県）、浦安・勝山（以上、千葉県）、伊東（静岡県）

次に、統合されて新たに発足したのは、A級支部の鶴見・蒲田・小岩・杉並、B級支部の文京・中野・築地・足立・志木、C級支部の本郷・向島・城東の十二支部（『聖教新聞』一九五一年五月一日付一面などを参照）。

（22）『聖教新聞』一九五六年四月二十二日付四・五面に掲載された発刊五周年記念座談会では、「〔第一号の〕すり数は四千三百九十六部」であったと語られている。なお、森田一哉「そのころの新聞編集」（『聖教新聞』一九五九年四月二十四日付八面）および『昭和26年版 東京都市職業別電話番号簿』（東京都市電気通信部、一九五一年）の六九二頁によれば、『聖教新聞』第一号を印刷したのは、新宿区西大久保一丁目四百五十四番地にあった東京自由新聞印刷株式会社。

戸田が、学会として新聞を持ちたいという意向を初めて語ったのは、一九五〇年八月二十四日（本書下巻の95〜96頁参照）。その後彼は、同年十二月に新聞発刊の具体的な構想を新橋駅近くの小さな食堂で池田に語っている（『池田全集・第二十二巻』、一〇六頁参照）。

なお、一九五一年四月二十日の『聖教新聞』創刊に先立ち、「聖教新聞発刊について」というチラシが配られている。森田は、前出の「そのころの新聞編集」において、「戸田先生は会長推戴前後の多忙なときでありながら全力を新聞発刊に尽された。われわれの熱心さなどおよびもつかなかった。私は新聞発刊の趣意書を書くようにいわれたが、書けないでまごまごしているうちに先生から電話があり『よし僕が書く』というお言葉だった。そしてあの名文の趣意書ができあがった」と記している。

（23）『聖教新聞』二〇一一年四月二十日付三面参照。

（24）鶴見支部の婦人部員であった松本フキは、「若き日の池田会長とともに」の中で、池田の家庭訪問と励ましをきっかけにして、「折伏の気運は、自然に高まっていった」と述べている（八矢弓子編『この日ありて―広布に生きる母の記録―』、聖教新聞社、一九七七年、一三〜一六頁参照）。池田も、昭和二十五、六年当時は、毎日のように鶴見に行ったと語っている（『聖教新聞』一九六〇年五月二十日付一面参照）。

同じく鶴見支部の婦人部員であった山本はぎによれば、池田が横浜市鶴見区生麦の座談会に初めて出席したのは一九四九年十月十五日で、五一年に入ると、毎日のように生麦に通い、帰るのはいつも終電車であったという（『前進』第二百号、前進委員会、一九七七年一月、三八～三九頁参照）。

(25)「妙悟空」という筆名（ペンネーム）について、池田は「仏法東漸の、玄奘三蔵（『西遊記』）で有名な、孫悟空をもじったものともいえる。この中国の物語の主人公の、〝孫〟とは、小さいという意味。戸田先生が語ってくださったことによると、仏法に説く、〝空〟を孫ほど（小さく、わずか）に悟った、ということらしい。すると、妙悟空は、牢獄の中で仏法の真髄である、〝妙〟ともいうべき空観を、悟達した意義、といえまいか」（『池田全集・第二十二巻』、三二頁）と述べている。

(26)戸田は、『大白蓮華』第二号（創価学会、一九四九年八月）の巻頭言「人間革命」の中で、「かつて東大の南原総長は人間革命の必要を説いて世人の注目を浴びたのであったが、我々も亦人間革命の必要を痛感する。但しその内容と方法においては大いに異っているのである」（表紙裏）と述べている。また、同誌第七十五号（一九五七年八月）の巻頭言「人間革命の精神」では、「ここ〔小説「人間革命」の最後の部分〕でいう人間革命とは、人生の目的観を確立して自己完成することである。（中略）現世だけの目先きの目的観より、永遠の生命観に立脚した確固不抜の生命観の確立にある」（一頁）と記している。

（27）妙悟空著「人間革命」は、一九五一年四月二十日から五四年八月一日まで、『聖教新聞』に百二十一回連載された。連載開始時から口述筆記を手伝った山浦千鶴子は、「永遠（とわ）に生きます、先生の御精神とともに」において、次のように述べている。

「小説『人間革命』をお書きになるについては、『これは、もっとも易（やさ）しい折伏教典なんだよ』とおっしゃって、どういうように、御自分の体験を初心者の身近な生活の上にいかそうかと、御苦心の様子でした。この時は先生と二人で、八軒長屋の図を書いたり、一人〱の商売を考えたり、先生はまるで、おままごとをしているように楽しんでいらっしゃいました。

登場人物には、『そうだ、あれをモデルにしよう』と、イタズラッ子のように首をすくめたりして、『ふん、ふんふん』と楽しそうに鼻歌を歌っていらっしゃったこともありました」

「最後の巌さんの〔獄中の〕悟りのところで、私が、『先生、どういうお気持だったんですか』と、うかがったのですが、先生は、『その時の歓喜はいいようがないよ。御本尊様がありありと思い浮んで、当然こうおしたためだ、という確信がわいて、早く確かめたくてたまらなかった。家へ帰ってから、真っ先に、御本尊様を拝んだら、自分の考えていた御姿と寸分の違いもなかったので、思わず嬉しくて、（中略）嬉し泣きに泣いたものだよ。それから、経文の白文がちゃんと読めるようになったんだ。

天下広しといえども、仏法については、私にかなうものはないよ。天下の戸田だ』と、頰を紅潮させて、いい切る先生のお姿は、まるで少年のようでした」（『大白蓮華』第九十一号、創価学会、一九五八年十二月、二〇頁）

（28）前出、森田一哉「そのころの新聞編集」参照。「寸鉄」は、短いが、人の心にくい入る深い意味を持った言葉、警句のこと。

（29）『池田全集・第三十六巻』、二六一〜二六二頁。

（30）和泉覚「再建期の折伏活動」（『大白蓮華』第百五十二号、創価学会、一九六四年一月）、三五頁参照。

（31）前出、『創価学会四十年史』、一五五頁参照。なお、会長就任式の参加人数について、『聖教新聞』一九五一年五月十日付一面には「千五百余」と書かれている。

（32）常泉寺は、戦前より牧口・戸田と関係が深かった堀米日淳（一九四九年六月に「泰栄」から改める）が、一九五〇年九月から住職を務めていた。このことについては、『日蓮正宗 宗報』第四十一号（日蓮正宗宗務院、一九四九年七月）の一頁、および、『大日蓮』第五十六号（日蓮正宗布教会、一九五〇年十月）の三頁を参照。

（33）戸田は、創価学会第二代会長就任式が行われた一九五一年五月三日の意義について、前出の

「創価学会の歴史と確信（下）」において、次のように述べている。

「此〔会長就任〕の決意をもらすや、（中略）幹部及青年部諸氏の会長推戴の運動となって、五月三日私は会長に就任したのであった。

私は学会の総意を大聖人の御命令と確信し矢島理事長の辞任と共に会の組織を改め折伏の大行進の命を発したのである。

此処に於いて学会は発迹顕本したのである。省みれば昭和十八年の春頃から故〔牧口〕会長が学会は『発迹顕本しなくてはならぬ』と口ぐせに仰せになって居られた。

我々は学会が『発迹顕本』すると言ふことはどんなことかと迷ったのであった。（中略）

昭和廿年七月出獄の日を期して私は先づ故会長にかく答へることが出来る様になったのであった。

『我々の生命は永遠である。無始無終である。我々は末法に七文字の法華経を流布すべき大任を帯びて出現したことを自覚致しました。此の境地に任せて我々の位を判ずるならば我々は地涌の菩薩であります。』と。

此の自覚は会員諸氏の中に浸透して来たのであったが、未だ学会自体の発迹顕本とは言い得ないので只各人の自覚の問題に属することに過ぎない。

しかるに今度は学会総体に偉大な自覚が生じ偉大なる確信に立って活動を開始し、次の如く牧口会長に答へることが出来たのである。

『教相面即ち外用の姿に於いては我々は地涌の菩薩であるが、その信心に於いては日蓮大聖人の眷属であり末弟子である。（中略）忠順に自行化他にわたる七文字の法華経を身を以って読み奉り一切の邪宗を破って必ずや東洋への広宣流布の使徒として私共は故会長の意志をついで大御本尊の御前に於いて死なんのみであります。』此の確信が学会の中心思想で今や学会に瀰漫しつゝある。これこそ発迹顕本であるまいか」（一～二頁）

なお、「発迹顕本」は、天台大師智顗が用いた言葉で、「迹を発いて本を顕す」と読み下す。法華経において、仏が仮の姿を開き、本来の境地を顕すことをいう（前出、『教学用語集』、三二二頁参照）。

（34）『聖教新聞』一九五一年五月十日付一面参照。「不思議のこと」については、本節の123～124頁を参照。

戸田は、「偶感」の中で、「昭和廿五年二度目の不思議に会い又謗法から来た所の大難を受けてそこに大きな現証を見 体全身が世の苦悩を救わねばならぬと云う大確信に包まれたのであった。私は自分の体全体を学会の中に投げ出し 世の苦悩の民衆の中に屍むると決意したのである。この決意の日が昭和廿六年五月三日であったのである」（『大白蓮華』第二十五号、創価学会、一九五二年六月、九頁）と述べている。

(35)『池田全集・第三十六巻』の二六九頁、および、『聖教新聞』一九五一年五月二十日付一面を参照。

(36)戸田は、水谷日昇について、「日昇上人は満九ヵ年の御在住時代、またその以前から、終戦前後の最も多難な時代の中で、宗門の発展に苦心なさってこられた方である。私とは非常に深い関係にあり、それは上人が宗務総監在任（一九三八年九月～四一年一月）のころからである」と述べている（『聖教新聞』一九五七年十月十八日付一面参照）。あわせて、『日蓮正宗 富士年表』（富士学林、一九八一年）を参照。

(37)『聖教新聞』一九五一年五月二十日付一面・六月一日付一面参照。また、水谷日昇の同年五月十八日付私信による。現在、この御本尊は、創価学会総本部の広宣流布大誓堂に安置されている。

戸田は、学会本部常住の御本尊について、次のように語ったとのことである。

「日昇猊下の御本尊はすごい。太陽のように輝いている。猊下も学会の広宣流布大願の御本尊を認めたことは、自分にとって最高の栄誉、福運と仰せられている」（山浦千鶴子の手記「華陽会資料」参照）

一方日昇自身も、私信の中で次のように記している。

「此度創価学会より大御本尊（曲尺三尺）御授与方願出ありました 大折伏広宣流布大願成就の申請

書を呈し願出あり 私も就職以来かゝる大本尊奉書は初めて大に苦心して居った処へ 御許よりの書信被見 一安心して勇気百倍 師子奮迅の力を出し大本尊奉書しましたが 自己なからも見事の出来栄 墨コンリンリでまづ〳〵快哉しました 本日（一九五一年五月十七日）戸田氏より老生（私）宛、十九日登山御本尊タノムの電報ありました 明後十九日定めし御本尊迎ひに一行登山の事と存じ升。学会の什宝、予の又た授与して光栄です 時哉〳〵」

「墨コン、リンリ」（墨痕淋漓）は、筆の勢いが文字にあふれ出ていること。

（38）『聖教新聞』一九五一年八月一日付一面参照。「牧口会長口ぐせに云われた発迹顕本」については、『評伝 牧口常三郎』の412～413頁をあわせて参照。

（39）戸田は、会長就任後の『大白蓮華』第十七号（創価学会、一九五一年八月）の巻頭言「日蓮正宗の御僧侶にのぞむ」で、次のように述べている。

「僧衣をまとへば御小僧様たりと尊仰するは我々信者の当然の道であるが、此の掟を『かさ』に着て、正しき信心、耐えざる行学への苦悩もなく、名誉と位置にあこがれ財力に阿諛するの徒弟が信者に空威張することとなき様大御高僧の指導を懇願するものである」

「教団の一部に意味なき嫉妬による折伏行進の邪魔をなす者が居るのは誠に残念な次第である。（中略）かゝることのなからんことをも併せて切望するものである」

（40）『聖教新聞』一九五一年五月十日付の「寸鉄」欄は、八つの短文のうち七つが、日蓮正宗の僧に関するものであった。

（41）「神本仏迹」は、神が本地（本来の境地）で、仏は神の垂迹（仮の姿）であるという説（前出、『教学用語集』、二〇六頁参照）。神道をもって国家・国論を統一し、戦争を遂行しようとした軍部に協力して、小笠原慈聞が一九三七年七月頃から主張し始めた（『世界之日蓮』第八巻第七号、世界之日蓮社、一九四一年七月、三～八頁参照）。

戸田は、小笠原慈聞の件で宗務院に提出した「始末書」（本書下巻の175頁参照）において、戦時中に神本仏迹論を主張し時の管長を悩ませただけでなく、創価教育学会弾圧の因を作った小笠原が、僧籍に復帰していたことについて、極めて遺憾であると会長就任式で述べたと記している（『大日蓮』第七十七号、日蓮正宗布教会、一九五二年七月、三面参照）。

（42）『戸田全集・第三巻』、四三三頁参照。あわせて、『池田全集・第百三十二巻』の三二六～三二七頁を参照。

会長に就任した五月、戸田は、福岡県八女郡福島町（現在は八女市）在住の田中国之（本書下巻の46～

47頁注（53）および『評伝牧口常三郎』の406〜408頁を参照）に、次のような手紙を送っている。

「不肖私如き凡夫人　会長の任を取ることは誠に畏れあることで御座いますが　第十四号の大白蓮華の巻頭論文に認めました様に　日本は亡国となり朝鮮には世界の軍隊が入りこみ　支那〔中国〕には兵乱あって　大聖人様の御心いかばかりで御座いませうと憂ふると共に、深く立宗七百年を明年に迎へることについて感ずる所ありまして　会員総意のもとに御引きうけ致しました。

御引きうけ致しました以上は、邪宗の爆撃、正宗の広宣の為身命をなげうつ決心で御座います。何にしましても貴郎様方の御支援なくしてはなりたちません大事業で御座います。何とぞ私の骨を御拾い下さいます様懇願致します。（中略）

此処に考へなければなら〔な〕い事が御座います。それは広宣流布の事で御座います。

広宣流布と言へば人皆国立戒壇の建立と目指します。そして政治家より権力者に頼よって戒壇建立を考へる愚者か（ママ）あります。そんな考へ方の者を馬鹿と言ふので御座います。

仏勅をこうむって立つ我等地湧の眷属か（ママ）、真に仏勅を身にしみたなら　本然とそれは馬鹿な考へ方だとわかる筈です。

今の第一期の私共の念願は『御本尊流布』即ち折伏の大行進でなくてはなりません。

化儀（けぎ）の広宣流布（法体（ほったい）の広宣流布は大聖人様の時出来て居ます）は御本尊流布以外にないのです」

この文面からは、宗内で語られていた〝広宣流布＝国立戒壇の建立〟という考え方は、戸田の本意とは異なっていたことが読み取れる。

(43)『聖教新聞』一九五一年五月一日付二面・六月一日付二面参照。

(44)『聖教新聞』一九五一年六月一日付一面参照。矢島周平は、同年九月十二日に一身上の都合で指導監査部長を辞任（『聖教新聞』一九五一年九月二十日付一面・五二年四月二十日付一面参照）。後日矢島は、辞任の理由について「元来信仰に入った時これは本物だと思った。然（しか）し心の底からわからなかった。戸田先生と一緒に牢に入ってから二年目 あと一週間で出ることが出来るという時に退転してしまった。その後柏原、和泉氏等と共に学会再建に努力して来た。然（しか）し牢中の傷が五年六年と経つにつれて出て来て理事長の職にいることが耐えられなくなった」と述べている（『聖教新聞』一九五三年六月十日・二十日合併号の二面参照）。

その後彼は、一九五三年五月十七日に前理事長待遇として復帰が認められたが、同年八月一日に創価学会を離れて出家し、日蓮正宗で得度した（『聖教新聞』一九五三年六月一日付一面・八月二十日付一面参照）。

(45) 山本伸一（池田大作）「随筆 我らの勝利の大道46 師弟共戦の五月三日」（『聖教新聞』二〇一一年五月四日

付二〜三面）参照。

（46）『聖教新聞』一九五二年一月一日付六面などを参照。また戸田は、一九五一年五月末頃から、新宿区市谷の市ケ谷ビルで、会員との個人面談も行うようになった（本書下巻の169頁参照）。

（47）第一回本部婦人部委員会の会場を手配し、当日も会場で準備にあたった山浦千鶴子によれば、会場は新宿区新宿三丁目にあった不二家の二階のレストランだったとのこと。あわせて、『不二家 五十年の歩み』（不二家、一九五九年）の一四〇〜一四一頁を参照。

（48）創価学会婦人部編『白ゆりの詩 婦人部30年の歩み』（聖教新聞社、一九八一年）、一八〜二四頁参照。ちなみに、一九七五年五月三日に、戸田城聖の『歌集 草創』（和光社）が発刊された。そこには、一九四九年から五八年までの十年間に戸田が詠んだ短歌のうち三百二十二首が収められている。

池田は、随筆「世界桂冠詩人」の中で、次のように記している。

「思えば恩師も、折にふれて和歌や句を詠まれ、門下に贈られた。よくペンを執られたまま詩想をめぐらされた。書き上がるとメガネをはずされ、紙片に顔をすりつけるようにして推敲しておられたものである。

数学の天才であっても、文学的な技巧という面からいえば、必ずしもプロの素養を身につけられていたわけではない。だが、詩とは『境涯』である。恩師の言々句々には、贈られた者の胸いっぱいに広がる愛情があった。その人を奮い立たせずにはおかない、強い強い励ましの心の鼓動があった」(『池田全集・第百二十六巻』、三一六頁)

(49) 前出、『白ゆりの詩』、一二三頁。半年後の一九五一年十二月二十日には、十二支部の婦人部長もしくは婦人部長心得(こころえ)が任命されている(『聖教新聞』一九五一年十二月二十日付一面参照)。その中には、二十代前半の婦人も含まれていた(前出、『この日ありて』、二八～二九頁参照)。

(50) 『聖教新聞』一九五一年七月二十日付一面、および、『池田全集・第八十九巻』の一四頁を参照。この日池田は、男子青年部の班長に任命された(『池田全集・第百三十二巻』、一七八～一七九頁参照)。一九五一年頃の男女青年部の編成は、部隊長・班長・部員。

(51) 『聖教新聞』一九五一年七月二十日付一面参照。後年池田は、青年部結成式で戸田が〝日本の広宣流布はもちろんであるが、大聖人様のご命令は、結局は東洋の広宣流布にある。世界の民衆のしあわせにある。これを忘れてはならない〟と語ったと述べている(『聖教新聞』一九五八年十二月十二日付一面参照)。

(52) 『聖教新聞』一九五一年七月二十日付一面・八月一日付一面参照。女子青年部結成式の参加人

数について、『大白蓮華』第五十八号（創価学会、一九五六年三月、三〇頁）と第九十九号（一九五九年八月、三一頁）には、九十人と記されているが、第百八十二号（一九六六年七月）の五四頁では七十四人となっている。本書は、後者に従った。なお、女子青年部結成時の部員数は二百数十人であった（『大白蓮華』第八十七号、一九五八年八月、二四頁参照）。

（53）二〇二〇年九月十八日に行った山浦千鶴子からの聞き取りによる。

この結成式に、当時十八歳の白木かね（後の池田大作夫人香峯子）も出席していた。白木は、「職場を守る婦人として」の中で、「女子部発足に際して戸田先生より、『家庭の仕事を抛ち、職場をおろそかにして仏法は受持出来ない』とのお言葉を頂きました（趣意）」（『大白蓮華』第二十一号、創価学会、一九五一年十二月、二七頁）と記している。

また、主婦の友社編著『香峯子抄』（主婦の友社、二〇〇五年）には、次のように書かれている。

「その結成式のあとだったと思うのですが、皆で歌を歌うことになりまして、中心者の方から、突然、私が指名されました。

私がちょっと戸惑っておりますと、戸田先生が、その方に『人前で歌うのが好きなのかどうか、指導者は、同志のそういうことも頭に入れておかないといけないのだよ』と言われて、かばってくださ

ったことを覚えています」（四九頁参照）

(54)『大白蓮華』第十六号（創価学会、一九五一年七月）の「御遺文決定判(ママ)の発行に着手」という囲み記事には、次のように書かれている。

「従来日蓮大聖人の御遺文は他宗門において種々編纂発行されてきた。然し肝心のところに誤読も多く、又大聖人より日興上人に対する甚深の御付嘱も全く欠けている状態である。

よって今般宗旨建立七百年記念事業として宗学界最高の御権威日亨上人御監修のもとに創価学会では御遺文録決定判の発行を決定した」（三六頁）

このことについては、堀日亨編『日蓮大聖人御書全集』（創価学会、一九五二年）の戸田城聖「発刊の辞」と堀日亨「序」、小平芳平「御書出版と戸田先生」（『大白蓮華』第百七号、創価学会、一九六〇年四月）の一九頁、『聖教新聞』一九五八年一月一日付第二元日号三面、などを参照。

なお、日蓮正宗では一九二九年に佐藤慈豊編『日蓮大聖人御書新集』（日蓮聖人御書新集刊行会）が出版されていたが、「一生成仏抄」「生死一大事血脈抄」「諸法実相抄」などが未収録であった。『御書新集』については、堀日亨が「早速取り寄せて見ると其の成果の予期に大いに反したのに驚愕した」

（前出、『日蓮大聖人御書全集』、「序」の三頁）と記しているように、決定版と言うには程遠かった。

（55）堀日亨は、日蓮の遺文および日蓮正宗の宗史・古文書の調査研究に力を注いだ学匠（がくしょう）（本書上巻の316頁注（19）参照）。

（56）『聖教新聞』一九五一年七月二十日付一面・八月一日付一面参照。

（57）本節の注（18）、および、二〇〇二年十月三十日に行った柏原ヤス・山浦千鶴子からの聞き取りの記録を参照。

（58）『日蓮大聖人御書全集』は、一九五二年四月に初版六千部が出版された（『聖教新聞』一九五二年四月二十日付一面参照）。戸田は、同書の「発刊の辞」に、「この貴重なる大経典が全東洋へ、全世界へ、と流布して行く事をひたすら祈念して止まぬものである」（四頁）と記している。

（59）『聖教新聞』一九五二年四月二十日付一面参照。戸田は、「御書発願の言葉」において、「二十年有余の出版業の経験がこの御書一冊を作るために過去になされたのであったと云う事を痛感した時に只々自分の生きて来た道を不思議に想うのである」（『大白蓮華』第二十五号、創価学会、一九五二年六月、四四頁）と述べている。

小平芳平は、御書出版にあたり、次のようなことがあったと記している。

「牧口先生がお使いになっていた霊艮閣発行の御書が、弾圧の時に官憲に押収されながら、終戦後になって、めぐりめぐって不思議にも、戸田先生のお手もとにとどいた。先生はこの御書を、みんなが校正のてらしあわせに使っているのをみて、『牧口先生が、この一室においでになるのと同じだ……』と、何度もお喜びになっていた」（前出、「御書出版と戸田先生」、一九頁）

（60）一九三九年四月に公布された「宗教団体法」は、四五年十二月に廃止されている。

（61）『聖教新聞』一九五二年九月一日付一面参照。ちなみに、「宗教法人『創価学会』規則認証申請書添付書類」の「宗教団体であることを証する書類」の「沿革」の項には、「当会は初代会長牧口常三郎現会長戸田城聖の両先生を中心として昭和五年十一月十八日創価教育学会の名称の下に会員数六十余名を以て結成せられたのを最初と致します」と書かれている。あわせて、本書上巻の235～236頁を参照。

（62）『聖教新聞』一九五二年九月一日付一面、創価学会公式サイトの「略年表」、本書下巻の172～173頁、などを参照。

（63）本文中の二つの引用は、いずれも前出の戸田城聖「創価学会の歴史と確信（下）」の二～三頁による。後に戸田は、一九五六年の年頭にあたり、次のような歌を詠んでいる（『聖教新聞』一九五六年一月十五日付一面、および、『戸田全集・第一巻』の三六一頁を参照)。

雲の井に月こそ見んと願いてし

アジアの民に日(ひかり)をぞ送らん

(64)『聖教新聞』一九五二年三月一日付一面参照。この時戸田は、「三代会長をさゝえて行くならば絶対に広宣流布は出来ます。日本の現状を、朝鮮、支那〔中国〕を救うのは学会以外にありません」と語っている。

(65)『池田全集・第百二十九巻』、二四七~二四八頁。

その他の参考文献

柏原ヤス「会長推戴式までの道」(『大白蓮華』第百七号、創価学会、一九六〇年四月)

「創価学会7年間のあゆみ(昭和26年5月~昭和33年3月)」(『大白蓮華』第百七号、創価学会、一九六〇年四月)

小笠原日聡〔慈聞〕「冨士本門戒壇促進運動に就て」(『世界之日蓮』第八巻第三号、世界之日蓮社、一九四一年三月)

『聖教新聞』一九七〇年五月四日付三面

『大日蓮』第二百九十二号(大日蓮編集室、一九七〇年六月)

伊藤貴雄「民主主義を支えるもの―南原繁と『精神革命・人間革命』の理念―」（南原繁研究会編『今、南原繁を読む―国家と宗教とをめぐって―』、横浜大気堂、二〇二〇年）

『時刻表』第二十七巻第二・九・十二号（日本交通公社、一九五一年二・九・十二月）

〔コラム〕〝地球民族主義〟の第一歩

創価学園の創立者である池田大作は、創価女子中学校・高等学校（現在の関西創価中学校・高等学校）の第一回入学式（一九七三年四月十一日）において、戸田城聖の〝地球民族主義〟を踏まえながら、次のように語っている。

「今もって地球上の最大の問題は、平和の危機であります。なにゆえ平和がおびやかされているのかといえば、危機の本質を見極めようとしないからであります。すなわち、その本質は人間自身にあるということであります。いくら社会的な原因を追究しても、民族問題や国際経済の不均衡（ふきんこう）だ等々といってみても、その人類社会を治（おさ）めるのは人である。つまり、人の心の波動が、さまざまな善悪の社会現象を生んでいくのであります。

ここに思いをいたすとき、やがては皆さんもこの学園から巣立ち、一人の女性として、立派な社会人として、社会に影響を与えていくことになるでありましょう。そこで私が、今から皆さんに望むことは、『他人の不幸のうえに自分の幸福を築くことはしない』という信条を培(つちか)っていただきたいということであります。(中略)地球は大きく、この学園は、その地球から見るならば、ケシつぶほどのものであるかもしれない。しかし、未来の平和への道を考えるとき、皆さんのこれからの実践は、やがて地球を覆(おお)うにたる力をもつはずである、と私は確信したい」(『池田全集・第五十六巻』、八四~八五頁)

また池田は、「〔創価学園には〕『宇宙』という視点を持ち、『地球民族主義』という信念を持った平和の世界市民を育成する、素晴らしい伝統ができ上がった。(中略)『自他共の幸福』を願う心こそ、仏法の真髄の心であり、『平和の世紀』の重要な指針です」(「大詩人ダンテを語る」、二〇〇八年発表)と述べている。

世界平和といっても、身近なところから始まる。それゆえ、牧口常三郎・戸田城聖・池田大作は、目の前の一人との対話に徹してきたのである。

第6章

後継の育成

1 青年が立ち上がる

創価学会第二代会長に就任した戸田城聖を支え、学会発展の推進力となったのは、彼の薫陶を受けてきた青年たちであった。

御書等の講義と個人指導

一九五一（昭和二十六）年九月、次のような「講義課程」が発表され、講義部は教学部に改められている。(1)

一級　会長が毎週水曜日、初信者対象に法華経の方便品・寿量品を講義（一カ月で修了）(2)
二級　支部長または教学部員が『折伏教典』(3)を講義
三級(4)　教学部員が御書を講義

四級　会長が第二・第四月曜日、教学部員もしくはその志望者対象に「六巻抄」の五編を講義[5]

五級　会長が認定した者に「文段」三編を講義[6]

会員にとって活力の源泉になったのは、とりわけ戸田会長の講義である。池田は次のように述べている。

「方便品・寿量品の講義といえば、戸田先生が会長就任以来、七年にわたって、『一級講義』として繰り返し行ってくださった。懐かしい思い出である。

先生は、釈尊・天台の立場からの『文上の読み方』と、日蓮大聖人の御立場からの『文底の読み方』を立て分けられたうえで、末法における正しい法華経の読み方をじつにわかりやすく、明快に教えてくださった。

たんなる理論的説明ではなく、一人一人を納得させ、それをバネにして苦悩をはね返させ、広々とした境涯を教えたい、人生の大いなる道を開かせてあげたい――こういう慈愛と智慧の名講義であった」[7]

戸田は、九月から学会本部で毎週水曜日に法華経講義（一級）、第二・第四月曜日に六巻抄講義（四級）、毎週金曜日に希望者を対象とした御書講義を行うようになった。

戸田の御書講義について、白木義一郎は、次のように記している。

「愈々講義開始。無智な吾々に興味を持たせ分りやすく聞かせる様にと適当に世法のユーモアーとウイットを打込んで大聖人様の大確信をかんで含める様、細かく説いてくださる、その難解なる御書の講義を一言一句でも聞き逃す事のない様にと老も若きも頑張っている、大学の教室にも見られぬ様な緊張と真剣さである。

先生は、身体で読むんだヨ、身体で読むんだヨと連発されるが仲々困難な事である。終いには先生もネクタイをゆるめ、ワイシャツのボタンを外して声を枯らしての絶叫振りに益々会場は高潮して行く様だ。夢中で聴き耳を立てゝいる内 講義も終って一同興奮のさめぬ面持ちで大御本尊様を拝する」[8]

また、御書講義は、教学部員の増加とともに、各地区で月二回開催されるようになった。[9] 当時、教学部員として講義を担当した池田は、次のように語っている。

「私がはじめて地区講義に派遣されたのは、確か〔昭和〕二十六年の秋ごろ〔九月〕だったと思う。志木〔支部川越地区〕と鶴見〔支部市場地区〕へ行った。講義に行く前に、まず自分で何回も御書を読み、また会長先生からもお教えいただいて、非常な感激をもって行った。会長先生は〝自分自身が感動せずして、人を感動させることはできない〟とおっしゃっていらした[10]」

戸田の薫陶を受けた教学部員による地区講義が活発に行われるようになり、会員一人一人に御書を根本とした指導が行きわたるようになったのである。[11]

一九五一（同二十六）年五月末頃、大蔵商事が新宿区市谷田町一丁目四番地の市ケ谷ビル二階へ移転。[12] また、同じ階に、同年秋には聖教新聞の編集室、五二（同二十七）年四月には学会本部分室が開設され、そこが戸田と会員との個人面談の会場になった。[13]

大蔵商事に勤めていた池田は、次のように述べている。

「分室は、わずか四、五坪の広さである。突き当たりの窓際に、戸田先生が座る机とイスがあり、その前に七、八脚のイスが置かれていた。

ここで、先生は、毎日午後二時から四時過ぎまで、訪ねてくる会員の指導・激励にあたられたのである。

市ケ谷ビルの一階で受付の仕事をしていた女性によれば、訪れる人の多さに目を見張ったという。

『創価学会は、どちらでしょうか……』。こう言って受付の前に現れる姿は、どちらかというと、悩みを抱えて、傍目にも痛々しい感じの人が少なくなかった。

しかし、受付の方がさらに驚いたことは、その同じ人たちが、帰途につく時には別人のように笑みを浮かべ、生き生きと、ビルを後にしていったというのである。(14)

わが師は、訪れた友に、気さくに語りかけられた。

『どうした？』

その温かい声と、眼鏡の奥に光る慈眼に、同志は心から安堵し、率直に悩みをぶつけるのが常であった。

悩みは、それこそ千差万別であった。経済苦、仕事の苦境、病気、家庭不和、子どもの問題、人間関係の軋轢、自分の進路や宿命のこと……生きるか死ぬか、せっぱ詰まった苦悩もあった。

『こんな自分でも、幸せになれるでしょうか？』

先生は、その必死の声を聞いては、わが事として同苦され、友の生命を揺さぶり、偉大な信力・行力（ぎょうりき）を奮い起こすように励まされていた（趣意）[15]」

正宗僧侶と膝詰め談判

一九五一（昭和二十六）年十月一日、戸田は、『聖教新聞』紙上に青年部班長への告示を発表した。

「新らしき世紀を創（つく）るは青年の熱と力である。吾人（ごじん）等は政治を論じ教育を勘（かんが）うる者ではないが、世界の大哲・東洋の救世主（きゅうせいしゅ）・日本出世の末法御本仏たる日蓮聖人の教（おしえ）を奉じ、最高唯一の宗教の力によって人間革命を行い　人世の苦を救

巻頭言

青年訓

戸田城聖

青年部班長への告示は、『大白蓮華』第19号（1951年11月）に巻頭言「青年訓」として掲載された（創価大学池田大作記念創価教育研究所所蔵）

って各個人の幸福境涯を建設し、ひいては楽土日本を現出せしめん事を希う者である[16]」

戸田の〝奮起せよ！　青年諸君よ。戦おうではないか！　青年諸氏よ〟との呼びかけに応え、十一月四日に東京家政学院の講堂で開催された創価学会第六回定期総会では、当時班長の池田が代表抱負を述べている。

「〔学会青年は〕あらゆる三類の強敵[17]と打勝ち世界の人々の、凝視の的となってそして輝く闘争の完遂を期し、戸田先生の御期待にむくいん事を固くお誓いして青年の確信と致します[18]」

十二月十八日、戸田は、宗教法人設立の件で日蓮正宗宗務院からの呼び出しがあり、大石寺へ出かけた。創価学会を宗門から独立した宗教法人とすることは、広範な活動に際して、総本山に直接の責任や迷惑を及ぼさないためであり、思い切った折伏行を断行するためである、との戸田の説明に対して、細井精道庶務部長は、学会が宗教法人となる事については法的な問題であり、何ら指示するような意思はないと述べた上で、宗務院として、次の三点を要望した[19]。

一、折伏した人は信徒として各寺院に所属させること。

一、当山の教義を守ること。

一、三宝（仏・法・僧）を守ること。

この年十二月における創価学会の世帯数は、約六千であった。[20]

戸田は、翌一九五二（同二十七）年一月発行の『大白蓮華』の歌壇欄に次のような歌を載せている。[21]

いざ往かん月氏の果まで妙法を
　拡むる旅に心勇みて

戸田は、「仏法西還」の原理を踏まえ、東洋広布への決意を詠んでいるが、それは、一宗派の拡大を目指していたのではなかった。このことを、池田は次のように述べている。

「世界の広宣流布は、仏法の究極の大願である。

言い換えれば、この世界から『悲惨』の二字をなくし、人類の幸福なる恒久平和を実現することであるのだ。

一宗教の繁栄が目的ではない。全民衆の幸福が根本の目的である。『人間』のために、仏法はあるからだ[22]」

この年の一月、池田は蒲田支部の幹事になった[23]。彼は、七十五万世帯への突破口を開こうと祈り抜き、支部の一人一人に会い、対話と激励を積み重ねていった[24]。これは、戸田の「『組』が焦点だ！[25]」との指導を受けての行動であった。その結果、二月には誰も想像しなかった一支部で月二百一世帯の折伏を達成。蒲田支部は、三月と四月にも二百世帯を突破して十二支部の首位となり、他支部を牽引するまでになった[26]。

四月二十四日から二十八日にかけて、日蓮正宗総本山大石寺では「宗旨建立七百年記念慶祝大法会」（立宗七百年祭）が行われることになった[27]。その式典に、戦時中「神本仏迹論」を唱え、創価教育学会弾圧の因を作った、小笠原慈聞が参加するのではないかと推測されていた。また、戸田のもとには、前年春に小笠原が、福岡県久留米市内の正宗寺院の住職とともに、約九十人の学会員を脱会させたとの報告も入っていたのである[28]。

戸田の師である牧口常三郎の獄死は、劣悪な環境下での衰弱死であった。東京拘置所のわずか三畳ほどの独房へ一年二カ月にわたって押し込められ、粗末でわずかな食事と、寒さをしのぐことすらできない日々が、老齢の牧口の身体をどれほど苛んだかは、想像に難くない。

戸田は、青年に対して、小笠原を見つけ次第、徹底した法論を行うように厳命した。そして四月二十七日、大石寺内を探し回っていた青年たちは、ついに彼と対面。その場で邪義を糾し、悪行を攻め抜いた。しかし彼は、改悛するどころか悪態をつくばかりであった。

やむなく青年たちは、牧口の墓前で小笠原に改めて謝罪を求めた。彼は、そこで初めて戦時中の非を認め、「神本仏迹論」は妄説であったと、「謝罪状」を書いたのである[29]。直ちに戸田は、緊急理事会を開催。幹部が手分けして、管長の水谷日昇・宗務院・消防団などに、記念行事中にもかかわらず騒がせたことに対する謝罪と報告に向かった[30]。

その後小笠原は、謄写版刷りの「創価学会長戸田城聖已下団員 暴行事件の顛末」（一九五二年五月二十三日付）という虚偽に満ちた文書を各所に配付する行為に出た[31]。一方戸田は、宗務院からこの件についての始末書の提出を求められ、六月一日に御伺書、二十五日に始末書、二十七日に小笠原慈聞の処置に関する請願書を提出した[32]。

六月二十六日から二十九日にかけて、日蓮正宗の第四十七臨時宗会が開催されている。(33)宗会では、僧籍にある小笠原に対して明確な処分を下さず、戸田に対しては、次の三項目にわたる厳しい処分を求める決議を行った。

「一、所属寺院住職を経て謝罪文を出すこと

一、大講頭を罷免(ひめん)す

一、戸田城聖氏の登山〔大石寺参詣(さんけい)〕を停止す(34)」

この報告を聞いた戸田は、悠然と笑いながら次のように語ったという。

「登山停止というなら、ちょうどいい。別に、本山に行かないと成仏できないわけでもない。御書にも、その原理は、ちゃんと書かれているよ(35)」

戸田は、宗会の決議が、広宣流布をしようとする創価学会の団結をかき乱す行為であり、彼と会員との離間策(りかんさく)であると見抜いていたのである。

直ちに青年部が立ち上がり、決議に加わった宗会議員などを訪問して、膝詰(ひざづ)めで話し合った。池田は次のように記している。

「私たちは、各寺に乗り込み、悪坊主〔小笠原〕の誤りを明快に破折(はしゃく)し、学会に対する

嫉妬（しっと）や愚昧（ぐまい）な偏見を打ち破っていった。膝詰め談判である。（中略）多くの対面した僧侶は、戸田先生への不当決議の取り消しを約束していった。（中略）青年が展開した言論戦の前に、宗門は、七月下旬、遂に戸田先生への処分を撤回した[36]」

この小笠原の問題をめぐって、創価学会の青年部と語り合ったことで、学会への理解を深めた僧侶が増え、戸田の願業を達成するための環境が整えられていく[37]。ただし、宗門内では、水面下で創価学会に対する反感がさらに深まったようである[38]。

この年の十月四日・五日、創価学会は、大石寺への第一回月例登山会を一泊二日で実施。四日には、参加者のために戸田が質問会を行っている。その後彼は、登山会の際にたびたび質問会を行うようになった[39]。

この頃宗門では、同寺を観光地にしようという計画が進められていた[40]。大石寺は、戦後の農地解放でほとんどの小作農地を失い、経済的に困窮していたからである。それゆえ戸田は、窮地にあった大石寺を支援するために月例登山会を開始した。それまで、創価学会員が大石寺に行くのは、正月と四月と八月の夏期講習会ぐらいであった。

さらに、この年十月発行の『大白蓮華』第二十八号から、湊邦三[41]の「小説　日蓮大聖人」の連載が始まった。[42] これは、四月の立宗七百年祭の折に、戸田が湊に直接依頼したものだった。[43] 戸田は、『日蓮大聖人御書全集』の発刊とともに、堀日亨が収集してきた史料をもとに、日蓮の足跡を確かな形で残そうとしたのである。[44]

〝大楠公〟と〝五丈原〟

戸田が好んだ歌に、楠木正成と正行父子の絆を詠んだ〝大楠公〟[45] と、諸葛孔明の晩年を伝える〝星落秋風五丈原〟[46]（以下〝五丈原〟と略す）がある。

〝大楠公〟は、一九五二（昭和二十七）年四月に発刊された『日蓮大聖人御書全集』の完成を祝した集いで、戸田と池田が息の合った動きで舞った歌である。[47] また、同年五月三日の池田の結婚式でも歌われた。[48]

新婦香峯子の兄白木文郎は、池田と旧知の仲であった。戦時中の勤労動員で同じ新潟鉄工所蒲田工場で働いたことがあったのである。二人は数年を経て再会。[49] そして、戸田の御書講義の帰り道、文郎は同行していた妹を池田に紹介した。[50]

『香峯子抄』には、「〔出勤の際〕よく大森の駅で一緒に乗り合わせるようにするわけです。電車はすごく満員ですから、別に話をするというのではないのですが……。それで手紙の交換が始まりました」と書かれている。当時、彼女は十九歳であった[51]。

池田は次のように記している[52]。

「活動の場が近かったということもあって、多摩川の堤を二人でよく歩いた」「二人とも幾多の苦難の坂も励まし合って進もうと語り合った。私は聞いた。生活が困窮していても、進まねばならぬときがあるかもしれない。早く死んで、子どもと取り残されるかもしれない。それでもいいのかどうか、と。彼女は『結構です』と、微笑みながら答えてくれた」

若い二人の気持ちを知った戸田は、一九五一（同二十六）年十二月に両家を訪問して縁談をまとめることにしたが、池田の両親は、当時は学会員ではなかった[53]。

「私の結婚のことで、戸田先生が、わざわざ私の父と何回か、お会いしてくださった。大田区の糀谷にあった、わが家にも来てくださった。この時、私は、車の中で待つように言われた。

父は、戸田先生と長時間、懇談して、『聞くと会うとでは、全く違った方であった。

あまりにも確信に満ち満ちた、頭脳明晰な立派な人格の指導者であられた』と讃嘆を惜しまなかった。

『大作は、戸田先生に一切、差し上げます』――これが、わが家での戸田先生と父との深い握手であった[54]」

そして、結婚式に出席した戸田は、披露宴で、はなむけの言葉を述べるとともに、〝大楠公〟の合唱を提案し、じっと聴き入っていたという[55]。

一方、〝五丈原〟は、翌一九五三（同二十八）年一月五日、大蔵商事の仕事始めの際、池田の提案で披露された歌である[56]。戸田は、青年たちに何度か歌わせた後に語っている。

「『君たちに、この歌の心がわかるか』

先生は、一座の青年に問われながら、先帝の遺業を受け継いだ道半ばに倒れ、燃え尽きんとする孔明の、慟哭の心中を語られた。

それはそのまま、広宣流布の大将軍として、ただ一人、全責任を担い立たれた、師の孤高の魂の流露であった。

『孔明の名は、確かに千載の後まで残るには残ったが、挫折は挫折である。

しかし、私には挫折は許されない。広布の大事業が挫折したら、人類の前途は真っ暗闇だからだ――』[57]」

翌六日には、常在寺で青年部の幹部交替式があり、池田は、新任の青年部男子第一部隊長として決意を述べた。この時戸田は、改めて、七十五万世帯の達成ができなければ、私の葬式はして下さるな、と語っている。そして、式の最後は、池田の指揮で〝五丈原〟を何度も歌ったという[58]。

第1回男子青年部総会において（日本教育会館、1953年4月19日）

池田は、年末までに、「部隊一千人」の達成を目指して立ち上がった。

「部員は、墨田、江東、江戸川などを中心に点在し、六班で三百人余りの陣容であった。ゆえに、三倍以上の大拡大となる。

私自身、地元の蒲田を離れ、

〝派遣〟である。

容易な戦いではないことは明らかだった。しかし、戸田先生の大誓願に向かって、一段と青年の結集を加速せねばならない時であった。

蒲田支部が広宣流布の突破口を開いたように、青年部でも、どこか一カ所が拡大の模範を示せば、その波動は必ず日本中へ広がる。

『大作に託せば、必ず、やってくれる』――これが、私を『第一部隊長』に任命された戸田先生の信頼であり、確信であった(59)」

四月十九日、約七百人が参加して第一回男子青年部総会が日本教育会館で開催された。この時戸田は、次のように言っている。

「政治、経済と諸君の立場についていう。共産主義か資本主義かという問題がある。私からいえばどちらでも自由である。これらは一分科に過ぎない。これらは政治と経済の面からのみ人類に幸福を与えるだけである。根本の哲学は生命哲学である。我々はこれらより一歩上の大哲学によって世界を指導するのである(60)」

注

（1）戦前・戦中の創価教育学会には、教学部もしくは講義部はなかった。戦後、創価学会に改称した一九四六年五月には教学部が置かれているが、法華経および御書の講義はほとんど戸田一人で行っていた。五一年五月三日には、二十四人の部員（教授四人、助教授四人、講師六人、助師十人）により「講義部」が設置され、支部・地区で開催される講義を担当することになった。九月一日には、部の名称が「教学部」に改められるとともに、講義課程が発表された。これらについては、「創価学会組織一覧26．5．3現在」、小平芳平「建設時代の学会教学部」（『大白蓮華』第九十九号、創価学会、一九五九年八月）の二六頁、『価値創造』第一号（創価学会、一九四六年六月）の七面、『聖教新聞』一九五一年五月二十日付・六月一日付・九月一日付・九月十日付の各一面、などを参照。

（2）当初新入会者を対象とした一級講義には人数制限はなく、希望者は自由に参加することができた。しかし、入会者の急増に伴い、西神田の本部では入れない人も出てきたので、一九五一年末からは各支部に参加できる人数を割り振っていた。その後、五三年二月から金曜講義で使っていた池袋の豊島公会堂が、同年九月十七日からは一般講義でも使えるようになり、再び自由参加になった（『聖教新聞』一九五三年九月二十七日付一面参照）。

（3）戸田城聖が監修し創価学会教学部が編纂した『折伏教典』は、一九五一年十一月二十日に創価学会より出版。『大白蓮華』第十九号（創価学会、一九五一年十一月）には、「短時日に教義の大要・折伏理論の会得・学会精神の在り方を現代語によって理解せしむる必要に迫られた」（巻末頁）と書かれている。

（4）講義課程の三級は二段階に分けられ、A級は一般御書、B級は五大部御書（「立正安国論」「開目抄」「観心本尊抄」「撰時抄」「報恩抄」）を学ぶ。そして、A級で一般御書を五十編以上学んだ者が、B級を受講できるものとした。

なお、戸田城聖著の日蓮大聖人御書十大部講義の第一巻『立正安国論』が一九五二年十二月に、第二巻『開目抄 上』が五三年七月に、第三巻『開目抄 下』が五四年十一月に、第四巻『如来滅後五五百歳始観心本尊抄』が五五年七月に、それぞれ創価学会から発行されている。

また、三級講義は、教学部員による月二回（水曜日）の地区講義として定着していった。このことについては、本節の注（9）・（11）、『聖教新聞』一九五一年九月一日付一面、同紙一九五四年一月十七日付一面・七月十八日付四面、小平芳平「教学の充実」（『大白蓮華』第百五十三号、創価学会、一九六四年二月）の三四頁、などを参照。

（5）「六巻抄」は、大石寺の二十六世日寛（一六六五〜一七二六年）の六つの論考を集めたもので、

「三重秘伝抄第一」「文底秘沈抄第二」「依義判文抄第三」「末法相応抄第四」「当流行事抄第五」「当家三衣抄第六」の総称。講義課程の四級では、「当家三衣抄」を除く五編を学んだ。

辻武寿は、四級・五級の進め方について、「〝剣豪の修行〟の如き教学鍛錬」の中で、次のように述べている。

「一般講義と対照的なのは、教学部員による『六巻抄』『文段』の研究会であった。（中略）研究会では先生が直接、司会もされ、最高幹部から〔順に〕名ざしで質問を浴びせた。不満足な答えには厳しく叱咤し、補足指導もされた」（『大白蓮華』第三百五十号、聖教新聞社、一九八〇年四月、三五頁）

あわせて、「研究座談会　教学を身につけよう　学会教学陣営の歴史と今後の腹がまえ」（『大白蓮華』第五十五号、創価学会、一九五五年十二月）の三八～四〇頁を参照。

（6）文段は、日寛が日蓮の重要な御書に科段を設けて分類して詳しく解釈したもの。五級講義では、そのうちの観心本尊抄の文段などを学んだ（『聖教新聞』一九五一年九月一日付一面参照）。

（7）『池田全集・第八十五巻』、四〇四～四〇五頁。

（8）白木義一郎「本部の講義風景　受講者の見た」（『聖教新聞』一九五二年一月一日付六面）。当時、白木はプロ野球東急フライヤーズの投手。

（9）教学部員が増えたことで、一九五三年九月には全地区に講義担当者が置かれ、翌五四年一月には全地区で月二回地区講義を行うことが可能になった（『聖教新聞』一九五三年九月十三日付一面・一九五四年一月十七日付一面参照）。

教学部員（助師）として、地区や支部で講義を担当することになった山浦千鶴子は、「自信のない私達に、戸田先生は『戸田の名代として堂々と講義しなさい』と激励され、『一人の方でも自分の講義を聞いて下さって有り難いことです』という気持でのぞむことを指導されました」（『教学と私』第二巻、同刊行委員会、一九七三年、四〇頁）と記している。

また、同じく助師として講義を担当することになった森田秀子は、次のように語っている。

「〔一九五二年四月以前は〕御書も発刊されておらず、御文を理解しようにも手助けとなるものなど何もない時代でした。ですから戸田先生は、私たちが理解できるよう、身にしみる譬えで語ってくださいました。恥ずかしい話ですが、ある時、こんな質問をしました。『戸田先生の講義に感動するのですが、家に帰ると講義の内容を忘れてしまうのです』と――。質問への戸田先生の答えはこうでした。『忘れても、忘れても、いいんだよ。忘れても、忘れても、忘れても、講義を聞いていくと、忘れられない何ものかが、あなたの命の中に残っていくよ。その積み重ねがやがて、あなたの力

になっていくよ』――生涯忘れられない言葉です」（『大白蓮華』第六百五十八号、聖教新聞社、二〇〇五年一月、三九頁参照）

（10）「ブロック講義はこのように」（『聖教新聞』一九五九年二月十三日付五面）参照。この特集では、池田の話に基づいて、次のように書かれている。

「学会がまだ今日ほど大きくならずブロック講義でなく、地区ごとに講義をしていたころ、地区講義の運営をよりよくするために毎月一回検討会を開いていた。会長先生〔戸田〕を中心に、受講者側の地区部長さんたちと教学部員とが率直に意見なり希望なりを述べ、いろいろ話合いをしたことがあった。

そのとき、会長先生は二、三の実例を引いて、講義のやり方について御指導して下さった。

明治天皇の和歌の先生としても知られている下田歌子という人が、〔創設した実践〕女子大で源氏物語を講義すると、いつも超満員だったという。彼女はその源氏物語の講義には和服姿でのぞみ、講義の前に香をたいてまず講義のふん囲気をつくったという。

すなわち、学会の講義は、もち論〝信心〟が根本であるが、講義は一つの技術であり、詮じつめれば芸術である。従って、講師は常にその講義会場のふん囲気を天上界、菩薩界、仏界にもって行ける一念と研究心を持っていなければならないようだ。

また、会長先生がお若いころ、水道橋の研数学館に講義が非常にじょうずな〝ドジョウ先生〟というニックネームで呼ばれた数学の先生がいた。この先生はドジョウのような鼻ひげをはやしていて、まず冒頭に『わが輩はドジョウである』とやる。難しい数学の先生が一体どんな講義をするだろうと、緊張していた生徒たちがドット笑い、笑いながらドンドン覚えていったという。

これは〝あの先生の講義はおもしろい〟という印象を与え先生の方から生徒に飛び込んでしまったよい例である。御書というものは固苦しい難しいものなんだという印象を与えたら失敗である。

もう一つは、時習学館に二人の先生がいた。頭のいい先生が講義するクラスは生徒がどんどん減ってしまい、反対にもう一人の先生が受持つクラスは非常に人気があり、生徒も教室に入りきれないくらいにふえたという。

自分が多くのことを知っていることと、相手に理解させることは別である。独演的、説教的な講義はだめである。よく御消息文の中に『よりあいて読みなさい』というお言葉があるが、講義をする方も、受ける側も、このお言葉にあるように一つのうるおいを持った気持でのぞむべきではないだろうか。

『わしの講義が模範だよ』とおっしゃっていらした通り、会長先生のお講義は、何といっても非常にわかりやすかった。先生は『例えば生活に当てはめると…』と、常に適切な例を引き、難しい仏教哲学をやさしく講義されていた。〝すぐれた先生とは、適切なたとえを引いて話せる人である〟という。体験談などを豊富に知っていることは大きな力である」

戸田は、下田歌子とドジョウ先生の話を、一九五四年三月一日の五級講義で語っている（『池田全集・第三十六巻』、三九六～三九七頁参照）。

(11) 戸田のもとで男子部長を務めた秋谷栄之助（一九五一年入会）によれば、この地区講義が会員の信仰の基礎を作り、戸田の願業である七十五万世帯達成への大きな推進力になったとのことである。

(12) 大蔵商事の市ケ谷ビルへの移転については、本書下巻の115～116頁注（33）を参照。

(13)「聖教新聞社社史資料（№1）」、および、一九五一年八月に学会秘書になった山浦千鶴子からの聞き取り（二〇二〇年十一月二十日）による。『聖教新聞』一九五二年五月二十日付一面には、会長訪問の人へ面会時間の注意として、「会長戸田先生に色々な相談の為、市ケ谷の学会本部分室へ来訪する人々へ面会時間の注意が望まれている。即ち　面会時間は毎日午後二時より四時迄、四時過ぎの来訪はつゝしんで頂き度い、但し土曜は面会謝絶」と書かれている。

(14) 十七歳から二十二歳まで市ケ谷ビルで受付の仕事をしていた関征子からの聞き取りに基づいて、「池田大作とその時代」編纂委員会『民衆こそ王者　池田大作とその時代』Ⅱ「励ましの城」篇（潮出版社、二〇一一年）には、次のように書かれている。

「『ある時、やつれきった母親と娘がやって来ました』。戸田の指導を受けに来た学会員だった。待っている間、母は受付裏の洗面所で泣いていた。やがて順番がきて、戸田の待つ分室に入った。その母と娘が分室から出てきた。関は目を丸くした。『とっても生き生きしているんですよ。顔色も見違えるようで』。母と娘は明るく『さようなら』と挨拶して帰った。『学会ってすごいなあと思った』。いったいあの部屋で、何をしているのか。『あんまり不思議なので、分室の中を扉の鍵穴からこっそり覗いたこともあるんです』と恥ずかしそうに関は笑った」（一七九～一八〇頁）

また、当時の婦人たちが置かれていた境遇について、池田は、随筆「偉大なり 創価の婦人部① 最も勇敢なる母よ！平和と幸福と慈愛の母よ」の中で、次のように記している。

「戦争中、そして動乱の戦後のなかにあって、最も苦しみ、最も生活の犠牲を強いられたのは、女性たちであった。

夫の戦死や息子の出征。さらに来る日も来る日も、火炎に包まれた、悲惨極まる空襲。そして戦後の打ち続く、飢餓のような耐乏の暗い生活。終戦になっても、人間として生き抜くことは、さらにもう一つの激しい〝戦争〟であった。

最愛の夫の遺骨が、子どもの遺骨が、あまりにもわびしく戻ってきた家々も多かった。

その人生と生活の中には、慟哭（どうこく）があった。限りない地獄があった。

その女性たちの安穏と満足と幸福の大道を開きゆくことが、私の師匠である戸田城聖の命がけの戦闘であった。

『地上から〝悲惨〟の二字をなくしたい！』

この熱願が、戸田先生の根本的思想であったのである」（『池田全集・第百三十五巻』、四一〇～四一一頁）
(15)『池田全集・第百三十四巻』、一〇九～一一〇頁参照。戸田は、市ケ谷の分室で面談した人数について、「多い時で（一日に）五十人の人に逢えても年に一万五千人しか逢えません」と語っている（『聖教新聞』一九五二年十二月十日付一面参照）。なお、市ケ谷ビルでの面談は、一九五一年六月頃から五三年十一月まで約二年半にわたって行われた（二〇二〇年十二月一日に行った山浦千鶴子からの聞き取りなどによる）。
また、分室の様子について、田中つぎは、「会長先生と婦人部」の中で、次のように記している。

「先生に、はじめてお会いしたのは、昭和二十六年、市ケ谷の会社であったように記憶しております。

体も弱く、ただ、ものうく生活していた私は、その日から毎日のように、先生が面接指導をしていられた、市ケ谷に通いました。
結核の者、家庭の不和になげく者、小児マヒの子を背負った母親と、毎日多くの面接者に、夏の暑い日、風通しの悪い、せまい部屋で、ぎっしりと周りを取り囲まれて、毎日毎日、汗をおふきになる間もなく、次々に、御本尊様の絶対の功徳を力強く説かれていらっしゃいました。あの御体の、どこから出てくるのかと思われるような、豪放な、力強い精神力と、その反面、弟子の一人一人の生活をよく御存知で、小さなことまで、色々と御心配下さいました（趣意）」（『大白蓮華』第八十五号、創価学会、一九五八年六月、四七〜四八頁）

また、一九五一年十月に聖教新聞社へ入社した森田秀子は、次のように語っている。

「あまりにも深刻な悩みばかり。指導を受けた皆さんが帰った後、私は思わず『ほーっ』と息をつきました。その時、戸田先生は『ほんの少しでも気を抜くと、摑まっている杭ごと激流に流されそうになる』と呟かれたんです。

適切な喩えかわかりませんが、まるで泥の中に浸かった宝石を一つ一つ拾い上げ、汚れを拭きとり、一生懸命に磨くような指導でした（趣意）」（前出、『民衆こそ王者 池田大作とその時代Ⅱ』、一八二〜一八三頁参照）

分室には高校生も訪ねてきた。小林宏は、「若き時代に薫陶をうけて」の中で、次のようにつづっている。

「父の折伏で私がいやいやながら御授戒をうけたのは、昭和二十六年の八月十二日、高校三年の夏休みだった。

翌二十七年三月、大学を受験したが、結果は見事に不合格。『合格すればどんな苦労しても学費は出してやる。しかし落ちたら丁稚奉公だ』とは、父との約束である。帰宅してから絶望感で一杯だった。午後になって『戸田先生に御指導をうけに行こう』と父にいわれて、うなだれて、市ケ谷ビルに先生をお訪ねした。

父がかんたんに報告する。黙って聞いていらした先生は、やがて度の強い眼鏡をひたいの所へ上げられて、胸のポケットから経本を取り出された。そして、『寿量品の中に〝更賜寿命〟というお言葉がある。これは仏様の約束です。信心をしっかりやっていけば、生命力が強くなるということです』といわれた。

どうせ丁稚奉公だ、と諦めていると、『まあ一年間、親父のスネをかじれ。しっかり信心して来年は決めなさいよ』との先生の一言で、浪人生活が決まったのだった。

『およそ入学試験などというものは、生命力の問題だ。自分が学校で習わなかったことは、他の高校でも教えてはいない。また、自分が学んだ事柄は、他の受験生も教わっている。八十点で合格した人と七十九点で落ちたものと、果してどれだけ実力に開きがあるだろうか。実力の差はほとんどないよ。合否の鍵は〝生命力〟にある。生命力が逞しければ試験場であがったり、また思い出せないはずはない。また、自分の全力を出し尽せて落ちたなら本望じゃないか。来年受験する前にもう一度相談に来なさい』

とまでおっしゃって下さった。この時はまったくドラ息子が、親もとへ帰ったような、懐かしさで一杯だった（趣意）」（『大白蓮華』第八十七号、創価学会、一九五八年八月、二八頁参照）

（16）青年部班長への告示には、「〔我らの戦いは〕衆生を愛さなくてはならぬ戦である。しかるに青年は親をも愛さぬ様な者も多いのにどうして他人を愛せようか。その無慈悲の自分をのりこえて仏の慈悲の境地を会得する人間革命の戦である」と述べられている。

（17）「三類の強敵」とは、俗衆増上慢、道門増上慢、僭聖増上慢のこと。釈尊滅後に法華経を広める人々に迫害を加えるものを妙楽大師が三種に分類した（創価学会教学部編『教学用語集』、聖教新聞社、二〇一七年、一三七頁参照）。

（18）池田大作「青年の確信」（『大白蓮華』第二十号、創価学会、一九五一年十二月）、九頁。後に池田は、次のように記している。

「そのころ先生の会社〔大蔵商事〕は、再建の緒についたばかりで、師の事業のいっさいを陰で支えていた私は、多忙に多忙を極めていた。帰宅は、連日、深夜である。

しかも、胸を病み、微熱にさいなまれ続けていた。

だが、私は戦い抜いた。

工夫に工夫を重ねて、活動の時間をつくり出しては、座談会に、折伏に、個人指導に、力の限り走った。

一九五一年（昭和二十六年）七月の男子青年部結成時には、部員十人であったわが池田班は、年末には、三十一人にまで拡大した」（『池田全集・第百二十九巻』、一二〇〜一二二頁）

(19)『聖教新聞』一九五一年十二月二十日付一面参照。

(20) 一九五一年十二月末時点の仙台と八女を除く十二支部の会員世帯の合計は、五千七百二十八であった（『聖教新聞』一九五二年一月一日付三面参照）。

(21)『大白蓮華』第二十二号（創価学会、一九五二年一月）、三〇頁参照。

(22)『池田全集・第百三十五巻』、四九頁。

また、池田は、創価学会の使命について、次のように語っている。

「大聖人が末法の日本に出現され、三大秘法を建立されたのは、この大法を『全世界』に流布し、『全人類』『一切衆生』を仏にするためであられた。

『全民衆のため』の仏法である。一部の『僧侶のため』などでは絶対にない。

世界の民衆に、等しく、崩れざる『幸福』を、そして『平和』を与えゆくのが、大聖人の仏法である。

創価学会は、この御本仏の御心のままに、世界の民衆の中に『幸福の道』『平和の道』を切り開いてきた。また、これからも切り開いていく」(『池田全集・第八十一巻』、三五五〜三五六頁)

(23)『池田全集・第八十七巻』、二四五頁参照。なお、池田は、蒲田支部の幹事に任命された翌月の一九五二年二月九日には、青年部の参謀に任命されている(『聖教新聞』一九五二年二月二十日付一面参照)。

(24) 会長就任式で戸田は、「一対一のひざづめ談判によって広宣流布は成し遂げられるのである」と述べている(『聖教新聞』一九五一年五月十日付一面参照)。

(25)『池田全集・第百三十二巻』、三八八〜三八九頁参照。一九五二年一月五日の支部長会において、支部、地区、班のもとに、さらに組が置かれることになった(『聖教新聞』一九五二年一月十日付一面参照)。

(26)『聖教新聞』一九五二年三月十日付一面・四月十日付一面・五月十日付二面参照。蒲田支部に

おける一九五二年二月の活動は、後に〝二月闘争〟と呼ばれるようになった。池田は、一九九〇年十一月七日に行われた大田区記念勤行会で、次のように語っている。

「私は支部内を駆けめぐった。座談会場も一日に二ヵ所、三ヵ所と――。自分が動いた分だけ、広布の組織も回転する。行動を拡大し、皆の歓喜を拡大し、支部内の空気を一変させた。

組織といっても、『人』である。『組』という小さな単位に光を当てた結果、一人一人に、きめ細かな激励ができた。納得し、心から立ち上がる人が増えてきた。その〝新しい波動〟が次の波動を呼び、組織全体がフレッシュに躍動しはじめた。

大きな単位のみに注意を向けていると、どうしても指示や伝達が中心となり、信心の息吹や感動が伝わりにくい。いつしか惰性におちいってしまうものである。一人一人の『人間』よりも、『組織』という機構だけに目がいってしまう。それでは、悪しき組織主義となる場合がある。指導主義、人間主義ではない。

『組』単位に――という、この時の実践は、こうした硬直化を打ち破る、いわば〝組織の人間化〟への挑戦であった」(『池田全集・第七十五巻』、二六六～二六七頁)

一九五二年の〝二月闘争〟については、『聖教新聞』一九五六年三月四日付四面の東京版、一九五八年一月二十七日の文京支部組長総会での池田支部長代理の発言（『聖教新聞』一九五八年一月三十一日付六面の関東版）、『白ゆりの詩―婦人部30年の歩み』（聖教新聞社、一九八一年）の二八〜二九頁、などを参照。

(27) 日蓮の宗旨建立七百年を記念する慶祝法会は、一九五二年四月二十四日・二十五日の第一会と二十七日・二十八日の第二会が行われ、第一会には大石寺の檀家や法華講員約二千五百人、第二会には創価学会員約四千三百人が参列した。このことについては、『大白蓮華』第二十五号（創価学会、一九五二年六月）の二八頁、および、『大日蓮』第七十五号（日蓮正宗布教会、一九五二年五月）の一面を参照。

(28) 一九五一年春、小笠原慈聞と日蓮正宗霑妙寺の住職渋田日宇（当時、第十布教区宗務支院幹事）によって、福岡県八女郡福島町周辺の創価学会員約百人のうち約九十人が脱会させられた。この報告を聞いた戸田は、同年八月に柏原ヤスと辻武寿を福島町に派遣している。このことについては、田中国之の妻シマ代の手記、一九五一年二月七日付で戸田が記した田中国之宛の書簡、九州広布史編纂委員会編『世界広布を拓く九州創価学会 先駆の誉れ』（聖教新聞九州支社、一九八三年）の一四八頁、『池田全集・第百三十二巻』の三二三頁、などを参照。柏原は、五二年の八月度幹部会で「牧口先生時代よりの土地で久留米の霑妙寺関係で支部は崩れた」と報告している（『聖教新聞』一九五二年九月一日付一面参照）。七百年祭前から戸田は、こうした小笠原の動きを把握していた。小笠原慈聞については、本書上巻の433〜434頁注（40）を参照。

（29）『聖教新聞』一九五二年五月十日付二・三面、および、渡辺慈済『日蓮正宗〝落日の真因〟――出家得度五十年・未来のために真実を語る』（第三文明社、二〇〇〇年）の五二〜五六頁を参照。

『聖教新聞』一九五一年五月一日付一面には、小笠原が未だに大石寺に居ることが某信者の証言として掲載されていた。しかし、この記事に対して、同年五月十六日発行の『大日蓮』第六十三号（日蓮正宗布教会）では、「五月一日附聖教新聞に鈴木日恭上人を告訴し日蓮正宗を解散せしめやうとした坊さんが総本山に居る旨書かれていますが、かかる僧侶は現在の日蓮正宗に僧籍ある者の中には一人も居りませんことを明かにして置きます」（十面）と宗務院庶務部名で小笠原の僧籍復帰を否定している。

また、同年五月三日の第二代会長就任式において、戸田が庶務部長の細井精道に対し、小笠原が宗門に籍を置いているのではないかと糺したが、細井は「現在宗門にはかゝる僧侶は絶対に居りません、小笠原は宗門を追放されて居る」と返答している（『聖教新聞』一九五二年五月十日付三面参照）。

以上のことから、学会の青年部は、小笠原が宗門とは無関係の人物であるとして、七百年祭の折に謝罪を要求したのである。

戸田は、日蓮正宗宗務総監に宛てた御伺書（一九五二年六月一日付）において、次のように記している。

「私初め学会員一同は当日迄小笠原慈聞は僧侶に非ずと信じて居りました、所以は昨年五月三日千有余名の学会員の会合の席上細井尊師の言明竝に同五月十六日附大日蓮紙第六十三号の発表にても判然として居る通りであります。
然るに事件直後伝え聞きました処では慶祝記念に当り特赦され、僧籍復帰を許されて居るとの事でありますので宗務院の発令及び其の理由の指達の有無を糺して居りましたところ四月卅日附印刷発行になる大日蓮第七十四号に発表されたものが五月中旬に配布されました」

ところが実際は、戦後まもなく発行された『日蓮正宗 宗報』第一号（日蓮正宗宗務院、一九四六年五月）に、「右者（小笠原慈聞は）昭和十七年九月十四日宗制第三百八十九条ノ一同条ノ三ニ依リ擯斥処分受ケタルモノナルモ其後改悛ノ情顕著ナルヲ認メ宗制第三百九十四条及同第三百九十五条ニ依リ復帰、復権、復級セシムルモノナリ」（五面）と一九四六年三月三十一日付の僧籍復帰が掲載されている（当時の管長秋山日満は、小笠原が得度した讃岐本門寺時代の兄弟子）。さらに二カ月後には、擯斥された時と同じ大僧都の僧階で、岐阜県にある本玄寺の住職に任じられている（『日蓮正宗 宗報』第三号、一九四六年七月、二面）。その後小笠原は、四七年四月に行われた宗会議員選挙で次点になり、それに対して異議申し立てをして却下されたことなど、たびたび『宗報』や『大日蓮』に名前が出ている。

七百年祭直後に発行された『大日蓮』第七十四号（日蓮正宗布教会、一九五二年四月三十日）には、「右者〔小笠原慈聞は〕昭和十七年九月十四日付にて擯斥処分を受けたるものであるが其の後改悛の情も認められ尚本人も老齢のこと故関係信徒の特別なる懇願等もあるので情状を酌量し且つ本年は宗旨建立七百年の佳年に当り慶祝すべき時であるから特別なる計らいを以て宗制第三百八拾六条及び第三百八拾七条に依り特赦復級せしめ住職権のみ認める　昭和二十七年四月五日」（四面）と、管長名で発表されている。

つまり、宗務院は、自らがついた嘘に整合性を持たせるため、小笠原慈聞を一九五二（昭和二十七）年四月五日付で特赦復級した、という偽りの記事を載せたのである。

さらに言えば、戸田が前年五月に小笠原の僧籍復帰の真偽を確認していたことを承知していながら、〝四月五日付の僧籍復帰〟を四月二十日から始まる七百年祭前に伝えていなかったのである（前出、「御伺書」参照）。

(30)『聖教新聞』一九五二年五月十日付四面参照。同時に戸田は、女子青年部の幹部に対して、大石寺内の各売店や塔中（坊）を訪問し、今回の出来事についての学会の主張を話してくるように指示している。山浦千鶴子によれば、この時戸田は次のように話したという。

「どんな戦にも、与論（ママ）ほど大事なものはない。歴史をよく見てごらん。どんな正しい行動も、民衆の支持がなければ成功しない。あなた方は〔男子青年部の〕勇ましい働きばかりを見ているけれど、常に大衆の中にあって、与論（ママ）を生んでゆくことが大事なんだよ」（『大白蓮華』第九十一号、創価学会、一九五八年十二月、一九頁参照）

小笠原慈聞に謝罪させた創価学会青年部の行動は、静岡県内の新聞各紙で取り上げられた。『読売新聞』一九五二年四月二十九日付朝刊四面の静岡読売A・Bと遠州読売には、坂口富士地区警察署長の「宗教上のことであり現在のところ刑事事件にはならぬ見込みだ」との談話が掲載されている。そのほか、一九五二年四月二十八日付の『読売新聞』夕刊一版の三面、翌二十九日付の『毎日新聞』毎日新聞社（東京）版朝刊四面の静岡版⑴・⑵、同日付の『静岡民報』朝刊三面・『富士ニュース』（静岡県岳南地域の日刊紙）一面、などを参照。

（31）小笠原慈聞『創価学会長戸田城聖已下団員　暴行事件の顚末』（二〇〇三年、覆刻版）の一～一一頁、および、『池田全集・第百三十七巻』の三七七頁を参照。あわせて、『静岡新聞』一九五二年五月二十九日付四面参照。

（32）『聖教新聞』一九五二年六月十日付一面・七月一日付一面、および、『大日蓮』第七十七号（日

蓮正宗布教会、一九五二年七月）の三面を参照。

（33）この臨時宗会は、初めから宗務院と創価学会の責任を追及する意図を持って召集されたようである。『読売新聞』一九五二年五月三十日付朝刊四面の静岡読売Ａ・Ｂと遠州読売には、「戸田城聖氏らの処置決定のため廿七日宗会議長市川真道師から全国十六名の宗会議員に『当局ならびに学会に対する責任を追及する』同意書を発送、六月初め臨時宗会を開催することになった」と書かれている。

また、この宗会では、日蓮正宗の宗制の改正と宗規の制定についても検討され、「檀徒及び信徒は本宗が包括する宗教法人以外の宗教法人に加入する事が出来ない」という条項を加えようとした。この一文について創価学会は、直ちに抗議して取消しを求め、五二年十二月に制定された宗規には入らなかった。これらについては、前出の『大日蓮』第七十七号の三頁、『聖教新聞』一九五二年七月十日付一面、日蓮正宗宗務院『宗教法人「日蓮正宗」宗制宗規』（一九五二年）、などを参照。

（34）前出、『大日蓮』第七十七号、四面。そのほか、『読売新聞』一九五二年七月一日付朝刊四面の静岡読売Ａ、および、同日付の『中部日本新聞』朝刊三面の静岡版・『静岡新聞』朝刊四面を参照。戸田は、一九四九年三月二十九日に、他の十一人とともに法華講全国大講頭の任を受けていた（『日蓮正宗 宗報』第三十八号、日蓮正宗宗務院、一九四九年四月、二面参照）。

北条浩は、宗会決議の背景について、「厳しくもやさしき父の姿」において、「まだ宗内においても、学会を異端分子あつかいにする空気の濃厚であったころだ」（『大白蓮華』第八十六号、創価学会、一九五八年七月、二六頁）と述べている。

（35）『池田全集・第八十三巻』、三七三頁参照。『聖教新聞』一九五二年七月十日付一面の「寸鉄」には、次のように書かれている。

「〔登山停止について〕寸鉄居士会長先生に御伺いをたてたら『あんまり騒ぐなよ、こんな目出度いことを』とニヤリさ」

「こらこら騒ぐな『ニヤリ』を説明してやるからな、

如説修行抄に仰せあり

『真実の法華経の如説修行の行者の弟子檀那とならんには三類の強敵決定せり。されば此の経を聴聞し始めん日より思い定むべし』。三類の悪人の仕業の中に『遠離塔寺』と言って寺から追い出すやり方がある、悪人共がさ。

さて我等が会長に折伏の大将としての一大名誉を贈ったのさ。『遠離塔寺』と云う仏様からの勲章なんだ」

なお、「三類の強敵」については、本節の注（17）を参照。

（36）『池田全集・第百三十七巻』、三七九頁。戸田は、一九五二年七月二十四日に宗務院から呼出しを受けた際に、謝罪状を提出するように言われただけだった（『聖教新聞』一九五二年八月一日付一面参照）。しかし、五月六日に小笠原が富士地区署に創価学会を告訴したことにより、戸田は九月二日午後に富士地区署に出頭。取り調べのため、同署に一晩留置され（筆頭理事和泉覚は、九月一日から二晩留置）、翌三日午後八時ごろ釈放された。これらについては、『静岡民報』一九五二年九月三日付朝刊三面と九月四日付朝刊三面、『朝日新聞』東京本社版同年九月三日付夕刊三面、『富士ニュース』同年五月二十九日付一面・九月三日付一～二面、『聖教新聞』同年十一月二十日付一面、などを参照。そのほかにも、静岡県内で発行されている朝刊各紙に記事が掲載されている（『読売新聞』の静岡読売A・Bと遠州読売、『毎日新聞』毎日新聞社（東京）版の静岡版⑴・⑵、『中部日本新聞』の静岡版、『静岡新聞』）。

この告訴の行動に対して、日蓮正宗管長水谷日昇は、一九五二年九月九日付で小笠原に対する「誡告文」を『大日蓮』第七十九号（日蓮正宗布教会、一九五二年九月）の一面に掲載。そこには、「貴師よ、賢明ならば速に神本仏迹の説を放棄し、直ちに告訴を取り下げ、虚心坦懐仏祖三宝に懺悔せよ　然らざれば予は今日以後貴師を義絶するであらう」と記されている。

それに対して小笠原は、「誡告文」は脅迫罪を構成するとして、管長日昇を告訴する考えを示していたが、一九五二年十月三十一日に神本仏迹論の非を認めて謝罪し、学会への告訴を取り下げた。そして、同年十一月七日、日昇が「訓諭」を発表して、小笠原の言動にまつわる問題に終止符が打たれることになった（『大日蓮』一九五二年十一月二十日付号外、『聖教新聞』同年十一月二十日付一～二面、日昇の同年十月一日付・十月七日付・十一月六日付私信、などを参照）。

その後、経済的に窮地に陥っていた小笠原を学会青年部が支援（『聖教新聞』一九五三年十二月六日付二面・十二月二十日付一・二面参照）。『聖教新聞』一九五五年十二月十一日付二面に掲載された小笠原の訃報には、「小笠原師は戦時中から邪義〝神本仏迹論〟の提唱者だったが三年前の七百年祭の時、青年部の徹底した破折を受けて以来、ざんげの色濃く、最近では正宗は勿論のこと、学会の折伏を讃嘆されて協力を惜しまなかった」と書かれている。

（37）当時大石寺にいた矢島秀覚（周平）は、「日昇上人の追憶」の中で、次のように記している。

「然るに創価学会の出現は正に空前の一大事件であるだけに、内部である全国正宗の僧侶を初め檀信徒皆挙ってこれに怨嫉を起し轟々たる悪口誹謗が起り、法主日昇上人のお耳に押し寄せて来たのであります。（中略）丁度その頃愚生は日昇上人の弟子として剃髪得度したのでありました。日昇上人は両者の中間にお立ちになって、日夜頭を悩まされて居りました。その御苦悩、御心労の程寔に察するに余りあるものがありました。（中略）

かくして種々様々な事件の発生しつゝあるこの期間中に創価学会はいよ〳〵着実な進展の一途を辿って居りました。度々接する戸田会長の衷情を明らかに認識なされて創価学会を絶対信頼する旨のお言葉をもお漏らしになる事も度々となりました。（中略）

猊座十ケ年間に於ける日昇上人の御心境の大転換が即ち日蓮正宗の一大転換でありました」（『大日蓮』第百四十一号、日蓮正宗布教会、一九五七年十一月、五二～五三頁）

（38）日蓮正宗の僧侶であった渡辺慈済は、次のように書いている。

「当時宗内において、この事件（小笠原をめぐる問題）の真相を、きちんととらえた僧侶はほとんどいなかった。まさに『木を見て森を見ず』の類いである。大部分の僧侶が〝学会はとんでもない〟〝信徒の分際で僧侶に云々するとは何事か〟という、反学会感情を持つことになった。そして、この時の学会嫌いの悪感情がずっと尾を引き、ことあるごとに間欠泉のように噴き出したのである（趣意）」（前出、『日蓮正宗〝落日の真因〟』、五八～五九頁参照）

（39）『聖教新聞』一九五二年十月十日付二面参照。また、『戸田全集・第二巻』（質問会編）の「あとがき」には、「長年にわたって続けられた登山会における質問会は、御開扉を終えた全国の登山者にとって、最大の楽しみでもあった。涙と笑いのなかに、次々と展開される戸田先生の慈愛あふれる指導をうけて、どれほど勇気づけられ、信心による再起を胸中深く刻んだかしれない」と記されている。なお、『聖教新聞』と『大白蓮華』には、戸田が担当した質問会での六百を超える質疑応答が掲載されている。『戸田全集・第二巻』には、そのうちの二百八十三項目を収録している（『大白蓮華』第七十四号、創価学会、一九五七年七月、三四頁などを参照）。

（40）「総本山を中心とする富士北部観光懇談会」（『大日蓮』第五十八号、日蓮正宗布教会、一九五〇年十二月）の七面、『富士ニュース』一九五一年三月十一日付二面の記事「北部観光の力こぶ　富士宮観光協会協議」、「日達上人猊下お言葉」（『大日蓮』第三百三十二号、大日蓮編集室、一九七三年十月）の八頁、『創価学会の歴史と伝統』（聖教新聞社、一九七六年）の九九〜一〇〇頁、などを参照。

（41）湊邦三については、本書下巻37頁の注（33）を参照。戸田は湊を高く評価し、一九四八年七月十三日に、湊の小説「逆潮」を読んだ感想を手紙に書いている。

「大衆文芸　七月号　逆潮　一気に拝読。久方振りに力のこもった時代小説を読ませて頂きました。此の力あって長年の沈もく。今こそ池に潜（ひそ）む大龍の出現を意味する雷声遠震と心嬉（う）れしく存じます。

〈中略〉どうか、一般大衆の為 どしく御書き下さい」

(42) 湊邦三の「小説 日蓮大聖人」は、『大白蓮華』第二十八号から第百七十五号(一九五二年十月〜六五年十二月)まで掲載された。これは、第十三巻の途中分までにあたる。その後、全十五巻(一九五四〜七四年)で完結した。

(43) 慶祝法会中の四月二十八日、戸田は、以前より考えていた日蓮の伝記執筆を小説家の湊邦三に依頼している。後年湊は、『小説 日蓮大聖人』(一)〈聖教文庫、一九七三年〉の「はじめに」において、次のように記している。

「〈大石寺の〉三門前へ向かうために、〈理境坊の庭を〉戸田城聖先生と肩をならべて歩いていると、突然、思いも染めない言葉が聞こえてきた。

『〈湊〉先生! 日蓮大聖人の御生涯を小説に書いてくれませんか!』

戸田先生の口から出た何気(なにげ)ない言葉は、私の耳に迅雷(じんらい)のように轟(とどろ)いた。

『書かせていただきます』

私は叫ぶようにいったことを記憶している」

「『幾巻になってもいいから、あなたの思うままに、存分に書いて下さい』という戸田先生の言葉を支えに、必死に書き進めて、小説『日蓮大聖人』もやっと完結を目前にすることができたのである」

（44）湊邦三は、当時、静岡県田方郡函南村（現在の同郡函南町）の雪山荘に住んでいた堀日亨の教示を受けて執筆を開始。一九五四年からは、雪山荘に住んで執筆を続けた。このことについては、湊邦三「随想 伊豆畑毛」（『聖教新聞』一九五六年一月一日付十九面）を参照。

（45）〝大楠公〟は、南北朝時代の武将楠木正成とその長子正行の情愛を歌った、落合直文の詩「楠公の歌」に奥山朝恭が作曲した作品。「青葉茂れる桜井の」もしくは「桜井の訣別」などと呼ばれている。なお、創価学会では、慣習的に原詩の一部を改めて歌われてきた（学会歌集編纂委員会編『広布の愛唱歌集』、聖教新聞社、一九七九年、二四五頁の注記参照）。

戸田は、好きな歴史上の人物として、高杉晋作・高山樗牛とともに楠木正行をあげている（一九五九年に水滸会の記録をまとめた秋谷栄之助からの聞き取りによる）。高杉晋作については、本書上巻の336～337頁、戸田が高山樗牛の作品を読んでいたことについては、『池田全集・第二十三巻』の八六～八七頁を参照。

（46）〝五丈原〟は、土井晩翠の叙事詩「星落秋風五丈原」に曲をつけたもの。なお、創価学会では慣習的に原詩の一部を改め、その最初の部分が歌われてきた（前出、『広布の愛唱歌集』、二四頁の注記参照）。

戸田は、獄中で書いた一九四五年三月九日付の渡辺数一朗〔郎〕宛封緘はがき（ただし、「不許」の朱印が押されている）において、劉備死後の孔明を描いた吉川英治著『三国志』巻の十三（出師の巻）の差し入れを要望している。ただし、同巻は、その時点では刊行されていなかった。渡辺は、日本商手株式会社の取締役の一人で、創価教育学会の平塚支部長。戦後は、平塚新潟県人会会長を務めている。なお、牧口が学んだ荒浜尋常高等小学校の一九一八年三月の尋常科卒業生として「渡辺数一郎」が存在する（「昭和八年十月調 同窓会名簿 荒浜小学校」などを参照）。

（47）『池田全集・第百二十九巻』の九七頁、および、『池田全集・第百三十九巻』の六四～六五頁を参照。〝大楠公〟を舞うことになった経緯については、前出の北条浩「厳しくもやさしき父の姿」の二六頁を参照。

（48）山本伸一（池田大作）「随筆 人間世紀の光160 わが師の思い出の歌――〝五丈原〟と〝大楠公〟」（『聖教新聞』二〇〇八年五月十八日付）の二面を参照。

（49）『池田全集・第二十巻』、三四八～三四九頁参照。香峯子の本名は、かね。主婦の友社編著『香峯子抄』（主婦の友社、二〇〇五年）によれば、結婚したおり、戸田が「現代的に漢字で『香峯子』と命名」（一九頁）したとのことである。

（50）前出、主婦の友社編著『香峯子抄』、五六～五七頁参照。白木家は、一九四一年七月に家族で入会していた（同書、二二一頁参照）。
（51）同前、六五頁参照。そのほか、『池田全集・第二十二巻』（『私の履歴書』）の二七〇頁、および、『女性自身』第七巻第二十六号（光文社、一九六四年六月二十九日）の六四〜六八頁・第二十五巻第二号（一九八二年一月十四日）の七六〜七九頁を参照。
（52）本文中の二つの引用は、いずれも『池田全集・第二十二巻』の二六八〜二六九頁による。
（53）『池田全集・第百三十八巻』、一五〇・一六二〜一六三頁を参照。池田の父は、戸田に会うまで、息子の創価学会への入会を快く思っていなかった。池田は、「〔入会後〕信仰の意見対立が、父との間に起きた。私は侘（わび）しいアパートに一人移った」（『池田全集・第十九巻』、二〇四頁）と記している。あわせて、『聖教新聞』一九五九年二月六日付四面を参照。
一方、母について池田は、次のように記している。

「母は、私に、ただ一言、父に加勢するような格好で、『家にある代々の宗教を大切にすることが大事じゃないの』と、声を静かに言った。

そして反対に、母は、父に向かっては、困り抜いた姿で言っていた。

『立派な戸田先生のもとで、勉強している大作の方が、正しい宗教かもしれないね』と」（『池田全集・

第百三十七巻』、七一〜七二頁）

(54)『池田全集・第百三十五巻』、二五一〜二五二頁。戸田と池田の父が初対面の時の会話は、池田の兄がふすま越しに聞いていたという（央忠邦（なかば）『池田大作論』、大光社、一九六九年、六五〜六六頁参照）。

(55)『池田全集・第百三十九巻』の六五頁参照。あわせて、『聖教新聞』一九五二年三月十日付二面・二〇二二年五月二十四日付三面を参照。戸田は、池田大作と香峯子の結婚式の祝辞として、次のように述べたという。

「男は力を持たねばならない。妻子に心配をかけるような男は社会で偉大なる仕事はできない。また、新婦に一つだけ望みたいことがある。それは、主人が朝出掛けるとき、晩帰ったときには、どんな不愉快なことがあっても、にっこりと笑顔で送り迎えをしなさい」（『池田全集・第二十二巻』、二七〇頁参照）

「私の願うことはただ一つ、これからの長い人生を広宣流布のために、二人で力を合わせて戦いきってもらいたいということであります」（『池田全集・第七十二巻』、一四七頁参照）

また、二人の結婚前に戸田は、香峯子に対し、「大作を頼む」「健康が第一だ。まず健康を」と言っていた。香峯子は、「私が主人にしてあげられる最大の務めは、健康で思う存分働けるよう、陰で支えることだと思いましたし、それが、私の人生のすべてとなりました」と語っている（前出、主婦の友

社編著『香峯子抄』、八六～八七頁参照)。

(56)「ああ若き血は…　青年部8年の歩み（6）」(『聖教新聞』一九五九年九月四日付四面)、大蔵商事の元社員がまとめた記録、『池田全集・第九十八巻』の三三六頁、などを参照。

(57)『池田全集・第百三十九巻』、七〇～七一頁。秋谷栄之助は、「水滸会の薫陶」において、次のような戸田の発言があったと述べている。

「人には、長所もあれば短所もある。孔明も同じだ。蜀に人材が集まらなかったのは孔明が才にたけ、几帳面すぎたからだ。また、人材を一生懸命にさがさなかったからでもある。孔明の死後、蜀が三十年続いたのを見ても、決して人がいないわけではなかったのに」(『創価学会と私―昭和48年1月度本部幹部会参加者記念文集―』第一巻、広布史刊行委員会、一九七四年、七頁参照)

(58) 幹部交替式で戸田は、「いい歌だ。もう一度、歌って聞かせてくれないか」と語り、前後六回歌ったという。交替式については、『聖教新聞』一九五三年一月十日付一面、『池田全集・第百十九巻』の三一六～三一七頁、『池田全集・第百三十九巻』の七一頁、『池田全集・第三十六巻』の三一七～三一八頁、などを参照。交替式で戸田は「学会が発展しているとは云うものの、未だ二万にしか到らず、七十五万の計画が達成されなければ私の葬式はして下さるな」と訓話したとのことである

（『聖教新聞』一九五三年一月十日付一面参照）。ちなみに、戸田から第一部隊長の任命を受けた一九五三年一月二日は、池田の二十五歳の誕生日。

(59)『池田全集・第百三十八巻』、三九七〜三九八頁。

(60)『聖教新聞』一九五三年五月一日付二面参照。

その他の参考文献

『世界之日蓮』（世界之日蓮社、一九三四〜四三年）の各号

小笠原日聡（慈聞）『日蓮正宗入門』（法の華社、一九五一年）

『日蓮正宗 宗報』第四十一号（日蓮正宗宗務院、一九四九年七月）

土井晩翠『天地有情』（博文館、一八九九年）

『日本の愛唱名歌集 明治から昭和・平成まで』（メトロポリタンプレス、二〇一二年）

「星落秋風五丈原解説—池田参謀室長講義—」全三回（『聖教新聞』一九五七年十月十八日付四面・十一月一日付四面・十一月八日付四面）

2

校舎なき大学

広宣流布という大願に立った戸田城聖がもっとも力を入れたのは、志をともにする青年の育成であり、その中心にいたのが池田大作であった。

〝戸田大学〟

戸田が自宅で池田に個人教授を始めたのは、一九五〇（昭和二十五）年の正月以降である。それは、戸田が、事態の深刻さを説明し、「夜学のほうも断念してもらえぬか。そのかわり、私が責任もって個人教授しよう(1)」と話したことに、端を発している。

しばらくして戸田は、毎週日曜日に池田を自宅に呼んで、自身の休養もさしおいて、一対一の授業をするようになった(2)。また二人の職場は同じであったことから、授業は始業前にも行われた(3)。池田は、「十年間、私は戸田先生に毎朝、勉強を教わった。『戸田塾』ともいうべき個人教授であった(4)」と述べている。

池田は「私の青春時代の学校は、戸田城聖という『人間学』の天才の個人授業であった(5)」と言い、戸田はその個人授業を〝戸田大学〟と呼んでいる(6)。それは、戸田との出会いから始まるすべての薫陶を意味していた(7)。

池田は、次のように記している。

「私への訓練の根幹に置かれたのが、末法の民衆救済の一書たる『御書』の研鑽であった。土台がしっかりしていなければ、すべて砂上の楼閣となってしまうからだ(8)」

「先生に会社で私が毎朝三十分ないし四十分ぐらい立正安国論から観心本尊抄、開目抄を勉強させていただいたのです(9)」

「先生は、この妙法を根底として、歴史上のあらゆる偉人の英知を、自由自在に現代に活かし、価値創造していくことを教えてくださった(10)」

〝戸田大学〟は、日曜日や朝の講義だけではなく、日常のあらゆる場面で行われた(11)。戸田は、池田の顔を見れば、「あの本は読んだか」「これはどう考えるか」と、立て続けに聞いている。そして、読んだ部分については、たとえ五分間でも論じ合う機会を作ったという。[12]

一九五〇（同二十五）年十月二日の夜も、電車の中で『エミール』が話題になった。池田がかいつまんで感想を述べると、戸田は「大作とは何でも話せるな！」と笑みを浮かべていたという。[13] 池田は次のように述べている。

「恩師戸田先生に、それは厳しく鍛えられた。ありとあらゆる勉強をさせられた。しかも全然、親切な教え方ではない。『おい、あの日本文学全集、全部読んでおけよ』、『いつか質問するよ』、こういう調子であった。今も懐かしく思い出す[14]」

「先生の講義は、仏法の真髄を学ぶ教学はもちろん、専門的な学問においても、単に、断片的な知識を詰め込むような教育ではなかった。

弟子の知識を豊かに広げながら、生き方の〝核〟となる哲学を育まれたのである[15]」

「『知識が即、智慧（ちえ）ではない。知識は智慧を開く門にはなるが、知識自体が決して智慧ではない』と強調された。とくに仏法の智慧は、慈悲と一体である〔と言われた〕[16]」

「何よりも私は、恩師の人格から学びました。

投獄にさえひるまなかった、平和へのあの断固たる情熱を、恩師は終生、燃やし続け

朝の講義に使われた教材の一部（創価大学中央図書館池田文庫所蔵）

ました。

そして、苦悩の民衆の中に分け入って、人々と交流を間断なく続けました。その深き人間愛こそ、私が恩師より最も教えられたものなのであります[17]」

朝の講義

一九五二（昭和二十七）年になると大蔵商事に青年社員が増え、五月八日から、始業前の講義に彼らも同席することになった[18]。

戸田の正面に池田が座り、他の社員が椅子を持ち寄って囲んだ。まず、受講者が教材を読んで、これを受けて戸田が自在に講義するのである[19]。

講義について、戸田は次のように語った。

「大学を出ても、何を習ったか、忘れてしまう。残っているものは、大綱だけで精一杯である。これから、あらゆる生きた学問を、おしえてあげる[20]」

「ある蘭学者が、長崎で、オランダ医学を勉強した。ノートを取って、行李いっぱいにした。そのノートを積み、海を渡る時、舟と一緒に沈めて、全部なくしてしまった。あとは、頭の中は、カラであったと。お前たちは、全部頭の中に入れておけ。ノートは駄目だ[21]」

受講者の一人吉田顕之助[22]の手記には、次のように書かれている。

「〔戸田先生の講義は〕就業開始前の午前八時三十分から九時まで毎日行われました。教材[23]として『経済学入門』から『政治学』までの九科目と、日蓮大聖人の仏法の『六巻抄[24]』も加えられ、深遠な文底仏法を学びました」

ここで、〝戸田大学〟の講義の一端を紹介してみよう。

「人間の活動も、宇宙のリズムある法則から免れることは、絶対にできない。

そのような法則を、生命という次元から、根本的に、事実として説かれているのが、大聖人の仏法である。

これが分かってしまえば、『我即宇宙』であり『宇宙即我』ということになる(25)」

「この大宇宙には、地球と同じような惑星が、いくつもある。仏法で説く『他方の国土』とは、そういう所をいうのである(26)」

「これからは天文学の教育に力を入れるべきである。学校でも社会でも天文学を学ぶことで、平和を愛する心を培うことができるのだ(27)」

「〔人工衛星打ち上げのニュースを聞いて〕人類は、外へ外へと目を向けているが、『内側』を探求することを忘れている。一念三千(28)の生命のほうが、何千億倍も深いのだ。そこに目を向けなければならない(29)」

「過去数千年、書かれた歴史の多くは、権力者の栄枯盛衰にすぎない。一体、誰のための歴史なのか。深い『史観』がなければ、皆が騙されてしまう。

我らは、この古い歴史を変え、民衆が主役の新たな勲を創造しているのだ(30)」

「〔プラトンの〝哲人政治の理想〟を通して〕民衆の幸福を勝ち取るためには、政治に確固たる哲学、理念がなければならない！(31)」

この朝の講義は、戸田の健康上の理由で中断されたこともあったが、一九五七（同三十二）年まで続けられている。[32]

華陽会・水滸会・東大法華経研究会

戸田は青年育成の場として、一九五二（昭和二十七）年に、華陽会（女子青年部）と水滸会（男子青年部）を結成した。

華陽会は、十月二十一日の火曜日に第一回の会合が行われ、戸田が「四信五品抄」を講義。[33]その後、毎月のように懇談会が開催された。一期生として参加した湊時子は、次のように記している。

「選ばれた二十名は、市ケ谷ビルのレストランに喜びと緊張に満面紅潮して集まった。『女子部も広く世間を知らなければならない。革命の小説でも読んで、将来の生き方の参考にしたらどうか』――これが発足の因となった先生のおことばである。

最初は第一、第三火曜日で『華の如く美しく、太陽の如く誇り高くあれ』と、火曜日にもたれた会合を、同じ発音の〝華陽会〟と命名されたのである。

華陽会に出席（新宿区信濃町の学会本部第二会長室、1953年11月頃）

小説を通して、革命について、一般社会問題について、また歴史上の人物、時の流れなど、ものの見方、考え方や、はてはミソ汁のつくり方から漬物の話まで、その内容は多方面にわたった。

加えて、春は箱根に油壺（神奈川県三浦半島）に、秋にはまた観劇にと、そのひとときの楽しかったこと。一人一人の身の上を案じられて、勤務先の事情、時間の工面など、ささいなことに至るまでのお心づかい。情愛こまやかな先生であった（趣意）(34)」

毎回の会合では、『二都物語』『アンクル・トムス・ケビン』『トム・ソーヤの冒険』『風霜（ふうそう）』『スカラムーシュ』『坊っちゃん』『小公子』『人形の家』『隊長ブーリバ』『結婚登記』『家宝』『テス』『三国志』『信長』『ポンペイ最後の日』『若草物語』などを教材に、時代背景、作者の意図するもの、作中の人物論、思想や革命の歴史等を通し、広宣流布の未来像や女性の生き方と幸福論などが語り合われた。(35)

湊は、戸田が語ったことを次のように記している。

「小説『三国志』を読んだとき、登場する玄徳、関羽、張飛の三人について『この三人の性格はみんなにだってあてはまる。考えてごらん、自分の性格を考えて、反対の人を用いてゆきなさい』と。また『親友についても、同じ性格の場合はまさつはないが向上もない。相反しているとまさつはあるが向上性がある。とかく人間は自分の性格に似た人しか使えないものだが、それでは大きく開けない』『三国志は将軍学として読んでゆきなさい』などとお教えいただいたのである。

『これからの女性は人形のようであってはならない。夫にたより甘んじて生きてゆくのではなく、独立してやってゆけるものを持ちなさい。それをやってゆくのが学会の女子部なんだよ。お料理とか裁縫とか、あれこれ嫁入り前の修業などといってないで、一つのものを身につけなさい。これからの女性は苦労してりっぱになってゆきなさい』これが女子部員に対する先生のお教えであった[36]」

その後華陽会は、一九五六（同三十一）年五月八日まで続けられている[37]。

一方水滸会は、一九五二（同二十七）年十二月十六日に第一回の会合が開かれた[38]。池田は日記に、次のように記している。

「六時より、水滸会。

集合人員、会長、筆頭理事、指導部長、各部隊長、幹部室、班長代表各五名（各部隊）なり。

『水滸伝』の序文を読み、先生、水滸会の意義、使命、確信を述べられる。此の座に集いし数、三十八名なり[39]」

水滸会でも、指定された小説について各自の発表と議論の中で、折に触れ戸田が寸評と見解を述べて進められた[40]。しかし、半年が過ぎた一九五三（同二十八）年六月十六日、会の雰囲気が惰性に陥っていることに戸田が激怒して、取りやめになった。その後、池田の尽力で会の目的を明確にするとともに改めて人選を行い、七月二十一日に四十三名で再発足。[41] その際、一人一人が戸田の前で、宗教革命に身を捧げることや、絶対に同志を裏切らないことなどを誓った三カ条の宣誓書に署名した。[42] それは、後に〝水滸の誓〟と呼ばれることになる。

教材となったのは、会の名前にもなった『新訳水滸伝』のほか、『モンテ・クリスト伯』『風霜』『風と波と』『九十三年』『ロビンソン・クルーソー』『隊長ブーリバ』『人形の家』『三国志』『新書太閤記』などである。[43] 池田は、次のように記している。

「水滸会や華陽会では、私たちは幸せにも、恩師の読書論を存分にうかがうことができた。といっても、それはたんなる読書会ではない。いずれも当時の青年男女を薫陶するために設けられた会合である。ときには火を吐(は)くような叱声(しっせい)が飛ぶこともあった。むろん青年たちは、いやでも真剣に予習して臨んだものである[44]」

戸田は、読書の仕方も教えている。

「本の読み方にも、いろいろな読み方がある。まず筋書きだけを追って、ただ面白く読もうというのは、もっとも浅い読み方だ。

次に、その本の成立事情や歴史的背景を調べ、当時の社会情勢や登場人物の性格なども見きわめながら、よく思索して読む読み方がある。

そして第三に、作者の人物や境涯、その人の人生観、世界観、宇宙観、さらには思想まで深く読みとる読み方がある。そこまで読まなければ、ほんとうの読み方ではない[45]」

また、水滸会一期生の秋谷栄之助も、次のように記している。

「戸田先生は、青年部に対して、徹底して読書をせよと機会があれば指導された。『勉強は若いときにするものだ。人の一生は二十代できまる。本を読め。十九から二十四歳までに読んだものは一生残る』とも指導された。

また、水滸会での本の内容は、刺身のつまであり、そこから戸田先生の指導は縦横無尽に展開されていった。それは青年達にとっては、未聞の世界であり、人生観から、人の見方までを一変させてしまう程の高い見識と、深い洞察に満ちたものばかりであった。

三国志を例にとってみても、そのことは明らかである。少年時代に、興味本位で読んだ三国志物語とは、全くわけが違っていた。それは、厳しい革命の書であり、歴史の教科書でもあった。三国志そのものについても、次のような話があった。

『孔明も、玄徳も理想論者である。三国志は乱世において、曹操のような現実論者が理想論者に打ち勝ってしまった悲しみがこめられている。小説では、曹操を悪人として扱っているから、皆もそう読んでいるが、好き嫌いは別として、それでは人物の判断を誤ってしまう。乱世の奸雄ではあるが、手腕家であり、現代でいえば財界人だろう。しかし、曹操のような現実主義では滅びる。後に司馬氏にとってかわられる。知性がたりない』

　こうした話をうかがってみると、三国志のきびしい現実を直視するよりも、日本人のもつ判官びいき的な見方でしか読む事が出来なかった浅薄な見方を、一挙に吹き飛ばされ、目のさめる思いであった。

　桃園の義についても、皆で大いに論じ合ったのをじっと聞いておられて、『黄巾賊の跋扈によって、国を憂えて三人が団結したという見方は浅すぎる』と指摘された。三人が義を結んだというのは、お互いに好きだったからだとずばりと言われた。それは、そのまま水滸会員に対する電撃的な指導でもあった。そうだ理屈をつけて結びつくものではない。本当に好きだといえる同志でなければ本物ではないと（趣意）[46]」

　その後水滸会は、戸田のもとで三期まで結成され、一九五六（同三十一）年五月二十二日まで続けられている[47]。

さらに戸田は、一九五三（同二十八）年四月十八日から、市ケ谷ビルの学会分室などで、東京大学に学ぶ法華経研究会の学生たちに、法華経の講義を行うようになった[48]。戸田は、毎回、法華経を読み、次に日蓮の「御義口伝」を通して解説・指導、その後彼らの質問に丁寧に答えた。質問が多くて、なかなか進まず、二年半かかっても法華経二十八品のうち序品と方便品と三番目の譬喩品の一部までしかいかなかったようである[49]。

最初から受講した渡部一郎は、次のように述べている。

「平均月二回ずつ、戸田先生は五、六人の大学生を相手に、ていねいに教えをすすめられました。いま考えてみると、ほんとうに、もったいない会合だったと思うばかりです。先生は学生たちとの集まりを、ほんとうに悠悠として楽しんでいらっしゃったようです。ふだん学校で『疑う』『たしかめる』ということを中心に教育されている学生たちですから、その質問も、いま考えると冷汗ものです。『なぜ功徳があるのですか』ぐらいはいいとして、『功徳の限界について』とか、『功徳と心理的錯覚は同じか、ちがうか』だの、ずいぶん乱暴な質問もありました。先生はその一つ一つに、刻明に返答されたのです[50]」

同じく最初から受講した篠原誠は、「最初は、東大生だけだったわけですけれども、昭和三十年になりますと、他の大学生からの強い要望もあって拡大され、大勢が入って参りました。最後は、『東大法華経研究会』ではなく、創価学会の『法華経研究会』となっていき、その大学生を基盤として、昭和三十二年六月、創価学会学生部の結成となるのです[51]」と語っている。

恩師の『価値論』の補訂版を出版

戸田の心の中には、常に恩師牧口常三郎のことがあった。一九五二（昭和二十七）年十一月十八日、牧口の九回忌法要（池袋・常在寺）において、彼は次のように宣言した。「来年迄に価値論を検討し切って先生滅後十年を期して世界の各大学へこの価値論を送る」

戸田は、前々から、どのように牧口の思想を世に出すべきか考えていた。[52]彼は、校訂増補を行った上で、一九五三（同二十八）年十一月十八日、牧口の十回忌に、牧口常三郎著・遺弟戸田城聖補訂の『価値論』として創価学会から出版した。[53]

その序で、戸田は述べている。

「〔牧口〕先生の御一生を通じて特に先生の偉大な御功績の思想的な背景となったものは、実に此の価値論である。（中略）

先生は広くこれ〔価値論〕を世に問うために、創価教育学体系の出版に着手されたのであったが、当時の哲学界は全く西洋流の哲学に押されていた。しかもこのようにドイツ哲学に傾倒している世界の哲学界が、先生の学説を理解するためには先生の没後三十年はかかるであろうと申し上げたことがあった。これを聞かれた先生は多少御不満のようであったが、事実はその通りになろうとしている。

今ここに先生の十周忌を期して、先生の価値論を校訂増補し、世界の学界に問わんとするものである。但し先生の御出発は教育学にあり、価値論の著述に当られた当時もこの面に重点があった。然し晩年には生活指導法の原理として価値論をお説きになっている。今余はこれを承継して世に問うものである」[54]（傍線引用者）

『価値論』の補訂版には、戸田の熱い思いがあった。池田は、発刊された折に号泣している彼の姿を目撃している。[55]

戸田は、十一月十七日の十回忌法要（学会本部）で語った。

「私は弟子としてこの先生の遺された大哲学を世界に認めさせる。（中略）利善美の価値体系を世界的哲学として認めさせるまで、俺の代に出来なければ君等がやってくれんか、頼む[56]」

『価値論』の補訂版は、二カ月後の一九五四（同二十九）年一月に、英文の小冊子[57]を添えて、約五十カ国四百二十二の大学・研究所・学会等へ送られた[58]。アメリカのカトリック大学大学院在学中に指導教授から同書を読んで報告するように言われた九州大学名誉教授の稲垣良典は、「その真の独創性と学問的意義は価値概念ないし分類に関して新しい見解をうちだしたことにではなく、むしろその根底にある生命哲学に存するのではないか、と思われてならない[59]」と述べている。

武蔵野の大地に〝創価教育の城〟を

もう一つ、戸田がぜひとも成し遂げなければならぬと思っていたことは、牧口から託された創価教育の学校の設立である。池田は、次のようなことがあったと明かしている。

「恩師と東京・氷川を訪れた道すがらのことであったと記憶する。残暑のなかにも、かすかに秋の気配を漂わせはじめた武蔵野の自然が、若き日に愛読した国木田独歩の『武蔵野』の詩情を思い起こさせる夕暮れであった。

茜色に染まった道で、恩師は学会の将来構想、青年の育成方法などを縦横に語られながら、私にポツリと言われた。『いつか、この方面に創価教育の城をつくりたいな』

高く澄みわたった夕空に、恩師の瞳は、英知を磨く学生たちの姿を、追っておられるかのようであった――[60]」

戸田が東京都下の西多摩郡氷川町（現在の同郡奥多摩町氷川）を訪れたのは、一九五四（昭和二十九）年九月四日・五日の第一回水滸会野外訓練の折である。四日午後三時、水滸会員六十八人が新宿区信濃町からバス二台に分乗、八王子の市街を経由して、拝島、青梅、御嶽、鳩ノ巣を通り、夕闇迫る午後六時に宿泊地の氷川キャンプ場に到着。夕食後、キャンプファイアを囲んで車座になり質問会を行った[61]。

参加者の一人鈴木一弘は、「キャンプの火を囲みながら茄子を焼いて、これからの日本の将来や、人生論を、みんなで先生と懇談した様子がアリアリと目に残っております[62]」とつづっている。

翌日は、午前五時起床。河原で相撲大会。その後、広場で騎馬戦とドッジボール。戸田は、楽しそうに見守っていた。そして、勝者にスイカなどを渡して、氷川での一切の行事を終えた後、池田とのひとときを過ごしている。

「予定の行事にも一区切りついた二日目の昼ごろ、青梅線の氷川〔現在の奥多摩〕駅の近くまでご一緒した。二人だけである。野外研修では終始、快活に振る舞っておられ、周囲にも健康を疑う者とていなかったが、実際には、かなりお疲れのごようすであった。バス停のあたりまでいくと、目の前の民家の玄関先にベンチがあった。先生に少し休んでいただくため、民家の方にごあいさつして、並んで腰を下ろした。愛用の扇子を手にされた先生は、白の開襟シャツ姿の私に、眼鏡の奥の目を細めて語りかけた。話はいつも未来にあったが、そういえば『大学をつくろう』との話を、戸田先生は、この氷川の地でもされている（趣意）(63)」

それから水滸会一同は、建設中の小河内ダム(64)を見学。展望台から壮大な工事を見ながら、戸田は次のように語ったという。

「工事も大規模なたいした工事だが、このような山の中に、大ダムを構想し、それを立

氷川キャンプ場において騎馬戦を観戦（1954年9月5日）

案した人間のほうが、はるかに偉いといわなければならん。人並みはずれた大胆にして周到な人がやったにちがいない。私は、そのような人に会いたくなってきた。青年たるもの、気宇壮大で、しかも細心でなければ、将来の大事業はできるものではないということを、よく覚えておきたまえ」(65)

一行は、午後三時頃出発。途中鳩ノ巣で滝を見学し、その後帰路についている(66)。

池田が〝創価大学〟設立の構想を発表したのは、この野外訓練から十年後の、第七回学生部総会（一九六四年六月三十日、台東体育館）においてであった(67)。

注

（1）本書下巻の92～93頁参照。

（2）『池田全集・第百三十巻』、二六二頁参照。池田は、「講義は、午前も午後も続き、よく夕飯をいただいて、晴れ晴れと帰ってきた」（同頁）と記している。その後、一九五〇年十一月には、毎週日曜日に池田ら七人に対して御書講義を行うようになった（本書下巻の125頁参照）。

（3）一九六〇年代後半に池田への取材を何度も行ったジャーナリストの草柳大蔵は、戸田による個人教授の教材だと聞いた上で閲覧した二十冊の書名を挙げている。このことについては、草柳大蔵『実力者の条件』（文藝春秋、一九七〇年）の二二四～二二五頁、および、『聖教新聞』二〇〇六年六月三十日付三面を参照。そのうち、次の六冊は、五〇年一月から五二年五月までの日曜日や始業前の講義に使われたのではないかと思われる。

尾高朝雄『法学概論』、国家学会編『新憲法の研究』、林信雄『日本労働法』、太田哲三『会計学』、高田保馬（やすま）『社会学概論』、一柳（ひとつやなぎ）寿一『地学概論』

そのほかに、同時期に使われたと思われるのは、和田小次郎『法学原論』（啓文館、一九四八年）。創価大学中央図書館池田文庫所蔵の同書には、「六月二十三日」と「七月七日」に学んだことを示す書き込みがあり、それは一九五一年のことではないかと考えられる。

（4）『池田全集・第五十七巻』、二九六頁。そのほか、『池田全集・第六十巻』の三〇二頁、および、前出の草柳大蔵『実力者の条件』の二二四〜二二五頁を参照。

池田は、「私は、若き日、十年近くにわたって、毎朝のように、戸田先生の個人教授を受けました」（『池田全集・第九十巻』、二三六頁）と述べている。彼は、一九四九年一月に戸田が経営する日本正学館へ入社。その後、保証責任東京建設信用購買利用組合および東京建設信用組合・大蔵商事を経て、戸田が逝去（せいきょ）する前月（五八年三月）に創価学会本部の職員になった（『池田全集・第百巻』、四一一頁参照）。

（5）『池田全集・第百三十巻』、二四八頁。池田は、次のようにも記している。

「私は毎朝のように、『戸田大学』で勉強した。講義が一段落して、先生が、こう言われることがあった。

『今度はお前が私に教えろ。若いんだから、いろいろ吸収して、それを私に教えてくれ』」（『池田全集・第九十六巻』、三八〇頁）

（6）池田は、「『戸田大学』という名前は、先生ご自身が付けられた」（『聖教新聞』二〇〇九年十一月三日付二面の池田のスピーチ）と述べている。彼は、戸田大学について次のように記している。

「かつて、戸田先生は、私にこう言われた。『お前を大学へ行かせてやりたい。行かなければ、社会で大きなハンディを背負うことになるやもしれぬ。しかし〝人間の大学〟へ行けばよい。〝信心の大学〟、この〝戸田の大学〟へ行けばよい。人間としての最高の力をつける全人格的大学と思って』と」(『池田全集・第六十九巻』、四七二頁)

「ルソーは、『ほんとうの教育とは、教訓をあたえることではなく、訓練させることにある』と結論した。意味の深い、大切な言葉である。

私は戸田先生から、〝訓練〟を受けきった。一番の代表として、朝から晩まで先生の側にお仕えした。それはそれは厳しい〝訓練〟であり、教育であった。

先生は『戸田大学』と言われていた。二人きりの大学であった。その薫陶を受けたことが、私の青春の誉れであり、幸福である」(『池田全集・第八十七巻』、四〇六頁)

さらに、アメリカ合衆国・コロンビア大学ティーチャーズ・カレッジにおける講演(一九九六年六月)では、「今の私の九八パーセントは、すべて、恩師より学んだものであります」(『池田全集・第百一巻』、四二八頁)と語っている。

さらに池田は、一九六九年に次のように記している。

「私の人生に、戸田城聖先生という恩師がなかったとしたら、今日の私は、無に等しい存在であったにちがいない。――この事実に、明確に気づいたのは、ずいぶん後のことになる。先生の生前には、私は、ただ、無我夢中で奮闘して過ごしてきた。そして、先生の逝去(せいきょ)にあって以来十年、恩師の遺業の建設に渾身(こんしん)の努力を傾けてきたつもりだ。今、これまでの二十年を振り返り、今日までに成就したところのものを、ふとわれに還(かえ)って眺(なが)めると、そのことごとくは、恩師が生前に、折にふれて私たちの未来のために語ったことが、そのまま実現しているのである」(『池田全集・第十八巻』、八八頁)

(7)池田は、「(入会した一九四七年)八月二十四日は、まさしく『戸田大学』への入学の日であった。真実の人生のすべては、『師弟』から始まるのである」(『池田全集・第百三十三巻』、一二五頁)と述べている。

(8)『池田全集・第百三十四巻』、一三五頁。池田は、「師のもとで、私が教学を学び始めた時、まず『御義口伝(おんぎくでん)』から入ったのである」(『池田全集・第百三十二巻』、二七八頁)と述べている。池田の日記によれば、一九五〇年春頃から五一年三月頃にかけて、戸田から「御義口伝」の講義を受けている(『池田全集・第三十六巻』、五八・一二五・一三一・一四六頁参照)。「御義口伝」は、日蓮が身延(現在の山梨県南巨摩郡身延町)で行った法華経要文の講義を弟子の日興が筆録したものと伝えられている(創価学会教学部編『教学用語集』、聖教新聞社、二〇一七年、四〇頁参照)。

(9) 座談会「池田会長に聞く学会伝統の〝実践の教学〟①」（『聖教新聞』一九六二年十月十八日）の四面参照。池田は、「厳格な先生は、大聖人の最も厳格そのものの御聖訓を通して教育してくださった」（『池田全集・第百三十六巻』、三五二頁）と記している。

戸田の池田に対する朝の御書講義は、一九五〇年には始まっている。当時の『聖教新聞』には、「〔池田が〕数年間戸田先生に忠実に御仕（おつか）えし朝から夜迄（まで）縦横（じゅうおう）に全東京を駆けている姿は実にたくましい、苦難の〔昭和〕二十五年も先生の陰の一人として戦い抜いて来た、この多忙の中に朝十分（ママ）程の五大部の受講はすでに中ばを過ぎんとしている」（『聖教新聞』一九五二年三月十日付二面）と書かれている。五大部は、日蓮の遺文で特に重要な「立正安国論」「開目抄」「如来滅後五五百歳始観心本尊抄」「撰時抄」「報恩抄」のこと。

(10)『池田全集・第百三十一巻』、二二五頁。

(11) 池田は、「先生にお供して移動する際も、飛行機の中でも、車の中でも、あらゆるところが『戸田大学』の校舎となった」（『聖教新聞』二〇〇六年八月二十六日付三面）と述べている。水滸会の教材（本節の226頁参照）以外で、二人の間で話題になった作品としては、次のものが挙げられる。

『永遠の都』、『エミール』、『スカラムーシュ』、『ドイツ・冬物語』、『レ・ミゼラブル』、『神曲』、

『幸福論』、『十八史略』、『史記』、『論語』、『孟子』、『春秋左氏伝』、吉川英治『新・平家物語』、吉川英治『黒田如水』のほか、エマーソン、シラー、ショーペンハウアー、ソクラテス、ツバイク、ディケンズ、トルストイ、ヒルティ、ペスタロッチ、モンテスキュー、ルソー、孫子、杜甫、山本周五郎、などの作品。アインシュタイン、グルントヴィ、コル、タゴール、ダ・ビンチ、ナポレオン、ネルー、ベルジャーエフ、ホイットマン、カーライル、ゲーテ、ディズレーリ、プラトン、ベルグソン、ユゴー、ペトラルカ、アンデルセン、周恩来、屈原、諸葛孔明、孫文、最澄（伝教大師）、魯迅、世宗（セジョン）大王、織田信長、滝沢馬琴、田中正造、北里柴三郎、高山樗牛（ちょぎゅう）、吉田松陰、高杉晋作の人物についてなど。

なお、日曜日に行われていた講義は、戸田が多忙になったため、一九五一年春には終了した（本書下巻の140〜141頁注（9）、『池田全集・第百三十四巻』の一四〇頁、および、受講者の一人である山浦千鶴子から二〇一九年十一月二十七日に行った聞き取りによる）。一方、朝の講義は、大蔵商事に入社した青年たちが加わり継続された。

（12）池田大作『指導集―質問に答えて―』（聖教新聞社、一九六七年）、一七三頁参照。

（13）本文の前段も含め、『池田全集・第百三十八巻』、四一四〜四一五頁を参照。『エミール』はルソーの著作で、近代教育思想を代表する名著。

(14)『池田全集・第五十七巻』、五八頁。

(15)『池田全集・第百三十四巻』、一五二頁。

(16)同前。

(17)『池田全集・第百一巻』、四二七頁。

(18)大蔵商事の元社員がまとめた記録、および、『池田全集・第百三十巻』の二六二頁を参照。『帝国銀行会社要録』(帝国興信所)には、大蔵商事の従業員数が、第三十四版(一九五三年)では五人、第三十五版(一九五四年)では十人となっている。

(19)『池田全集・第百三十巻』、二六二〜二六三頁参照。

(20)池田大作「戸田会長の指導① 昭和二十六年前後の雑記帳より」(『第三文明』第四十八号、第三文明刊行会、一九六五年二月)、一七頁参照。大蔵商事の元社員がまとめた記録「戸田先生早朝講義メモ帳Ｉ」によれば、戸田は「高等普通学を教えよう」と語ったとのことである。

(21)前出、池田大作「戸田会長の指導①」、一七頁。

(22)吉田顕之助は、一九四〇年九月、家族とともに創価教育学会に入会。五二年一月に池田の推薦で大蔵商事に入社した。

吉田は、手記の中で、「〔朝の講義は〕もともと、池田先生お一人のための個人教授であります。私は幸運にも社員であったために加えていただいたものなのです」と述べている。

（23）朝の講義の主な教材とそれぞれの開始日は、以下の通り（創価大学中央図書館池田文庫所蔵図書、創価学会所蔵の大蔵商事元社員旧蔵図書、大蔵商事の元社員がまとめた記録、などを参照）。

一九五二年五月八日　波多野鼎（はたのかなえ）『経済学入門』（日本評論社、一九五〇年）

十二月二十日　林信雄『法学概論』[*1]（評論社、一九五二年）

一九五三年四月[*2]　F・S・テーラー（白井俊明・桑木來吉共訳）『化学』（新科学大系・第五巻、河出書房、一九五三年）

九月二日　F・S・テーラー（白井俊明・桑木來吉共訳）『地球と天体』（新科学大系・第六巻、河出書房、一九五三年）

十月二十日　F・S・テーラー（白井俊明・桑木來吉共訳）『生命』（新科学大系・第七巻、河出書房、一九五三年）

一九五四年一月十一日　小沢栄一他編『資料日本史』[*3]（清水書院、一九五二年）

五月二十八日　矢田俊隆『世界史』[*4]（有精堂、一九五四年）

十一月五日　中西清他編『改訂高等漢文』巻二（大修館書店、一九五三年）

一九五五年六月一日　鈴木安蔵『政治学』[*5]（青林書院、一九五五年）

十一月十四日　「依義判文抄第三」[*6]

＊1　和田小次郎『法学原論』（啓文館、一九四八年）も、あわせて使用したのではないかと思われる。

＊2　大蔵商事の元社員がまとめた記録では、一九五三年四月七日とされているが、この日戸田は、大石寺で行われていた重宝御虫払法要に出席しているので、「四月」とした（『聖教新聞』同年四月二十日付一面参照）。

＊3　池田文庫所蔵の同書への書き込みによれば、同書の講義は、一九五四年一月十一日に始まり、同年五月二十六日に終了している。

＊4　池田文庫所蔵の同書への書き込みによれば、同書の講義は、一九五四年十月十九日に終了している。

＊5　池田文庫所蔵の同書への書き込みによれば、同書の講義は、一九五五年十月二十六日に終了している。

＊6　『池田全集・第三十六巻』（『若き日の日記』）の七一四〜七一五頁参照。

(24) 大蔵商事の元社員がまとめた「戸田先生の早朝講義教材一覧」によれば、朝の講義で戸田から学んだ「六巻抄」は、「依義判文抄第三」。「依義判文抄」は、四級講義の教材であった（本書下巻の184

～185頁注（5）、および、『聖教新聞』一九五四年七月十八日付四面を参照）。

（25）『池田全集・第百三十巻』、二七一頁参照。

（26）同前、二七〇頁参照。

（27）『池田全集・第百三十三巻』、三四三頁参照。

（28）「一念三千」は、「一念」すなわち瞬間の生命に、「三千」すなわち仏の境涯をはじめとする全宇宙のあらゆる現象・働きが具わるという哲理（前出、『教学用語集』、一四頁参照）。

（29）『池田全集・第八十八巻』、三六八～三六九頁参照。人工衛星の打ち上げは、一九五七年十月に旧ソ連が、翌五八年一月にアメリカが成功した。

（30）『池田全集・第百三十四巻』、一五三頁参照。

（31）『池田全集・第九十巻』、二三六～二三七頁参照。

（32）大蔵商事の元社員がまとめた記録、「全国最高協議会での名誉会長のスピーチ②」（『聖教新聞』二〇〇七年八月九日三面）、池田大作『希望の経典「御書」に学ぶ』1（聖教新聞社、二〇一一年）の三五頁、『池田全集・第三十七巻』の一九七頁、『池田全集・第百十七巻』の三七頁、などを参照。

（33）山浦千鶴子の手記、および、創価学会女子部編『女子部のあゆみ』（女子部のあゆみ刊行委員会、一九七〇年）の一二～一三頁を参照。

（34）湊〔多田〕時子「華陽会と戸田先生」（『聖教新聞』一九六〇年一月一日付第二元旦号二面）参照。湊については、『池田全集・第百巻』の一九〇～一九九頁を参照。第一回の華陽会は、市ケ谷ビル二階の「市ケ谷レストラン」で行われた。

また、華陽会は、一九五三年八月二十二日・二十三日に柏原ヤスを中心に東京都西多摩郡氷川町で野外研修、五五年六月十九日（日）に戸田とともに一行八十人がバス二台に分乗して神奈川県三浦半島の油壺・城ケ島に日帰り旅行、五六年四月十五日に戸田とともに神奈川県足柄下郡箱根町にある芦ノ湖一周の日帰りバス旅行を行っている。これらについては、『聖教新聞』一九五三年八月三十日付二面・一九五五年六月二十六日付四面、「輝ける未来をめざして―華陽会における先生の教え―」（『前進』第六十三号、前進委員会、一九六五年八月）の八五頁、座談会「輝ける女性像―華陽会の歴史と伝統―」（『前進』第七十四号、一九六六年七月）の六四～六七頁、「華陽会旅のしおり〝はこねじ〟」（一九五八年）、一九五六年の戸田の手帳、秋谷栄之助からの聞き取り、などによる。

秋谷明子は、「世界の指導者に竹取物語を」の中で、「〔華陽会員となった〕ほとんどの女子部員が入信の日も浅く信心歴二年といえば古いほうであったように記憶している」（前出、『前進』第六十三号、八八頁）と書いている。

（35）華陽会の教材については、「華陽会集録」（一九五九年作成）、『聖教新聞』一九五五年六月十九日付四面、『池田全集・第二十三巻』の一七五・一八五～一八六頁、などを参照。『風霜』は、後に『高杉晋作』と改題され、『尾崎士郎全集』第八巻（講談社版）に収録された。『結婚登記』と『家宝』は、現代中国の作家である趙樹理の小説。

なお、一九五三年十一月頃に華陽会員となった渡部通子（みちこ）は、前出の座談会「輝ける女性像 華陽会の歴史と伝統」の中で、「一番苦労をしたのは、本が（新刊で）出版されていないものですから、一冊か二冊の本を回し読みしなくてはならなくて、一人の割り当てが一晩ぐらいだったことです」（六六頁参照）と語っている。

（36）前出、湊時子「華陽会と戸田先生」。山浦千鶴子によれば、戸田は、次のような話をしていたという。

「・『永遠の都』を読み、情熱あふれ、敢然と社会変革にいどむロッシィの姿に感動し、皆がロッシィのファンとなった様子をごらんになった先生は、『貴女方（あなたがた）の見るべきものはロッシィではない。それを助けて優しく強くロッシィを支えた女性、ローマこそ貴女方の手本です』と。

・牧口先生のことを話される時、特に牢獄でのことは、目がギラッと光り、憤激のあまり、身をよじるようにして、大きなお声で話された。『必ず仇を討つ』とおっしゃっていた。

・（著者の思想、登場人物の人格等）皆は本に出てくる人物とだけ思っているだろうが、それではいけない。皆の生命の中にも、この人々の生命と同じものがあるのだ。どの自分を顕わして生きるかだね。

・日頃の食事は貧しく粗末でも、たまにはお金を貯めて、一流のレストランに行って、美味(おい)しいものを食べるのも大事。人間性が豊かになる。

・よく本を読む時間がないという人がいるが時間は作るものだ。暇(ひま)が無いのではなく、心に余裕が無いということだ。」（手記「華陽会資料」より抜粋）

（37）前出の湊時子「華陽会と戸田先生」を参照。あわせて、『聖教新聞』一九五六年四月二十九日付二面・七月一日付二面も参照。

（38）水滸会の名称は、最初の教材〝水滸伝〟に由来する（『池田全集・第八十七巻』、二九九頁参照）。

（39）『池田全集・第三十六巻』、二九七頁。

（40）『池田全集・第二十三巻』、一六一頁参照。

(41) 山本伸一〔池田大作〕「随筆 我らの勝利の大道109 わが弟子の胸に誓いあり」（『聖教新聞』二〇一三年七月十三日付二〜三面）、および、『池田全集・第三十六巻』の三四六〜三四七頁を参照。

(42) 秋谷城永〔栄之助〕「戸田先生と青年部」（『大白蓮華』第百五十三号、創価学会、一九六四年二月）、三〇頁参照。この中で秋谷は、水滸会の宣誓書の起草者は池田であったと記している。

(43) 水滸会の教材については、『池田全集・第二十三巻』の一一六・四二〇頁、篠原誠「死身弘法の大精神で」（『前進』第六十三号、前進委員会、一九六五年八月）の七八頁、そのほか秋谷栄之助からの聞き取り、などによる。『新訳水滸伝』は、佐藤春夫訳の中央公論社版（『聖教新聞』一九五八年三月十四日付四面の森田一哉「男子部の歩み」を参照）。また、『風と波と』は、明治期に『二六新報』を創刊した秋山定輔を描いた村松梢風の作品。

水滸会の教材の選び方について、池田は次のように記している。

「世界的な小説を読んでいきたまえ。——恩師の戸田城聖先生が、いつも青年に教えられていた読書の基本である。

水滸会の教材は、この恩師の精神にそい、慎重にえらばれた。師もまた厳格であった。会員の企画した案が、師の構想に適わない場合もある。そんなとき、戸田先生は容赦なく『レベルが低い。主人公も二流、三流の人物だ。一流のものを学ばなければならない』と言下に叱咤（しった）された」（『池田全集・第二十三巻』、一五四頁）

（44）『池田全集・第二十三巻』、一一五頁。

（45）同前、一一六頁。水滸会で戸田は、次のような話もしていたという。

「青年は豊かに、しかも心は広く、朝起きたときには太陽とともに語りあえるくらいに生命力あふれていなければならない」

「偉大なる感情には偉大なる理性が宿る。理性と感情とは相反するものと思われているが、相伴なうものである。国家人類を救おうという大きな感情は、大きな理性をうむ。日蓮大聖人の御心はもっとも偉大なる感情であり、もっとも偉大なる理性である」

「新聞をみても大きな見出しにのみとらわれず、小さな見出しから社会の動きをみよ、経済界の動きは広告でわかるものだ」（以上三つの引用は、いずれも『聖教新聞』一九六〇年一月一日付第二元旦号二面を参照）

「世界の広宣流布のためには、語学の勝利が前提である。語学の達人が何人いても、足りないことになるだろう」（『池田全集・第百二十七巻』、二三五頁参照）

（46）秋谷栄之助「水滸会の薫陶」（『創価学会と私―昭和48年1月度本部幹部会参加者記念文集―』第一巻、広布史刊行委員会、一九七四年）、七頁参照。

（47）秋谷栄之助からの聞き取り、および、『聖教新聞』一九五六年四月二十九日付二面を参照。

（48）篠原誠「研究会建設の歩み」（『法華経研究会と私 東大法華経研究会誌第1号』、一九七三年）、五～九頁参照。戸田の学生に対する法華経の講義は、一九五三年四月十八日から五五年九月二十七日まで二十六回行われた（同、七頁参照）。

（49）篠原誠が作成したメモ「法華経及び御義口伝の御講義」、および、篠原誠『人生観と仏法』（第三文明社、一九七八年）の八一頁を参照。

（50）渡部城克（一郎）「勃興期の学生部」（『大白蓮華』第九十九号、創価学会、一九五九年八月）、三三頁。

（51）篠原誠「戸田城聖と学生―東大法華経研究会50周年記念―」（『創価教育研究』第二号、創価大学創価教育研究センター、二〇〇三年）、一八四頁。また、最初から受講した森田康夫は、「人類の幸福をめざして」の中で、「〔昭和〕三十年に入ってから、今まで東大生だけに限られていた法華研が、（中略）学会内の教学部員である学生部員に巾が拡げられた。それでも同年九月、終了間近の名簿によると、わずか四十四名に過ぎない。これが、後の学生部発足の母体となったのである」（前出、『法華経研究会と私』、一七頁）と述べている。

（52）戸田は、一九五三年六月二十三日の教育者懇親会において、次のように述べている。
「なぜ本日諸君に集って貰ったか、それは牧口先生が若い時からあの老年に至る迄身命を打込んでなされ命がけでなされた価値論を今迄口にしなかった。当時の人々にはわからないので十年間伏せておいたのである。（中略）教育学説も社会学説も根本は価値論である、私の教授法が牧口先生より劣るかも知れぬが、皆さんの中でこれに共鳴する人はこれを以て生徒を教育して貰い、後世までも先生の学説を残して頂きたい。（中略）私が教育界を去って二十数年になるが、私の知れる限り貴方がたと共に研究したい、この価値論は必ず世界的に広まるものと確信している」（『聖教新聞』一九五三年七月一日付臨時増刊一面参照）

教育者懇親会は、『価値論』補訂版出版五カ月前の一九五三年六月二十三日に発足。同年九月には、「教育者クラブ」と改称されている（『聖教新聞』同年七月一日付臨時増刊一面・十月四日付一面参照）。その後も、戸田の出席を前提に開催されている。

（53）この段落と前の段落については、『聖教新聞』一九五二年十二月一日付一面を参照。ここでいう「価値論」は、一九三一年三月に出版された『創価教育学体系』第二巻のこと。

（54）牧口常三郎著・遺弟戸田城聖補訂『価値論』（創価学会、一九五三年）、「補訂再版の序」の一〜二

頁。補訂版の内容を象徴しているのは、「要するに人格価値の創造は、利と美と善の価値を創造する生命力の養成にある」（二七四頁、傍線引用者）という文言である。あわせて、『聖教新聞』一九五四年八月一日付二面の質問会を参照。

ちなみに、『体系・第二巻』と補訂された『価値論』の比較については、岩木勇作「価値論形成史の試み―牧口常三郎と戸田城聖―」（『創大教育研究』第二十六号、創価大学教育学会、二〇一六年）の一四五〜一六〇頁を参照していただきたい。

（55）『池田全集・第百三十七巻』、二九四頁参照。あわせて、牧口初代会長十二回忌法要での追憶談（『聖教新聞』一九五五年十一月二十七日付二面）を参照。

（56）『聖教新聞』一九五三年十一月二十二日付一面参照。戸田は、「牧口先生こそ世界の大哲学者として、歴史の上に残る人である」と語っている（『聖教新聞』一九五五年四月三日付二面参照）。

（57）英文の小冊子 *The Theory of Value* は、牧口の紹介五頁と補訂版『価値論』の要旨二十三頁で構成されている。なお、一九六四年には聖教新聞社から戸田城聖が補訂した『価値論』の英訳版、八九年には中国人民大学出版社から中国語（簡体字）版が出版されている（本節の「その他の参考文献」を参照）。

（58）『聖教新聞』一九五四年一月三十一日付二面・七月四日付四面参照。二〇二〇年九月二十五日

に行った原田稔（創価学会第六代会長）からの聞き取りによれば、『価値論』を世界の大学等に送る準備は、青年部参謀室長の池田が中心になって進められたとのことである。たとえば、イギリスでは、オックスフォード大学ボドリーアン図書館やグラスゴー大学図書館での所蔵が確認されている。

（59）稲垣良典「『価値論』と生命哲学」（『牧口全集』の「月報8」、第三文明社、一九八七年四月）、一〜二頁。稲垣は、一九二八年生まれ。日本における中世スコラ哲学研究の第一人者。

（60）『池田全集・第百二十六巻』、三二一〜三二三頁。戸田が、学校設立の場所について示唆したのはこの時が初めてであった。なお、彼が池田に学校設立について最初に語ったのは、一九五〇年十一月十六日の日本大学工学部食堂においてである（本書下巻の102〜104頁参照）。池田は、「その後、恩師の言葉を幾度となく反芻しつつ、なるほど学生がぞんぶんに学問に打ち込むことができ、しかも豊かな情操を養ううえで、これほどふさわしい場所もあるまい、と思いいたった」（『池田全集・第百二十六巻』、三三一頁）と述べている。

（61）第一回水滸会野外訓練の行程については、秋谷栄之助からの聞き取りなどによる。八王子は、東京都下で最も大きな市。一行は甲州街道を通って八王子の市街地に入り、その後滝山街道・拝島町（現在の昭島市西部）経由で青梅方面へ向かったと思われる（当時、拝島橋と多摩大橋は開通していない）。このことについては、『毎日新聞』毎日新聞社（東京）版一九五五年三月十二日付朝刊八面の都下版・一九六六年十二月七日付朝刊十六面の東京版多摩を参照。

（62）鈴木一弘「御慈悲あふれる御言葉の数々」（『大白蓮華』第八十八号、創価学会、一九五八年九月）、四四頁。

（63）『池田全集・第百二十六巻』、四五二頁参照。

（64）小河内ダムは、東京の水不足を抜本的に解消するため、一九三八年十一月に起工式が行われ、戦争で一時工事は中断したが、四八年九月に再開。五七年十一月に竣工した。完成まで長い年月を要した同ダムは、東京の主要な水源の一つとして、現在も重要な役割を担っている（『小河内ダム竣工50年の歩み』、東京都水道局、二〇〇七年、三〇頁参照）。

（65）『池田全集・第七十五巻』、四〇一頁参照。

（66）帰路の行程で、鳩ノ巣以降は不明。ただし、当時、青梅・新宿間には青梅街道を通る都バスが運行されていた。帰路はその道をたどったのではないかと考えられる。

（67）池田は、〝創価大学〟設立構想を発表した第七回学生部総会の講演の中で、「世界の平和に寄与すべき大人材をつくりあげたい」（『聖教新聞』一九六四年七月二日付一面）と発言。その後池田は、第三十二回本部総会において、創価大学の基本理念として、「人間教育の最高学府たれ」「新しき大文化建設の揺籃たれ」「人類の平和を守るフォートレス（要塞）たれ」という三つのモットーを発表した（同紙一九六九年五月五日付四面参照）。

八王子市丹木町に創価大学が開設されることになったのは、一九五九年三月に「首都圏の既成市街地における工業等の制限に関する法律」が公布され、二十三区内に大学の新設が認められなくなったこと、および、六二年五月に中央自動車道東京富士吉田線が八王子を通るルートに決定し、八王子のインターチェンジが国道十六号に接続する場所に設けられるようになったこと（『中央高速道路工事誌』、日本道路公団、一九七〇年、一六～三一頁参照）も関係していると考えられる。

池田は、前出のコロンビア大学における講演（一九九六年六月）において、『創価教育』、すなわち価値創造を掲げた一貫教育のシステムは、私が受けてきた、このような〔戸田からの〕人間教育を、未来の世代にも贈りたいとの願いを込めて創立したものであります」（『池田全集・第百一巻』、四二八頁）と述べている。

その他の参考文献

Tsunesaburo Makiguchi, *Philosophy of Value*: Translated by Translation Division Overseas Bureau, Seikyo Press, Tokyo, 1964.

牧口常三郎（马俊峰・江畅訳）『价值论译丛 价值哲学』（中国人民大学出版社、一九八九年）

「ＳＧＩ会長と共に12 新時代を創る」（『聖教新聞』二〇一六年四月八日付二面）

佐藤信之『都バスの90年史』（グランプリ出版、二〇〇七年）

池田大作「戸田会長の指導 昭和二十六年前後の雑記帳より」①〜⑥（『第三文明』第四十八〜五十三号、第三文明刊行会、一九六五年二〜七月）

「その名もゆかし『華陽会』女子幹部が戸田先生を囲んで」（『聖教新聞』一九五四年一月一日付四面）

渋谷久江「華陽会の今昔 懐しい会食の想い出」（『聖教新聞』一九五五年七月十日付四面）

『民衆こそ王者―池田大作とその時代― 第百十一回』（『潮』第七百三十三号、潮出版社、二〇二〇年三月）

森田一哉「一眼の亀の浮木にあう福運」（『大白蓮華』第八十六号、創価学会、一九五八年七月）

渡辺城克「法華経研究会について（如是我聞）―法華経及び御義口伝の講義をうけて」（『大白蓮華』第四十九号、創価学会、一九五五年六月）

戸田城聖が広宣流布のために不可欠であると考えていたのは、異体同心の組織であった。池田大作は、その構想を実現する先駆けとなっていく。

3 〝人間共和〟の組織

庶民の味方となって

一九五一（昭和二十六）年五月、戸田が第二代会長に就任してから創価学会の会員は急速に増加した。その原動力となったのは、何よりも民衆救済にかける彼の強き一念であった。戸田は、次のように語っている。

「〔日蓮〕大聖人の仏法は、不幸な人びとのためにこそ、あるのだよ……。逆境にある人が幸せになる宗教なのだ。不幸な人ほど、それを乗り越えたとき、すごい力が出るのだよ。その人こそが、本当に不幸な人びとの味方になれるのだよ……（趣意）[1]」

戸田は、会員に日蓮仏法を直接語ることにかなりの時間を割いていた。毎週水曜日には初信者対象の一級講義（法華経の方便品・寿量品）、金曜日には一般講義（御書など）を行い[2]、一人一人の信仰を磨き上げることに力を注いだのである。

池田は次のようにつづっている。

「戸田先生は権力にも権威にもこびず、貧しい人の、苦労している民衆の味方でした。庶民の足下の問題を、膝をまじえつつ語り合う時、路地から路地へと一軒一軒、訪ねている時が、最もうれしそうでした[3]」

会長就任から十カ月。一九五二（同二十七）年二月に、蒲田支部が二百一世帯の折伏を達成。この〝二月闘争〟が発火点となり、会員拡大の活動が本格的に展開されるようになった[4]。その中で、当然のことながら、勢いのある支部とそうでない支部との違いが生まれてきた。

同年十二月に文京支部の支部長になった田中つぎは、大要次のようにつづっている。

「〔一九五三年〕二月の幹部会で、戸田先生が『今日は、おれに文句のあるもの、苦言、意見、何でもいいえ』といわれたので、私は意を決して『先生は私が支部長になるとき、おれが応援するからしっかりやれといわれましたが、一度も座談会にいらしていただけず、折伏もして下さいません。とうとう今月はビリになりました。先生何とかお願いいたします』と申上げました。先生は大笑をされていました。

その三、四日後、先生から『おれは応援にいくわけにはいかないから、替りに私の懐刀を文京にやる。池田という男だ。大はおれのここいらへんにいつもいる男だ』といわれて、先生の胸のあたりをたたかれました（趣意）[5]」

一九五三（同二十八）年四月二十日、池田は文京支部長代理として、田中を支えることになった。男子青年部の第一部隊長は、兼務のままである。池田は、一人一人に自信と勇気、希望をあたえながら、支部内を駆けめぐり指揮をとった。ギアのはまった車輪は、いかに大きく重いものでも、必ず回転を始める。信心のギアの固くかみあった文京支部は、生まれ変わったように前進を始めた[6]。

一人一人と会うことが基本である。池田は、「蒲田や文京でも、時間をこじ開けるように友と会い、励ました[7]」と語っている。まさにそれは、戸田の構想である〝人間共和〟の組織を築くための行動であった[8]。

全国展開で会員を拡大

戸田は、支部組織の強化とともに、一九五二（昭和二十七）年から、全国で会員の拡大を図っている。[9] 柏原ヤスは、次のように記している。

「思えば会長戸田先生が会長の位置に立たれた時、『本部をもっと広くしてほしい』と話し合っている私たちに、『会長のいる処はどこでも本部と思いなさい。今私の考えている闘争は本部主義ではない。全国の重要都市に学会の組織を作ることである。四ケ年を一期間として、かならず地方に拠点を作ることを考えている』と話されたことがありました[10]」

同年八月、戸田は、愛知・大阪・福岡の三府県で第一回夏季地方折伏を実施。[11] 彼は各地をまわって、奮闘する会員の先頭に立って動いた。

翌五三（同二十八）年八月には、北海道[12]を加えた四方面で実施。戸田は、大阪から馬場勝種（築地支部長）に宛てたはがきに、次のように書いている。

「名古屋は誰も知人のない所へ神尾部隊長は非常に苦しい立場によく奮闘して居ります

大坂は原島君以下よく善戦して五十一世帯の成果をあげて居ります。〔福岡に向かった柏原〕ヤス子の方はどうかと心配して居りますが十九日には行きます。東京の折伏よろしく頼みます」

その後も彼は、大阪・仙台・札幌・福岡へたびたび出向き、全国展開への基盤をつくっていった。[13] 最初は夏季の地方折伏のためであったが、会員の増加に伴い、各地の支部や地区の総会などで指導することが多くなった。

戸田は、東京においても、一九五三（同二十八）年からは、各支部の総会に出席した。また、五四（同二十九）年五月からは、年二回の本部総会を一万人以上が収容できる会場で開催するようになった。[14]

一九五三（同二十八）年十一月九日、西神田での最後の講義が行われ、十三日には、学会本部が新宿区信濃町三十二番地六へ移転。[15] それに伴って、市ケ谷ビルの分室は閉じられた。[16]

同年十二月二十日、第二回男子青年部総会が品川区荏原の星薬科大学講堂で開催された。この年の初めには、四個部隊の男子青年部に対し、戸田から一部隊一千人の目標が示されていたが、この日は、目標を大きく上回る五千三百四十人が集っての総会となった[17]。戸田の講演後、演壇の前に第一部隊長の池田が立ち、その後ろに男子青年部の全首脳が並んで、戸田の面前で宣誓を行った。それは、全人類救済の意志を受け継ぎ、東洋、さらには、世界の広宣流布の大偉業を完遂せんとするものであった[18]。

一九五三（同二十八）年十二月末、創価学会は六万八千百九十二世帯になった[19]。

新宿区信濃町の創価学会本部。1953（昭和28）年11月に千代田区西神田から移転した

青年部に参謀室を置く

一九五四（昭和二十九）年を迎えるにあたり、戸田は、男女青年部の幹部へ、四月までに各支部に男女各一部隊を置くように指示している[20]。当時、十六支部に対して、男子部隊が六、女子部隊が五であったが[21]、青年部が

それぞれの支部の推進力になるためには、一支部一部隊の編成が必須の課題になっていた[22]。さらに彼は、思索を深めていった。

ところが、二月八日の夜、戸田は、学会本部で発作（ほっさ）を起こして倒れてしまう[23]。彼は、個人指導や御書講義のみならず、青年たちの訓練や地方への展開も、すべて先頭に立って行っていたのである[24]。

この日のことを池田は、次のように記している。

「獄中で痛めつけられた先生の体は、次第に衰弱し始めておられた。

しかし、翌日、先生は発作の話など全（まった）くされず、何事もなかったかのように振る舞われていた。ただ、『勉強せよ、勉強せよ』と、幾度（いくたび）もおっしゃりながら、何かを深く思索しておられた[25]」

それから約五十日が過ぎた三月三十日、戸田は、各支部に青年部の部隊を設置し、男女各十五個部隊の編成にするとともに、青年部に参謀室を置き、二十六歳の池田を室長に任命した[26]。

「室長になったからといって、戸田先生から、こうしなさい、ああしなさいといった話は全くなかった。

『まず、全部、自分たちで責任をもって考えよ』という先生の訓練であった[27]」

四月二十四日、戸田は、仙台支部の総会に池田を同行させている。

「車中、戸田先生は、お疲れでありながら、休みもせず、あらゆる角度から、哲学の話、世界の指導者の話、牧口先生の話、そして、これからの学会の前途に対する諸注意等々、それこそ息つく暇もなく語ってくださった[28]」

戸田は、1954（昭和29）年4月25日早朝、仙台市内の青葉城址で、「学会は人材をもって城となすのだ」と青年たちに語った（聖教新聞社提供）

四月二十九日、青年部大総会を千代田区神田駿河台の中央大学講堂で開催。男子青年部二千五百人、女子青年部千五百人、合計約四千人が参加した[29]。

そして、わずか十日後の五

月九日には、降りしきる雨の中、五千四百人を超える男女青年部員が、静岡県富士郡上野村（現在の富士宮市上条）にある大石寺に結集。この大会を大成功に終えた直後、戸田は、池田に「下半期にもう一度、やろうじゃないか。青年部の実質的な〝総会〟だ。秋十月に、今度は一万人の大結集で、学会の実力を天下に示してくれないか」と提案した(30)。

この言葉を受けて、参謀室長の池田は、広宣流布の崇高な使命とは何か、何のために戦うのかを訴え抜いた。また、全幹部が一丸となって、部員増加と折伏に全力であたった。そして、真剣な個人指導や御書講義を通して、新たな人材が登用されていった(31)。

同年十月、戸田は、『大白蓮華』第四十二号の巻頭言として、「青年よ国士たれ」を発表。〝民衆救済の国士たれ〟と呼びかけるとともに、十万の青年の糾合という大きな目標を示している。

「『我日本の柱とならむ我日本の眼目とならむ我日本の大船とならむ等とちかいし願やぶるべからず(32)』

此の大獅子吼は我れ三徳具備の仏として、日本民衆を苦悩の底より救い出さんとの御決意であられる。我等はこの大獅子吼の跡を紹継した良き大聖人の弟子なれば、又共に国士と任じて現今の大苦悩に沈む民衆を救わなくてはならぬ。

青年よ、一人立て！　二人は必らず立たん。三人は又続くであろう。かくして国に十万の国士あらば苦悩の民衆を救い得る事、火を見るよりも明らかである[33]」

この巻頭言は、後日「国士訓」と呼ばれるようになった。[34]池田は、次のように記している。

「『国士』とは少々、大時代的な表現かもしれない。

しかし、先生が意味されたのは、『現実社会から遊離した宗教屋には絶対になるな！』『国家、世界に大いに貢献しゆく指導者と育ちゆけ！』との、熱き深き期待であった[35]」

この十万結集の第一歩として、十月三十一日、男子青年部六千三百八人、女子青年部四千八十二人、青年部合計一万三百九十人が、大石寺の近くにあるグラウンドに参集。[36]この時戸田は、次のような訓示を行っている。

「青年諸君よ！

日本の国を救わんとして政治、経済、教育、文化と云うものが各部門毎に活動しているが、政治のみで、経済のみで、教育のみで日本を救えるものではない。吾人は決して政治経済教育文化の活動を否定するものではなく、それ等各種のもの、根底に真の仏教がなくてはならぬ。政治にせよ、経済にせよ、教育にせよ、その根本に真の仏教をおいてその活動を培養し、助長して国家を救い民衆を幸福の中に暮させんとするものである」[37]

戸田は、創価学会の活動が、日蓮仏法を根本として広く社会に開かれ、各分野にわたらなければならないことを示唆したのであった。しかし、このような大願は、宗教界だけでなく、それ以外の既成勢力からも強い反発を呼び起こすことになるのである。

戸田は、同年十月十八日に行われた志木支部の総会において、大要次のように述べ、遠からずして〝第三の強敵〟が出現すると予見している。

「初代会長の後を継いで広宣流布の途上に立ちながら、いつも悲しく思っていたことは、三類の強敵のうち出てきたのは俗衆増上慢だけで、第三の僭聖増上慢どころか二類の道門増上慢もなかったことである。ところが、最近、他宗の僧らが、一部のマスコミを使って学会を攻撃してきたことで、二類の道門増上慢が現れたと心から喜んでおります。さらにこれから、ますます学会活動が勢いを増すにつれ、日本中の他宗の僧らが結束して学会攻撃を行うであろう。そして、それでも責め様がなくなると、次に現れるのが第三の強敵であり、これはこわい、これが出ると私も嬉しいと思うが皆さんも嬉しいと思って貰いたい、その時こそ敢然と斗おうではないか（趣意）[38]」

文化部と渉外部を設置

一九五四（昭和二十九）年十一月七日、青年部体育大会が、世田谷区上北沢町（現在の同区桜上水）の日本大学世田谷教養部の陸上競技場で開催されている[39]。

そして、十一月二十二日には、創価学会に文化部が設置され、広宣流布推進に必要な文化活動を担うことになった。部長には、池田の後任の第一部隊長で三十歳の鈴木一弘が任命された[40]。

続いて、十二月十三日には渉外部が設置され、池田が部長に任命されている[41]。学会の活動が社会の注目の的になり、対外関係の折衝が多くなってきたからである[42]。

実際、その二カ月前の十月二十一日夕刻、『朝日新聞』の記者三人が学会本部を訪れ、戸田と面会を希望[43]。二十六日付朝刊七面（東京本社版および大阪本社版）の学会に関する記事には、記者の質問に対する戸田の率直な談話が大きく掲載されている。

また、十一月二十六日には、宗教学者の戸田義雄國學院大学助教授とＮＨＫの録音班が本部を訪問。そこで収録された対談は、二十八日午前七時からのＮＨＫラジオ第二放送の「宗教の時間」（三十分間）で全国放送されている。[44]

この時同席した小口偉一東京大学助教授[45]は、後に次のように語っている。

「戸田先生の印象というと、剣道の達人に相対しているような感じでした。ひょうひょうとしていてシンがあり、じょう談をいってもケジメがきちんとしてするどかった。

私は宗教学という仕事にたずさわっている関係から、宗教家に会う機会が多かったが、大抵の人は履歴で聞かれたくないところはボヤかしてしまう。ところが、戸田先生はあけすけというか、とにかくザックバランになんでも話してくれた。こんな点にも私は打たれるところがあった[46]」

一九五四（同二十九）年十二月、創価学会は十四万七千七百四十六世帯になった。[47]

翌一九五五（同三十）年の年頭、戸田は次のような歌を詠んでいる。[48] この年は、創価学会の前身となる創価教育学会の創立から二十五年目にあたっていた。

妙法の広布の旅は遠けれど
　共に励まし共々に征かなむ

広宣流布は、はるかな旅路である。今は順調に見えても、これまで経験していない困難が待ち受けているにちがいない。戸田は、皆で仲良く、励まし合いながら、広布の遠征を続けていこうと呼びかけたのである。(49)

新宿区信濃町の学会本部にて（1954年12月頃撮影）

ある時戸田は、池田に語っている。

「広布の道とは、嶮しい山を毎日歩むようなものだ。未聞の偉業だもの。いや増して、想像もつかぬ留難も多くなるだろう。幾度となく、その難を乗り越えなければ広布はできないのだ。悲しいとき、悔しいときもかならずあるだろう。しかし、この試練を経なければ本格派の革命児にはなれないし、この信念の闘争がなければ、広布はできないのだよ(50)」

一九五五（同三十）年一月二十七日、日蓮正宗蓮華寺（大阪市北区）住職で、宗務総監を務めたこともある崎尾正道(51)が、突然自らが学会員に授与したすべての御本尊（数千幅）の返却を求めてきた(52)。三月十一日には、北海道の小樽市で日蓮宗（身延）と創価学会が法論対決(53)。さらに、学会に関する中傷記事が新聞や雑誌で散見されるようになった(54)。その中で、四月の第三回統一地方選挙に五十六人の文化部員が立候補(55)。短期間の準備にもかかわらず、五十三人が当選している(56)。

学校設立を心に秘めて

戸田は、多忙な日々を送る中でも、牧口から託された学校設立の構想を忘れることはなかった。彼はそのことについて池田に幾度となく語っている。その度に池田は、〝もしも戸田先生の代で実現しなければ、必ずや私の力で〟と決意してきた(57)。ある学校の前で戸田が牧口のことを偲んでいた時も、池田は、〝学校をつくり、牧口先生の教育理念を生かしていきます〟と告げている。[58]

一九五五（昭和三十）年一月二十二日、戸田は池田を伴って高知市内の土佐女子高等学校の講堂で行われた大阪支部高知地区の総会に出席した。その中で、ある会員が「戸田先生、天理教や立正交成会が学校をつくっているのですが、創価学会も学校を設立してはどうでしょうか」と質問。戸田は笑顔で、「今に学会も学校をつくるよ。幼稚園から大学まで一貫教育の学校を。日本一の学校をね」と答えたという。[59]

戸田の心には、常に後継の青年の育成があった。[60]『大白蓮華』一九五五年七月号には、「青年よ、心に読書と思索の暇をつくれ」と題した巻頭言を載せている。

「故初代会長が半日学校制度論[61]を唱えられた。その意図は日本人は所定の学校を卒業すると、その後は学問をしないのが常態である。国家の文化向上の意味からも、又各個人の職業向上の点からも、是非とも国民全体に一生涯の間、学問をさせたいというのがその主眼であった。（中略）

しかしこれは理想論であって、今たゞちに施行されることではない。その理由は一般大衆がそれを要求してもいないし、又政治家にもこれに対する情熱と指導力が無いからである。

されぼとて、此の精神が人々の中に養成されないでよいと言うことはない。否絶対に必要なことである。民衆が自己の教養を外にして、一部分の文化人に引きずられて行くと云うことは文化国家の姿ではない。

殊に青年はしかりである。読書と思索のない青年には向上がない。青年たる者はたえず向上し、品位と教養を高めて、より偉大な自己を確立しなければならぬ。それが為には吾人は読書と思索をせよと叫ぶものである(62)」

この年創価学会では、八月十五日から四十五都市で行われた第四回夏季地方折伏で五千五百世帯が入会。とりわけ、池田参謀室長が主将になった札幌では、札幌班五百数十世帯と派遣隊十一人が一丸となって十日間で三百八十八世帯の折伏を達成。二十四日には戸田を迎えて札幌地区が結成された(63)。

会長就任から四年半。一九五五(同三十)年十二月度の本部幹部会で、戸田は次のように語っている。

「いよいよ年の瀬も詰って、今年一年を回顧してみますれば、如何なく闘ったと私は思います。（中略）創価学会、戸田城聖から広宣流布を取ってしまったら、私は一つの鉋屑みたいな人間であります。然るに今度は広宣流布という私の生命に皆様の御力で思うようにやらして頂いて厚く御礼申し上げます。これで三十万世帯の布陣が成りました」(64)

彼が会長就任式で述べた七十五万世帯の悲願は、現実味をもって視野に入ってきたのである。

注

（1）この戸田の発言は、星生八重子「戸田前会長と草創期の婦人部」（八矢弓子編『この日ありて――広布に生きる母の記録――』、聖教新聞社、一九七七年）の一二三頁を参照。

（2）『聖教新聞』一九五一年九月一日付一面・一九五二年一月一日付六面参照。当初一般講義は、千代田区西神田の本部二階で行われていたが、手狭になって、同区一ツ橋の教育会館などへ移り、さらに、池袋の豊島公会堂（一九五二年十月落成、座席数は千三百十二）で開催されるようになった。『聖教新聞』一九五三年三月一日付一面の江東総支部総会の開催案内に「会場の豊島公会堂は本部の金曜講義の行われている場所」とあるように、同年二月には豊島公会堂を使っていた。このことについては、『＝豊島区制60周年記念＝ 豊島公会堂の40年』（豊島区コミュニティ振興公社、一九九三年）の三四〜三六・四七頁、および、『聖教新聞』一九五三年二月一日付一面を参照。

（3）『池田全集・第十七巻』、五六頁。続けて池田は、「ともかく戸田城聖という人格は、将来において さまざまな角度から論じられると思いますが、私にはこの、生涯、庶民と共に歩み、青年を愛した――という事実が、戸田城聖という人物を見る場合、決定的な視点となるとひそかに考えているのです」（同書、五七頁）と記している。

女子部長を務めた山浦千鶴子は、次のように語っている。

「戸田先生の弟子を思われるお心は、あくまでお優しくあられました。ある小学校の先生が信心のために不当の弾圧を受けて、他校へ転任させられそうになった時、早速その学校を訪問されたのです。まだ門も開かず先生方も出勤されてない冬の早朝、校門前の文具店の店先でまだ暖まらないストーブに手をかざしながら校長先生の出勤をお待ちになりました。やがて、校長先生と懇切な話し合いが行われ、その女性教師は元通り安泰な勤務が約束されました。

その時先生は、『私は弟子を泣かせたくはないよ。私でできることなら、どんなことでもしてあげたい』ともらされ、『これほどまでに……』と目頭（めがしら）があつくなったのを、おぼえております。

また、女子部の人の結婚に、がんこなお母さんに、いくども、いくども、頭を下げて頼まれ、『あの子のしあわせのために』と真剣に問題解決にあたってくださった先生、あの日、この日の先生の御姿が、去来（きょらい）いたします」（二〇一九年十月四日に行った聞き取りによる）

（4）一九五二年の〝二月闘争〟については、『聖教新聞』同年三月十日付一面、『池田全集・第七十五巻』の二六四〜二六八頁、本書下巻の174頁、などを参照。一九五二年十二月には、創価学会の世帯数が二万二千三百二十四になった（『聖教新聞』一九五三年一月一日付三面参照）。

（5）田中つぎ（都伎子）「戸田先生をしのび奉りて」（『大白蓮華』第百七号、創価学会、一九六〇年四月）、七六頁参照。当時彼女は入会三年目で、三十一歳（田中については、本書下巻の191〜192頁を参照）。

（6）『聖教新聞』一九五三年五月一日付一面、および、『池田全集・第七十巻』の五一九〜五二〇頁を参照。文京支部は、一九五一年四月にB級支部として出発した（本書下巻の144頁注（21）参照）。

田中都伎子は、支部長代理になった池田の活動について、「文京草創の思い出」の中で次のようにつづっている。

「当時、文京支部は相模原、横須賀方面にも広がっていました。各地に散在する地方拠点にも赴（おもむ）かれ、座談会に講義にと奔走されながら、次の時代を担う青年の育成に力を入れておられました。
二、三か月のうちに、支部の空気は百八十度変わりました。戦った人を必ずほめてくださいました。なんともいえない、人間的な、ほのぼのとした暖かさが、同志の間に通いはじめたのです。
毎月、四十から五十世帯の本尊流布をやっとの思いでやっていた支部の成果は、やがてぐんぐん上昇して、九月には二百世帯をはるかに越え、一躍二百七十世帯の本尊流布をなしとげたのです（趣意）」（前出、『この日ありて』、五三〜五四頁参照）

（7）『池田全集・第百三十三巻』、一五八頁。

（8）池田は、「創価学会」の組織について、次のように述べている。

「庶民の方々が、傲岸不遜な人間たちからの嘲笑を跳ね返しながら、悩める友のために、真剣に祈り、励ましてこられた。『貧乏人と病人の集まり』と悪口されることも誉れとし、庶民の真実の味方となって創り上げた、平等と尊敬の人間共和の世界——これが創価学会です」（池田大作『御書と師弟』1、聖教新聞社、二〇一〇年、五五頁）

「広宣流布は、一人ひとりが我が生命に幸福の宮殿を築きながら、人類が夢見た人間共和の『永遠の都』を建設しゆく大聖業である」（山本伸一（池田大作）「随筆 我らの勝利の大道89『創立』の原点に誓う」『聖教新聞』

二〇一二年十一月十五日付三面）

「〝理論や理屈だけではだめだ。現実のうえで、民衆が、正義に連なっていくために、何ものにも壊されない『善の連帯の組織』『正義の組織』をつくろう〟

これが、学会の創立にこめられた牧口先生、戸田先生の心であられた」（『池田全集・第八十五巻』、一三四頁）

（9）首都圏十二支部に加え、戦前の福岡県福島町支部の流れを汲む八女支部、新たに仙台支部（五一年五月）、大阪支部（五二年二月）、堺支部（五二年十一月）、名古屋・福岡・そのほか十四支部（五六年八月）が結成され、全国三十二支部の体制になった。これらについては、『聖教新聞』一九五一年五月二十日付二面・一九五六年九月二日付一～五面、『開けゆく新世紀 東北広布二十五年の歩み』（聖教新聞社東北総支局、一九七七年）の四五～四六頁、『創価学会 関西広布史』（一）草創期（聖教新聞関西本社、一九七六年）の一八・一一八頁、九州広布史編纂委員会編『世界広布を拓く九州創価学会 先駆の誉れ』（聖教新聞九州支社、一九八三年）の三四～四一頁、『愛知の広布史20年』（聖教新聞社中部総支局、一九七四年）の一～一六頁、などを参照。

（10）柏原ヤス「夏季地方折伏を省みて 素晴らしい地方の発展」（『大白蓮華』第五十三号、創価学会、一九五五年十月、二九頁）。

（11）夏季地方折伏は、一九五二年八月から四回行われ、三回目の五四年八月には二十都市に二百五十人、四回目の五五年八月には四十五都市に六百二十三人が派遣された（『聖教新聞』一九五四年八月二十二日付一面・一九五五年八月二十八日付二面参照）。

（12）戸田は、一九五三年八月十七日から二十四日まで北海道に滞在した（『聖教新聞』一九五三年九月六日付二面、『北海道新聞』一九五三年八月二十五日付夕刊二面の「航空往来」、本書上巻の52頁、などを参照）。

（13）戸田は、会長就任後、大阪府を四十一回、宮城県を十三回、北海道を九回、福岡県を八回、愛知県を四回訪問している。このことについては、「戸田城聖・足跡〈地方関連〉一覧」（『年譜 牧口常三郎 戸田城聖』、第三文明社、一九九三年）の五三一～五四二頁、『聖教新聞』一九五六年一月二十九日付二面・九月二日付一面、本書下巻の350頁3～5行目、などを参照。

（14）創価学会の総会は、両国の旧国技館（一九五五年五月に国際スタヂアム、五八年六月には日本大学の講堂になった）や後楽園スタヂアム（後楽園球場）などを使って開催されている。

（15）『聖教新聞』一九五三年十一月十五日付一・二面参照。新本部として、土地面積二百七十五坪十一勺、建坪は二百五坪七勺、一九三五年建築の三階建て洋館を購入。内装に手を加え、二階には約六十畳の広間が置かれた。西神田の建物の二階は三間で、廊下を加えても三十畳に満たないため、新しい建物の購入は以前からの課題であった（『聖教新聞』一九五二年九月一日付一面・二〇二〇年四月二日付三面など参照）。また、本部移転とともに、一九五三年十一月十三日には、聖教新聞社も信濃町の建物内に移転している（『聖教新聞』同年十一月十五日付二面の「本社移転御挨拶」を参照）。

なお、戸田は、本部建設用地として一九五二年十二月に新宿区信濃町二十五番地の四百二十五坪の土地を購入したが、大石寺五重塔の修復費用をまかなうため、この土地は売却。その後、既存の建物を購入することにして物件を探していた（『聖教新聞』一九五二年十二月二十日付一面・一九五三年九月二十日付一面参照）。

（16）それまで市ケ谷の分室で行われていた会長面談は、一九五四年一月からは地区部長以上に限定された。従来の誰でも自由に指導を受けられる個人面談は、支部長などが曜日を決めて担当することになった（『聖教新聞』一九五四年一月十七日付一面参照）。

田中都伎子は、「的を射た個人指導」の中で、信濃町の本部で行われた会長面談について次のように記している。

「私達は、夕方会長室に戸田先生をお訪ねすることが楽しみでした。ある時一人の幹部の質問に答えられて『その問題のホシは何か』と急所を打つことを指導されました。私達が問題や悩み事が起きるとそれに翻弄されている姿を鋭く見抜き、先生は『枝葉の問題に振り回されているよ。信心だよ。ホシを打て』と言って幹部としての姿勢の大事な点を教えてくださいました」（『大白蓮華』第三百五十号、聖教新聞社、一九八〇年四月、四二頁）

(17)『聖教新聞』一九五三年五月一日付二面・十二月二十七日付一面参照。ただし、第二回男子青年部総会の開催日について、『聖教新聞』の十二月二十七日付の紙面では、「十二月二十三日」とされているが、同年十二月十三日付一面などの記述に従い、十二月二十日（日）とした。

(18)『聖教新聞』一九五三年十二月二十七日付一面参照。第二回男子青年部総会の宣誓の内容は、水滸会の宣誓書と同趣旨であり、その精神を全部員が共有しようとするものであった。

(19) 池田大作「千里の道」（『大白蓮華』第百七十一号、創価学会、一九六五年八月）、一三頁参照。あわせて、『聖教新聞』一九五四年一月一日付二面を参照。

(20) 池田大作「学会の息吹き 男子青年部の歩み（五）」（『大白蓮華』第七十八号、創価学会、一九五七年十一月）、二四頁参照。この中で池田は、「この課題〔一支部に男女各一部隊〕は、すでに前年、会長先生より内々に御指示があり、部長、部隊長は、その構想をねりつつ、指導、訓練をなしてき、本年〔一九五四年〕に入って、急速に実現の段階に立ちいたったのである」（同頁）と述べている。
（21）一九五四年一月時点で、支部は首都圏十二・大阪府二・仙台一・八女一の計十六に対し、男子青年部の部隊は首都圏四・大阪府一・仙台一の計六、女子青年部の部隊は首都圏五のみであった（『聖教新聞』一九五四年一月一日付二・六・七面参照）。
（22）『聖教新聞』一九五四年一月二十四日付一面参照。
（23）『池田全集・第三十六巻』（『若き日の日記』）の三八二頁、および、『池田全集・第百三十三巻』の四三五頁を参照。
（24）『池田全集・第百三十五巻』、一三頁参照。
（25）『池田全集・第百三十三巻』、四三五〜四三六頁。あわせて、『池田全集・第三十六巻』、三八三頁も参照。戸田は、早朝、思索をめぐらす習慣があった。小泉綏（やす）は、「先生の御遺徳偲（しの）んで」の中で、次のように記している。
「『僕〔戸田〕はあけ方に目ざめて色々考え事をし、そろそろ皆が起き出すころ、又一ねむりするんだが、あなた方、何を考えていると思うね』『あなた方は目先のことしか考えられないだろうが、十年も先の事を考えるのも大変だよ』と、じょうだんまじりに言われたお言葉、今、しみじみ思いうかべ

られます」（『聖教新聞』一九五八年六月十三日付六面の九州版）
辻武寿（たけひさ）も、「青年部に対する御教訓」において、「戸田会長先生は、毎朝夜明け前に枕をかかえて、二時間も思索なされたと聞いている」（前出、『大白蓮華』第百七号、二三頁）と記している。
（26）『聖教新聞』一九五四年四月四日付一面参照。なお、大阪支部・堺支部は、男女とも二支部で一部隊であった。
（27）『池田全集・第百三十五巻』、一五～一六頁。
（28）同前、二三一頁。
（29）前出、池田大作「男子青年部の歩み（五）」、二五頁参照。
（30）『聖教新聞』一九五四年五月十六日付一・二面、および、『池田全集・第百三十六巻』の八七頁を参照。
（31）『池田全集・第百三十六巻』、八八～八九頁参照。
（32）日蓮が著した「開目抄」の一節。堀日亨編『日蓮大聖人御書全集 新版』（創価学会、二〇二一年）、一一四頁参照。
（33）『大白蓮華』第四十二号（創価学会、一九五四年十月）の表紙裏。「国士」については、本書下巻の

314頁を参照。

（34）『聖教新聞』一九五五年十二月二十五日付三面の牛田男子部長訓示を参照。

（35）『池田全集・第百三十二巻』、三〇一頁。

（36）『聖教新聞』一九五四年十一月七日付一～四面参照。

（37）『聖教新聞』一九五四年十一月七日付二面参照。

（38）『聖教新聞』一九五四年十月二十四日付二面参照。「三類の強敵」については、本書下巻の194頁注（17）を参照。

（39）『聖教新聞』一九五四年十一月二十一日付一・二面、『日本大学案内 1954』（日本大学本部、一九五三年）、『コンサイス 東京都23区区分地図帖』（日地出版、一九六〇年）、などを参照。

池田は、体育大会開催の経緯について、次のように述べている。

「青年たちの、初のこの体育大会には、当初、理事らの先輩幹部は、皆、反対であった。信心と何の関係があるのかというのである。

その時に戸田先生は、『大作と俺が考えている意義ある大会だ。一回、やらせてみたらどうか。後になって、非難するなら非難せよ』と厳然と言われ、許可してくださった。そして青年の躍動を、心

待ちに楽しみにしてくださったのである」（『池田全集・第百三十六巻』、九二頁）

後に、この青年部体育大会は、文化祭へと発展していった。

（40）『聖教新聞』一九五四年十一月二十八日付一面参照。同紙五五年三月十三日付一面には、文化部は「政治・経済・新聞・雑誌・文学・演劇・音楽等」の各分野の研究実践を行う、と紹介されている。ただし、当面の課題は、政界に有為な人物を送り出すことだった。

（41）『聖教新聞』一九五四年十二月十九日付一面参照。渉外部長の池田は、一九五五年二月九日付の『読売新聞』読売新聞社〔東京〕版朝刊八面の埼玉読売(1)・(2)・(3)に掲載された事実無根の学会批判の記事に対し、二月十六日に読売新聞社および同社浦和支局へ厳重抗議のために出向いている。さらに、三月二日にも浦和支局へ行っている（『聖教新聞』一九五五年二月二十日付一面、および、『池田全集・第三十六巻』の五七〇〜五七一・五八六頁を参照）。その結果、三月四日付朝刊八面の埼玉読売(1)・(2)・(3)に創価学会からの反論を含めた記事が掲載された。

（42）『聖教新聞』一九五四年十月三十一日付一面参照。

（43）同前参照。

（44）戸田義雄との対談*の内容とその前後の様子は、『聖教新聞』一九五四年十二月五日付一面、および、一九五五年一月一日付十・十一面に掲載されている。

そのほかに、ラジオやテレビで放送された戸田へのインタビューなどで放送日等が明確なものを列記する。

①「信仰と生活」（東北放送、一九五五年二月六日午前6時30分〜45分）*
②「週刊録音ニュース第十三集『創価学会とは』」（東北放送、一九五六年四月一日午後2時40分〜3時5分）*
③「宗教の時間『世の批判に応う』」（日本短波放送、一九五六年七月二十八日午後6時45分〜7時）
④「その人に会ってみましょう『戸田城聖』」（KRテレビ、一九五七年七月八日午後10時30分〜50分）
⑤「婦人の時間」（NHKラジオ第一放送、一九五七年九月十日午後1時15分〜2時）
⑥「日本の素顔 第一回『新興宗教をみる』」（NHKテレビ、一九五七年十一月十日午後9時30分〜10時）

『河北新報』一九五五年二月六日付朝刊八面・一九五六年四月一日付朝刊八面のラジオ番組欄、『毎日新聞』毎日新聞社（東京）版一九五七年七月八日付朝刊九面の「ラジオとテレビ」欄、『新夕刊』一九五七年七月八日付四面、『産経時事』産業経済新聞東京本社版一九五七年九月十日付朝刊六面の「ラジオとテレビ」欄、「会長講演」（『聖教新聞』一九五七年八月三十日付一面）、『朝日新聞』東京本社版一九五七年十一月十日付朝刊六面の「ラジオ・プログラム」欄、吉田直哉『映像とは何だろうか―テレビ制作者の挑戦―』（岩波新書、二〇〇三年）の一〜一二頁、『ＮＨＫ年鑑　１９５９』（日本放送協会、一九五八年）の九三〜九四頁、などを参照。

なお、ＫＲテレビは、現在のＴＢＳ（『ＴＢＳ50年史』、東京放送、二〇〇二年、一七九頁参照）。

①の内容は『聖教新聞』一九五五年二月二十日付二面、②は同紙一九五六年四月二十九日付四面、③は同紙一九五六年八月五日付二面に、それぞれ掲載されている。

＊がついているものは、レコード盤『創価学会々長戸田城聖先生の教え 対談の部№１』（VICTOR COMPANY OF JAPAN. 1961.07）に音声が収録されている。『対談の部№１』には、一九五六年十二月に東北放送で収録されたと思われる音源も収められているが、放送日・番組名を確認することはできなかった。

戸田は、このほかにも、一九五六年七月十三日にＮＨＫの取材を受けている。このことについては、「戸田先生を囲む質問会から　第二週登山」（『聖教新聞』一九五六年七月二十二日付二面）を参照。

また、戸田は、以下の新聞や雑誌などのインタビューに応じている。

(1)「戸田会長と一問一答」（『朝日新聞』東京本社版および大阪本社版の一九五四年十月二十六日付朝刊七面）

※なお、『朝日新聞』西部本社版では、同様の記事を一九五四年十月二十八日付朝刊七面に掲載。

(2)「創価学会戸田城聖会長との一問一答」（『真相』第八十三号、真相社、一九五五年四月十五日）

(3)一問一答（『週刊読売』第十四巻第四十三号、読売新聞社、一九五五年十月三十日）

(4)「戸田城聖会長と一問一答」（『中外日報』一九五六年一月十九日付二面）

(5)「創価学会戸田会長と一問一答」（『中外日報』一九五六年二月十一日付三面）

(6)「来阪の創価学会会長語る」（『読売新聞』大阪読売新聞社版一九五六年五月十八日付夕刊三面の四版）

(7)「創価学会戸田会長が関西で初の記者会見」（『中外日報』一九五六年五月二十日付三面）

(8)「会長と一問一答」（『朝日新聞』東京本社版一九五六年七月十一日付朝刊十一面）

※なお、『朝日新聞』大阪本社版三面の四版と西部本社版の同日付夕刊三面の五版にも同様の記事を掲載。

(9)戸田の発言要旨（小口偉一他編『宗教と信仰の心理学』、河出書房、一九五六年七月十五日）

※同書には、「〔創価学会本部における〕われわれとの対談は四、五時間におよんだ」（三三頁）と書かれている。

(10)「戸田会長との一問一答」（『週刊朝日』第六十一巻第三十一号、朝日新聞社、一九五六年七月二十九日）

(11)近藤日出造「世相やぶにらみ 創価学会」（『中央公論』第七十一年第十号、中央公論社、一九五六年九月一日）

(12)「創価学会戸田会長と一問一答」（『北海タイムス』一九五七年六月二十日付朝刊七面）

(13)秋山ちえ子「お勝手口からごめんなさい 創価学会会長 戸田城聖氏夫妻訪問」（『主婦の友』第四十一巻第八号、主婦の友社、一九五七年八月一日）

※なお、同誌の取材は、一九五七年六月十五日午前十時近くから戸田宅で行われた（国沢澄子の日記参照）。

(14)「徳川夢声連載対談 問答有用第333回 城聖」（『週刊朝日』第六十二巻第三十六号、朝日新聞社、一九五七年九月一日）

(15)佐木秋夫によるインタビュー「戸田城聖会長にきく 創価学会のハラのなか——これからの活動方針とその内幕——」（『大世界』第十二巻第九号、世界仏教協会、一九五七年九月一日）

(16)神山茂夫との対談「創価学会対共産主義」（『総合』第五号、東洋経済新報社、一九五七年九月一日）

(17)「人間模様 末法濁悪の世を嘆く」（『毎日グラフ』第十年第三十八号、毎日新聞社、一九五七年九月二十二日）

(18)榎その「お題目の週末旅行《創価学会本山お詣り同行記》」における戸田との対話（『婦人生活』第十一巻第十二 号、同志社、一九五七年十二月一日）

このほかにも、一九五一年暮頃と五五年夏にNHKに勤務していた高瀬広居、五六年五月二十一日に創価学会本部で天台宗僧侶で小説家の今東光、五七年八月十五日もしくは十六日にジャーナリストの大宅壮一と会っている。また、五七年頃に小説家の井上光晴が大石寺で三日間の同行取材を行っている。これらについては、高瀬広居『第三文明の宗教 創価学会のめざすもの』（弘文堂、一九六二年）のまえがき一～三頁・本文一三六～一三九頁、今東光が使っていた『昭和31年 日記』（日本近代文学館所蔵）、今東光「百日説法（18）宗教者」（『西日本新聞』一九五八年四月十四日付一面）、「創価学会⑤」（『朝日新聞』

大阪本社版一九五七年七月六日付朝刊十一面)、大宅壮一「時局随想 戸田城聖と語る」(『大阪新聞』一九五七年八月二十四日付三面)、『聖教新聞』一九五七年八月二十三日付一面の「会長講演 夕張支部結成大会から」、埴谷雄高・井上光晴の対談「現実と想像力」(『文芸』第二十九巻第一号、河出書房新社、一九九〇年二月)の二四四～二四五頁、などを参照。

(45)小口偉一(一九一〇～八六年)は、宗教学者。東京大学教授・東京大学東洋文化研究所所長・日本宗教学会会長などを歴任。

(46)『聖教新聞』一九五九年四月十日付八面参照。

(47)前出、池田大作「千里の道」、一三頁参照。あわせて、『聖教新聞』一九五四年十二月二十六日付一面・一九五五年一月一日付二～三面・一九五六年一月一日付五面参照。

(48)『聖教新聞』一九五五年一月十六日付一・四面、および、『戸田全集・第一巻』の三六〇頁を参照。

(49)『池田全集・第六十八巻』、二七五頁参照。

(50)『池田全集・第七十六巻』、三五頁参照。

(51)当時、崎尾正道は、日蓮正宗の第八布教区(関西地域)支院長。なお、一九四五年年六月の鈴木日恭管長が焼死した大坊・客殿等の火災の時に宗務総監であった崎尾は、監督責任を問われて僧階一級降級の処分を受けている（『日蓮正宗 宗報』第三号、日蓮正宗宗務院、一九四六年七月、一一〜三面参照）。

（52）『聖教新聞』一九五五年二月六日付一面参照。

（53）『聖教新聞』一九五五年三月二十日付一・二面参照。戸田は、日蓮正宗と日蓮宗（身延）が三月十一日に小樽で法論を行うことになったとの報告を、一週間前の三月四日に小樽の会員から受けている。また同日、小樽の日蓮正宗寺院から報告を受けた宗務院の細井庶務部長と早瀬教学部長が突然学会本部を訪れている。戸田は、彼らに創価学会が引き受ける旨を伝えるとともに、直ちに事前準備に入り、当日も会場内で細かな指示を出している。このことについては、小平芳平編『創価学会日蓮宗身延派法論対決勝利の記録 小樽問答誌』（小樽問答誌刊行会、一九五五年）の七〜三八・一一九頁、『池田全集・第百三十七巻』の九九頁、および、秋谷栄之助からの聞き取りによる。戸田は、法論の様子を「はかなきは邪宗の教学」の中で、次のように記している。

「会場にのぞんで長谷川義一氏が学会攻撃をするに際して何ら教学的なことを云わず、その真偽をも紏さないで三月四日の読売新聞の人生相談欄を、あたかも事実であるがごとく述べたててきた。私は長谷川氏が、学会の教学を見くびっているとすぐ直感した。これでは身延が大敗する以外にないと、そして強力なる辻、小平両氏の攻撃に合って愕然としたらしい。そこで彼は五分の補充演説に持ちまえの板曼荼羅真偽論を持ち出してきた。これで長谷川氏も本物らしい形を見せてきた。しかしもう遅い、時を失してしまった。こちらの方は余裕綽々と圧倒的になってきた。
又室住一妙氏は身延の本尊雑乱を辻君に衝かれて、これを受けて立ったためにシドロモドロになってしまった。もうこの時には大勢が決していたのである」（前出、『小樽問答誌』、一三〇〜一三一頁）

ここに出てくる「人生相談欄」は、読売新聞社（東京）版夕刊三面の「人生案内」のこと。

小樽問答については、そのほかに、小平芳平「小樽問答後記」（『大白蓮華』第四十九号、創価学会、一九五五年六月）の一二〜一八頁を参照。

日蓮正宗の対応については、渡辺慈済『日蓮正宗〝落日の真因〟——出家得度五十年・未来のために真実を語る』（第三文明社、二〇〇〇年）の九三〜九五頁を参照。当時日蓮正宗の宗務院庶務部長であった細井精道は、「小樽問答見聞記」において、次のように記している。

「私は法主日昇上人、北海道御親教の随行として札幌の日正寺に居た時、小樽公会堂で我が創価学会と身延日蓮宗の公開問答が行われることを知って、暇を得て、八木、中村両師と数尺の積雪の中を歩いて小樽公会堂に聴衆の一人として列席して問答の有り様を親しく見聞することが出来た」（前出、『小樽問答誌』、一四三頁）

また、法論後の日蓮宗〈身延〉の対応については、『中外日報』一九五五年四月一日付三面・四月三日付二面、『聖教新聞』一九五五年八月二十八日付一面、日蓮宗現代宗教研究所編『日蓮宗の近現代他教団対応の歩み』〈日蓮宗宗務院、一九九六年〉の二四〇〜三〇六頁、などを参照。

(54)『聖教新聞』一九五四年十月三十一日付一面には、同年八月頃から学会に対する中傷記事が新聞雑誌に載るようになったと書かれている。

(55)『聖教新聞』一九五五年二月十三日付二面・二月二十七日付二面・四月十日付四面・四月十七日付一面参照。

(56)文化部員の立候補にあたっては、戸田自らも応援演説を行った〈『聖教新聞』一九五五年四月十日付一面参照〉。当選者の内訳は、東京都議会一人、東京都二十三区の区議会三十二人、横浜市議会一人、そのほかの市議会十九人であった〈『聖教新聞』一九五五年五月一日付一面・五月八日付二面、『読売新聞』読売新聞社〈東京〉版一九五五年四月二十四日付夕刊二面、『秋田魁新報』一九五五年四月二十五日付朝刊一面、などを参照〉。

(57)『池田全集・第七十三巻』、三六二頁参照。

(58)『池田全集・第六十八巻』、三五五〜三五六頁参照。

(59)「楽土建設の譜―四国広布史探訪―《43》」〈『聖教新聞』一九八五年一月四日付九面の四国版〉参照。池田

が、戸田から創価教育の学校の設立を託されたことについては、そのほかに、『池田全集・第七十二巻』の二〇三頁、および、『池田全集・第百三十八巻』の二二一～二二三頁を参照。なお、文中の「立正交成会」は、一九六〇年に会の名称を「立正佼成会」に改めている。

(60) 戸田は、会合や講義だけではなく、一人一人とのふれあいの中で青年を育てていった。大阪のある青年部員は、戸田との突然の出会いを次のように記している。

「総本山大石寺において、〔丑寅勤行が終わった後の〕夜中三時半ごろでした。戸田先生が御一人で塔中内を見回りされていました。会長先生とも知らずに『夜もふけておりますから、坊でお休みになって下さい』と声をかけますと、『やぁ御苦労さん、わしも心配でね』と、気軽にお答え下さった時、私はなんだか先生がこんなに私たちのことを御心配下さるお心に涙が溢れ出て、先生が理境坊にお入りになるまで御伴をしました〔趣意〕」(『大白蓮華』第九十号、創価学会、一九五八年十一月、二九頁参照)

また、青木妙子は、「白アリのごとき存在になるな」の中で、次のようにつづっている。

「入信して二年余りたった、〔昭和〕三十年の四月。文化闘争タケナワのある地区講義の晩、私は、先生のお宅の応接間にすわって、初めて個人的に指導をお受けすることができました。

おすしや、お菓子をごち走いただき、九時少し前ごろ『今少しいて、帰りなさい。これからは、もう家へ帰るだけだろうな』と、なにげなし聞かれたのに、『いいえ、まだ一つ会合があります』と、お答えするやいなや『ナニッ、これから会合』と、にわかに語気鋭いご追求を受けて、とびあがるように驚きながらも、『ブロックへ、十時に、女子部の責任者が報告に集まりますので、どうしてもいかねばなりません』と、おく面もなく申し上げたものです。

『絶対あいならぬ！　即時解散させよ、すぐ、そこで電話をかけなさい』と、電話を指し、命令なさる厳しいお姿に向って、なおも、（……でも、今夜集まらなければ、明日の闘争の指示ができなくなる、どうしたらよいものか……）と、とまどっていると、大かつ一声、『あんたは学会をやめなさい！　会長の命に従わない者は、学会をやめなさい！』と、はげしいおしかりに、わななく手に受話器をとりあげ、解散を命じました。

やがて、席におもどりになった先生は、語気をやわらげられて、『ワシが、前から、会合は九時に終え、早く家へ帰れといっているのに、それが守られていない。まして女の子が、十一時、十二時に、外をウロツクなんて、何たることだ。そんなことをして、たとえ闘争に勝ったとしても、戸田が、世間のそしりを受けるだけだ。あなた方が、一人でも犠牲になってはいけない。そういう青年部の軽率なふるまいが、白アリのように、学会を中から崩してゆく。結局広宣流布の妨げになるのだよ。（中略）』と、じゅんじゅんと説ききかされ、最後には『ワシがかねがね案じていたことの証拠を、今日は、あなた方がみせてくれたのだから、ワシは、むしろ感謝しなければならぬのだ。……』と、先の先まで、やさしくお心づかいくださったので、ホッとして退出してきた」（『大白蓮華』第百八号、創価学会、一九六〇年五月、五一頁）

なお、この時戸田は、「お父さんどうした。今度つれていらっしゃい。私が待っていると伝えてほしい」とも話している（『聖教新聞』一九五九年四月十日付四面参照）。

(61)「半日学校制度論」については、『牧口全集・第六巻』の二〇七〜二三二頁を参照。

(62)『大白蓮華』第五十号（創価学会、一九五五年七月）、一頁。戸田は、水滸会で次のように語ったとのことである。

「私の勉強は、電車の中、人を待つ間、乗物を待つ間、あるいは学校の講堂などで学んだものばかりである。ゆえに、枕元には、いつも本がおいてあった。

毎日、二時間、電車に乗っている時間があったら、いくらでも勉強できる。まわりのうるさいのなんか、少しも苦にならぬ」（秋谷栄之助からの聞き取りによる）

また彼は、読書について次のように語ったという。

「人生、青春時代に、良き読書をしない人は、大人になっても情緒がなく、人との対話も下劣なものにならざるをえない。親になってからも、子どもに対して威張りくさるだけで、何の教養も与えられず、すべてが悪循環になってしまう場合がある」(『池田全集・第百三十三巻』、二三七頁参照)

「世界の一級の名著は、誠実な人生を生き、誠実な心で読めば、正しく、深く、頭に、胸に入ってくる」(『池田全集・第百三十八巻』、二二四頁参照)

「本を読んで、学者ぶって偉ぶる人、驕(おご)る人――これは、ただ本に読まれているのだ」(同前、二二五頁参照)

(63)『聖教新聞』一九五五年八月二十八日付二・四面、同紙一九五五年九月四日付四面、『創価学会北海道広布40年史』(聖教新聞社、一九九四年)の三九~四六頁、などを参照。

(64)『聖教新聞』一九五五年十二月二十五日付一面参照。一九五五年は、一年間で十九万世帯が入会した(同前参照)。池田は、随筆「阪神大震災から五年『生命の世紀』建設へ誓い新たに」において、次のように述べている。

「戸田先生は、学会を『人類救済の組織』と洞察された。

いかなる大難にも、権力の迫害にも微動だにせぬ『広宣流布の組織』『戦う民衆の組織』をつくられた。

それは、『苦しんでいる人を放っておけない』『励まさずにはいられない』という、人間の真心で織り成された組織だ。

苦しみを去り、汚れた世界を清め、喜びに満たされた社会と、生命の歓喜と恍惚（こうこつ）に満たされた人生を建設せんとする人間の、人間らしき組織を、戸田先生はつくられたのだ」（『池田全集・第百三十巻』、三〇五〜三〇六頁）

その他の参考文献

戸田城聖「書を読むの心がまえ」（『大白蓮華』第四十五号、創価学会、一九五五年二月）

「『若き日の日記から』とその背景―文京支部時代の池田先生―」（『前進』第八十一〜八十三号、前進委員会、一九六七年二〜四月）

『七十年のあゆみ 日本大学文理学部』（日本大学文理学部、一九七二年）

北条浩「戸田先生と池田先生」（『大白蓮華』第百五十三号、創価学会、一九六四年二月）

公明党史編纂委員会編『増訂版 大衆とともに 公明党50年の歩み』（公明党機関紙委員会、二〇一九年）

『問答有用XI　夢声対談集』（一九六〇年、私家版）
『創立六十周年記念誌』（土佐女子高等学校・中学校、一九六三年）
パンフレット「豊島区制施行70周年記念　豊島公会堂の50年」（豊島区コミュニティ振興公社、二〇〇二年）
『東京都商工区分地図　千代田区版』（日本商工出版、一九五三年）
大宅壮一「創価学会」（『婦人公論』第四百八十六号、中央公論社、一九五七年十月）

〔コラム〕豊島公会堂

一九四四（昭和十九）年十一月十八日に、牧口常三郎が東京拘置所（現在の豊島区東池袋）で七十三歳の生涯を終えた。その跡地には、現在、商業施設サンシャインシティが建っている。

牧口が本格的に宗教運動を展開するようになったのは、一九三七（同十二）年頃である。彼は活動の先頭に立って奮闘し、会員は三千を数えるまでになった。

東京・豊島公会堂で開催された本部幹部会（1956年5月1日、聖教新聞社提供）

しかし、創価教育学会は、戦時下の特高警察による幹部検挙によって壊滅状態となる。それでも、牧口が庶民の心に蒔いた種は残っていた。敗戦後、その種は各地で芽をふき、戸田城聖を中心に学会再建に立ち上がることになる。

戸田は、東京拘置所があった場所から歩いて数分の豊島公会堂（一九五二年十月開館）で、実に二百回にも及ぶ会合を開催した。そこでは、創価学会の幹部会のほかに、日蓮の御書などを学んだ一般講義や法華経の方便品・寿量品を教材とした一級講義がたびたび実施されている。そのことは、豊島区制六十周年を記念して出版された『豊島公会堂の40年』（豊島区コミュニティ振興公社、一九九三年）の「金曜講義」と題する文章でも紹介されている。

池田大作は、随筆「恩師と豊島公会堂」の中で、次のように記している。

「先生の講義は、誰でもわかる言葉で自在に語られ、まことに明解であった。

講義を聴いた人を、一人も残らず救わずにおくものかと、それはそれは真剣勝負の気迫であった。

しかも、絶妙なユーモアを交え、場内を爆笑の渦に巻き込みながら、いつしか深遠な仏法の極理を、心から納得させていかれるのであった。（中略）

参加者は皆、それぞれ深い苦悩を抱えていた。しかし、講義が終わると、誰もが上気した顔で、意気揚々と、公会堂を飛び出していった」（『池田全集・第百三十二巻』、一一五頁）

なお、豊島公会堂は、二〇一六年二月に閉館し、その跡地には、一九年十一月、豊島区立芸術文化劇場が開館している。

第7章

願業を達成

1

険難の道

創価学会員の急速な増加に伴い、一九五六（昭和三十一）年に入ると、無定見なマスコミの中傷や批判だけでなく、新しい民衆勢力の台頭を阻もうとする権力の圧迫も強くなってきた。それは、世界の平和と民衆の幸福を目指す戸田城聖にとって、避けられない試練であった。

関西に常勝の大城を

七十五万世帯の達成を生涯の願業とした戸田が、東京とともに盤石な組織を築きたいと考えていたのは、西日本方面の拠点となり、その発展に欠かせない大阪であった。

戸田は、一九五二（同二十七）年八月十五日、夏季地方折伏のため、大阪を訪れている(1)。大阪支部は、五三（同二十八）年二月一日に戸田から支部旗が授与され、六月十四日には第一回支部総会を開催。天王寺区にある夕陽ヶ丘会館に約千人が参集した(2)。

支部総会で戸田は、次のように語った。

「信心をする目的は皆が本当に幸福になる為です。我々の生活は悩みの生活です。貧乏な者は金持になり、病気の人は病気が治る。一家団欒して此の世を幸福に暮らすことです。そして又未来永劫に幸福になる為に信仰するのです。(中略)

入信して三ケ月や半歳では駄目です。三年もすれば凄い御利益を感ずる様になります。

大阪も今日の様な会が二回、三回と重った時に本当の御利益を感得します。(中略)

会長は皆さんが幸福になって欲しいのです、三年後を楽しみにして居ります、しっかり信心して下さい(3)」

以来戸田は、一九五五(同三十)年秋までの約三年で十四回大阪を訪問。その間に、大阪支部と五三(同二十八)年十一月に結成された堺支部の会員は西日本の各府県などにも広がり、合わせて五万世帯を超えるまでになった(4)。

当時を物語る記事が『聖教新聞』に掲載されている。

「大阪支部では以前から要望のあったテープレコーダーを、最近二台購入し、会長先生の観心本尊抄講義を録音して教学部員会で聞いているが、（中略）教学部員は先生の講義を大阪にいて聞かれるといって大喜び、又大総会の模様も録音して翌日の支部幹部会で聞かせるなど大活躍、所が録音技術の不手際か機械のせいか、処々に人の声が鳥の鳴き声の様に聞こえる所があって、折角の録音をと残念がらせている」[5]

一九五五（同三十）年十月二十五日、戸田は水滸会の会合で、翌年七月に行われる第四回参議院議員選挙に推薦する五人の候補者を発表。

全国区　原島宏治（統監部長）
　　　　辻武寿（青年部長）
　　　　北条雋八（文化部最高顧問）
東京地方区　柏原ヤス（指導監査部長）
大阪地方区　白木義一郎（大阪支部長）

さらに、翌年の一月二十日には、全国区の候補者として小平芳平（教学部長）を追加した。[6]

国政選挙の応援は、会員にとって初めての挑戦となる。候補者も、北条が元貴族院議員である以外は、政治は未経験であった。

各候補者を支援する責任者も発表され、大阪地方区は青年部参謀室長の池田大作が担当することになった[7]。東京都に在住する会員世帯は十万を超え、幹部も多く組織が整備されてきていた。それに比べて大阪府内の会員は約三万世帯であり、入会間もない会員がほとんどである。白木は捨て石になる覚悟で出馬したという[8]。

関西本部の入仏式において（1955年12月13日）

一九五五（同三十）年十二月十三日、大阪市天王寺区味原町（現在の味原本町）に創価学会関西本部が開設され、戸田が出席して入仏式が行われた[9]。彼は、翌五六（同三十一）年一月より、毎月二回（六日間）大阪に滞在し、法華経や御書の講義をするとともに、会員一人一人に対する指導・激励などを行っている。(10) 方便品（ほうべんぼん）・寿量品（じゅりょうほん）の講義初日である一月十六日には、大阪市中央公会堂(11)（北区中之島）に約七千人が集い、場外にもスピーカーが設置されることになった。(12)

翌一月十七日午後二時、戸田は関西本部で『中外日報』の取材を受けている。その時彼は、「学会は〝暴力的宗教〟だとの非難の声が相当高いが？」との問いに対して、次のように語っている。

「我々が一体どこで暴力的行為をしたか。たった一度でもそんな例はないと断言する。（中略）事実を一度もたしかめずに報道するなどその新聞を傷つけるに役立つだけのものだ。我々を〝暴力的宗教〟と勝手にしてしまった新聞こそ暴力的行為と言いたい(13)」

一九五六（同三十一）年二月十一日、池田は、戸田五十六歳の誕生日に次のような歌を贈った。(14)

関西に　今築きゆく　錦州城（きんしゅうじょう）
永遠（とわ）に崩すな　魔軍抑えて

それに対して戸田は、次のような歌を返している。

我が弟子が　折伏行で　築きたる
　錦州城を　仰ぐうれしさ

池田は、戸田への誓いを果たすべく、大阪中を走り回った。彼の励ましを受けて関西の会員がそこかしこで立ち上がった。その勢いを受けて池田は、四月から組織の最小単位である組単位の座談会を開くことにした[15]。

四月八日には、難波の大阪スタヂアム（大阪球場）で関西二支部（大阪・堺）連合大総会を開催。雨の中、約二万人が集った[16]。この時戸田は語っている。

「私が大阪に月一回或は二回参ります理由は、大阪の会員諸君の中から貧乏人を絶対なくした〔い〕という念願の為であります[17]」

大阪支部は、四月度の折伏世帯数九千を達成。五月六日付の『聖教新聞』三面には、

「大阪遂に九千突破　唯、折伏！　折伏の渦」との見出しで報じられている。

不当逮捕の真相

一九五六（昭和三十一）年五月十五日。午前六時から七時にかけて、会員が傷害の容疑で大阪府警に逮捕された。その日の朝刊（『読売新聞』大阪読売新聞社版七面）には六人の住所氏名が掲載されており、夕刊各紙には五人の逮捕者が写真入りで報じられている(18)。

疑いをかけられたのは、主に次の三つの案件である。

第一は、一年余り前に、学会の発展を妬む日蓮正宗蓮華寺の住職崎尾正道(19)が、学会員に御本尊の返却を迫ったことから起こったもの。その真意を確かめようと話し合いを求めた青年たちが、バスに乗り込もうとした住職を制止したために、住職が傷害罪として告訴した。この件については、一人が取り調べを受けただけで、その後なんの音沙汰もなかった。

第二は、一年前に、退会した婦人の御本尊が他宗の者に持ち去られ、それを取り返した青年が、ささいな口論から他宗の本部に連れ込まれ、木刀などで脅かされたこと。取り調べを受けたが、供述書も始末書も取られず、単なる感情のもつれとして処理されていた。

第三は、五カ月前に、泥酔した元会員二人が学会員の家に乗り込んで暴れたので、これを追い返した時、そのうちの一人が玄関で自らコブをつくったこと。

これらは、すでに解決済みと思われていたが、大阪府警は捜査本部を設置し、別々の案件の容疑者を一斉逮捕することを直前にマスコミに流したとみられる。(20)『産業経済新聞』と『大阪日日新聞』では、崎尾の談話を掲載。そこには、次のような偽りの話も含まれていた。

「私は昨年一月二十三日同会〔創価学会〕の戸田城聖会長から会員になれと再三、申入れられていたが、寺の仕事が忙しいのでのびのびになっていた」(『産業経済新聞』大阪本社版五月十五日付夕刊三面)

「創価学会へは〔昭和〕廿七年〔以降〕、うちの日蓮正宗の御本尊をお分けしたが、その後同学会が教義にそむいた行いをしたので昨年初め本尊を返してくれといったことからにらみ合いになった。(中略)同学会は各方面のお寺の建立にお金を貸しそのあげくお

寺の乗取りを策しているようで、すでに十寺ほど被害をうけたと聞いている」(『大阪日日新聞』五月十六日付一面)

戸田は、学会員が不当逮捕される前日の十四日に大阪に入り、方便品・寿量品を講義。当日の十五日には「瑞相御書」を講義した。この時彼は、次のように語っている。

「末法になってくると人間が悪くなってきますから、〔瑞相が〕現れるのも大きいのが現れてくる。今朝の読売新聞や夕刊をみておりますと、昨年の蓮華寺の問題が、やっとまごころになって、学会が暴力であるかどうか調べるというのです。いずれにしても学会は悪いことなんかしてない。暴力は向こうの方がやっているのです。こっちは、なぐられた方なのだ。それをまたウソを書く新聞などというのも暴力です(趣意)[21]」

この日、関西本部に戻った戸田は、池田に対して「全員が釈放されるまで大阪を動いてはいけない」と指示。今後の対応を深夜まで協議したという[22]。

池田は幹部への御書講義で魔を打ち破る信心を訴えた。この件に際して彼は、〝暴力宗教〟といわれている創価学会の座談会を、一度見にいらっしゃってはいかがですか——こう言って、友人や知人に声をかければいいんだよ、と語っている[23]。

池田の気迫は、電撃のように全関西に伝わった。実際に座談会に誘われた人たちは、学会の真実の姿にふれ、〝うわさとは、まったく正反対だ〟と、次々と入会していったのである。

五月十八日午前九時半、戸田は、関西本部で記者会見を行い、報じられたような暴力は事実無根であると主張。その内容がこの日大阪で発行されている『読売新聞』の夕刊と五月二十日付の『中外日報』に掲載されている[24]。

帰京した戸田は、会員が喜々として活動している大阪と、東京とでは、埋めがたいほどの差異が生じてしまったことに気づかされた。座談会は、東京でも行われていたが、日程表に組み込まれた予定を、ただ機械的にこなしているように思われたのである。

五月二十日の『聖教新聞』には、理事室から五月二十五日以降七月上旬までの本部行事を中止し、幹部が第一線に立って座談会を中心に活動することが打ち出された[25]。

一方、大阪は、府警による学会員の不当逮捕があり、新聞各紙を賑(にぎ)わしたにもかかわらず、五月の一カ月間に大阪支部が一万一千百十一世帯、堺支部が一千五百十五世帯の折伏を達成[26]。『聖教新聞』六月三日付三面には、「嵐の中に一万一千」との見出しで、次のように記されている。

「戸田先生は慈悲溢れるままに色々指導に当られた。そして全く事実無根の逮捕に、如何なる根胆（ママ）によるものか知らぬが己の体面の為に動いている府警の誤った態度を厳しくつかれ、こうした邪な事が堂々と行われている世の中であればこそ、仏法王法に合する時代を築かんと関西同志の意気は燃えたのである。〝抗議ではない、府警に感謝状を送ろう〟と戸田先生は笑っておられた」

戸田は、『大白蓮華』第六十一号（一九五六年六月）の巻頭言「国士なき日本の現状を憂う（これ亡国の兆か）」において、次のように述べている。

「国士とは如何なる位置においても、国家の前途を憂え民衆の苦悩を我が苦悩とするものである。一身一家のことのみを考うる徒輩を国士とは云わないのである。（中略）

この点について、我が創価学会の中より公明選挙をもって立つ同志がいる。誠にその人々は国士をもって任ずるが故に、又選挙運動に対して啓蒙をなし公明選挙を推進するが故に世の喜びとするところである」

六月十二日の参議院議員選挙の公示（投票日は七月八日）を前に行われた五月三十一日

の本部幹部会では、空転する東京の活動状況が指摘されるとともに、くれぐれも違反のない支援活動を行うことが確認された[27]。その後戸田は、東京だけでなく、六月二日から七月五日にかけて、新潟・秋田・夕張・旭川・札幌・小樽・函館・仙台・八女・久留米・八幡（現在の北九州市八幡東区）・福岡・大阪・岡山・京都・名古屋・浜松・静岡・沼津・横浜の各市を回っている[28]。

三人の国会議員が誕生

一九五六（昭和三十一）年七月八日。投票日の早朝五時過ぎ、戸田は大阪にいる池田に電話を入れている。

「大作、関西はどうだい？」

「こちらは勝ちます！」

この時東京は厳しい情勢と思われた。彼は、池田の返事に、心からうれしそうであったという[29]。

戸田は、翌九日の午前二時に、次のような歌を詠んでいる[30]。

いやまして険しき山にかかりけり
広布の旅に心してゆけ

選挙結果は、地方区の大阪（定数三）の白木義一郎が二一万八九一五票で三位当選[31]。東京（定数四）の柏原ヤスは二〇万三六二三票で、五位（次点）で落選[32]。全国区（改選数五十二）の辻武寿（北海道・東北・関東五県の会員が応援、以下同様）は二十三位[33]、北条雋八（近畿・中国・四国・九州）は四十四位で当選[34]。小平芳平（神奈川県・静岡県・山梨県と中部三県・北陸三県・信越二県）は五十九位、原島宏治（東京）は七十八位で落選[35]。ともあれ、三人の国会議員が誕生することになった[36]。

大阪の新聞各紙の七月九日付夕刊には、白木の勝利について、「〝まさか〟が実現　大阪白木氏」（『朝日新聞』大阪本社版）、「大番狂わせ！」（『読売新聞』大阪読売新聞社版の四版）などと、大きな見出しで報じられた[37]。

しかし、東京の結果は、戸田にとって極めて残念なことであった。

第3回青年部体育大会において鼓笛隊の女子部員を激励（日本大学世田谷教養部の陸上競技場、1956年9月23日）

今後の活動について彼は、もう一度、少人数の座談会を基本とする、学会本来の姿に立ち返って活動を進めることにした。

戸田は、大石寺で行われた第十一回夏季講習会（八月三日〜七日）で、次のように語っている。

「組座談会ということを私が云いだして、末端の指導に幹部全部が乗り出しておりますけれども、また、こっけいなことが起っています。組長中心の座談会を取りちがえている人があるんですね。それで組長が何でもやっていって、班長さんが、わきで見ているというような座談会が、今度の組座談会だと思っている。そんな馬鹿な話はないのです。組長座談会なんていってません。組座談会といっているのですから、組を中心にして、班長さんがいたら、班長さんが中心になって組座談会をやれば良いんですよ。地区部長がいたら地区部長が中心になってやるんですよ。そして班長や組長がいたら側にいて、ああいうふうにやるものかと覚えさせるんです[38]」

　また、八月三十一日に開催された本部幹部会で、戸田は次のように語っている。

「私は初代会長以来、組座談会ばかりやって来た。行くというと二人か三人しかいない。今日は集(あつま)りがいいという時で二十人位なもんだ。その中に大抵(たいてい)反対の者が相当おる。そういう座談会が本当の座談会なのです[39]」

　戸田は、組座談会を真面目(まじめ)に実践することによって、草創期からの学会精神を再度体得させようとしたのである。

　九月五日、彼は、大蔵商事の仕事が軌道に乗ってきたことを報告に来た池田に、会社の仕事から一切身を引くことを告げている[40]。創価学会の組織を隅々(すみずみ)にいたるまで堅固(けんご)なものにしていくため、全力を尽くすことにしたのである。

　七月の参議院議員選挙では、戸田のもとに選挙妨害とも思われる事情聴取などの報告があちこちから届いていた(41)。また彼は、この選挙の際に戸別訪問容疑を問われていた会員の裁判で、どのような判決が出されるか深く案じていた。多くの場合略式命令で公民権停止せずという判決が出ている中で、検察当局の創価学会に対する態度は極めて苛酷で、そのほとんどを不服として控訴した(42)。しかし、選挙違反に問われていた会員は、日本の国連加盟に際し、十二月十九日に「大赦令」が施行されたことにより、免訴になった(43)。

東京国際空港（羽田空港）から大阪に向かう戸田城聖（1956年10月）

この年の九月十八日、牧口常三郎の妻クマ（享年七十九）が逝去。九月二十九日には、学会葬が池袋の常在寺で行われ、三千人余りが参列した(44)。その時戸田は、時折声を詰まらせながら、次のような弔辞を述べている。

「顧みますれば昭和十九年に先生が亡くなりました時のあの時の様

子を私が牢から帰って受けたまわりまして、実に人生の人の心の頼み難い事を泣きました。願わくは私の力の限り、またあなたの命のある時代において先生の真心を人生に対する慈愛をこの世に残したいと念願致しました。その時の先生の葬式はわずか六人か七人の見送りですんだと聞いておりますが、本日あなたを見送りする創価学会は少くとも私の人生をかけた一つの記録であります。願わくばあなたがもし先生にお目にかかる儀あるやなしや（中略）もしお目にかかる時ありましたならば、城聖、この度先生の跡を継いで斗争していると申し上げて頂きたいと思います[45]」

一九五六（同三十一）年十一月一日、第十五回秋季総会が、文京区春日町（現在の同区後楽）の後楽園スタヂアム（後楽園球場）で開催され、約六万人の会員が参加した[46]。そして、この年、創価学会は、一年間で三十万三千世帯から四十九万一千世帯に躍進した[47]。

注

（1）『聖教新聞』一九五二年九月一日付一面参照。

（2）一九五一年五月に会長に就任した戸田に対して、池田は「日本の広宣流布の未来を考えた時、庶民の都・大阪にこそ、最も早く支部を建設するべきです」と提案。戸田は、即座に「わかった。それなら、大作、君が行って、君の手でつくり給え」と指示していた（『池田全集・第百三十二巻』、一五七頁参照）。五二年一月十五日、戸田は、プロ野球の投手であった白木義一郎が阪急ブレーブス（兵庫県西宮市）にトレードされたことを聞き、蒲田支部の幹事である彼を大阪支部長心得に任命。白木は同年二月一日に大阪の地を踏んだ。翌五三年五月末、大阪支部は千四百世帯になった。これらについては、『創価学会 関西広布史』（一）草創期（聖教新聞関西本社、一九七六年）の一二～二一・一〇二～一〇八頁、「信仰・十年クラス⑾ 大阪支部長白木義一郎氏」（『聖教新聞』一九五六年三月十八日付五面）、『読売新聞』読売新聞社（東京）版一九五一年十二月二十七日付朝刊三面、などを参照。

（3）『聖教新聞』一九五三年七月一日付二面参照。

（4）一九五五年十一月の世帯数は、大阪支部約四万五千六百、堺支部約八千五百であった（『聖教新聞』一九五六年一月一日付五面参照）。あわせて、『創価学会 三代会長年譜』上巻（創価学会、二〇〇三年）、および、『聖教新聞』一九五三年十二月六日付一面を参照。

（5）『聖教新聞』一九五五年十一月十三日付二面。録音された戸田の講義は、後にレコード盤『創価学会々長戸田城聖先生の教え』（VICTOR COMPANY OF JAPAN, 1959～64）に収められている。

（6）五人の候補者の発表を含め、『池田全集・第三十六巻』（『若き日の日記』）の六八三頁、『池田全集・第三十七巻』（『若き日の日記』）の二九頁、『聖教新聞』一九五六年二月五日付一面・四月一日付一面、などを参照。本文の（　）内は、学会役職。なお、戸田は、大学の同級生であった中央大学教授の山口忠夫と、『創価教育学体系』出版当時からつながりの深い西川喜万に立候補を打診したが、それぞれが断わったとのことである（山口の次男邦夫からの聞き取りと西川からの聞き取りの記録による）。

（7）池田大作「わが忘れ得ぬ同志―第2回― 大阪支部の初代支部長・婦人部長 白木義一郎さん・文（ふみ）さん夫妻」（『聖教新聞』二〇〇六年四月三十日付）の二面、および、『池田全集・第三十六巻』の六七〇頁を参照。

池田は、「関西に私が通い始めたころは、私の人生にとっても、厳しい時期であった。戸田先生の経営される会社の第一線で、同社の苦境を打開すべく必死に働いていた。学会の組織にあっては、文京支部の支部長代理、青年部の室長、学会本部の渉外部長をしながら、新しく関西の陣列に加わった」（『池田全集・第百二十六巻』、一五四頁）と述べている。なお、支援の責任者が発表された後、池田が最初に大阪に行ったのは、翌一九五六年の一月四日。

（8）『池田全集・第百三十五巻』、二一三頁参照。後年池田は、「幹部のなかには、私が負けることを望む嫉妬の人間もいた」（『聖教新聞』二〇〇八年五月三十日付二面）と語っている。

（9）関西本部は、音楽学校の建物を購入して改修したものであり、全国二番目の会館になった（『大阪音楽大学七〇年史 楽のまなびや』、大阪音楽大学、一九八八年、一三四・三八五頁参照）。仏間には、戸田が願主となり、脇書に「大法興隆所願成就」と認められた御本尊が安置された（前出、『関西広布史』（一）、二一六〜二二三頁参照）。

（10）『創価学会 関西広布史』［二］第一黄金期（聖教新聞社、一九九二年）、四三〜四四頁参照。

（11）戸田は、一九五五年一月以降、大阪市中央公会堂で開催された会合に三十四回出席している（前出の『創価学会 三代会長年譜』上巻を参照）。

（12）『聖教新聞』一九五六年一月二十二日付一面、および、前出の『関西広布史』［二］の三〇頁を参照。

（13）『中外日報』一九五六年一月十九日付二面参照。『中外日報』は、五六年二月七日にも大阪で戸田にインタビューを行っている（同年二月十一日付三面参照）。同紙は、京都に本社がある一八九七年創刊の宗教専門紙。一九五七年一月には、今東光（本書下巻の290頁参照）が二代目の社長に就任している（『中外日報』一九五七年一月十五日付一面参照）。

（14）『聖教新聞』一九七六年一月八日付一面を参照。あわせて、前出の『関西広布史』［二］の四七～四八頁、および、『池田全集・第百三十二巻』の一六〇～一六一頁も参照。後に池田は、「永遠に崩すな」という表現を「永遠に崩れぬ」に改めている（『池田全集・第百三十二巻』、一六〇頁参照）。

（15）前出、『関西広布史』［二］、六八～六九頁参照。

（16）関西二支部連合大総会に関する記事が、『朝日新聞』大阪本社版一九五六年四月九日付朝刊七面、および、同日付の『毎日新聞』毎日新聞社（大阪）版朝刊八面の市内版に掲載されている。

（17）『聖教新聞』一九五六年四月十五日付三面参照。

（18）「その日の朝刊」は、十四版☆。十四版☆は、最終版の締切時間を調整し、最新の情報を差し込んだ版を意味する。和歌山県立図書館所蔵の十二版には掲載されていないので、その後に差し込まれている。『読売新聞』大阪読売新聞社版一九五六年五月十五日付夕刊三面の二版も参照。本文中の「夕刊各紙」は、五月十五日付夕刊の『朝日新聞』大阪本社版五面・『毎日新聞』毎日新聞社（大阪）版三面・『読売新聞』大阪読売新聞社版三面・『産業経済新聞』大阪本社版三面、および、五月十六日付の『大阪日日新聞』一面・『大阪新聞』三面のこと。『大阪日日新聞』と『大阪新聞』は、発行日の前日に夕刊として発売されていた。

同様の記事は、同年五月十五日付の東京の各紙夕刊（『読売新聞』読売新聞社〔東京〕版五面・『毎日新聞』毎日新聞社（東京）版七面・『日本経済新聞』日本経済新聞社〔東京〕版三面・『産経時事』産業経済新聞東京本社版七面・『東京新聞』七面）のほか、同日付の『愛媛新聞』『京都新聞』『神戸新聞』『四国新聞』『中国新聞』『中部日本新聞』『徳島新聞』『西日本新聞』『福井新聞』『大和（やまと）タイムス』、五月十七日付の『中外日報』、などにも掲載されている。

ちなみに、『読売新聞』大阪読売新聞社版五月十五日付朝刊七面には、ある青年について逮捕状が出ているとして住所・氏名が掲載されたが、同日付の他紙夕刊では氏名も写真も掲載されなかった。翌十六日に、本人が捜査本部を訪ねて確認したところ、『読売新聞』の〝誤報〟であったことが判明したという（『聖教新聞』一九五六年五月二十日付二面参照）。当然のことながら、この記事は、捜査関係者から資料提供がなければ書けない内容であった。

なお、五月二十五日までには、逮捕者全員が釈放された。取り調べは、逮捕容疑についてではなく、ほとんどが、学会の組織・活動・指示系統に関することであった（当事者からの聞き取り、および、『聖教新聞』一九五六年六月十七日付二面を参照）。この時点ですでに大阪府警は、創価学会について詳細な情報収集を行うとともに、マスコミを使って学会のイメージダウンを図ろうとしていたと思われる。

（19）崎尾正道については、本書下巻の272頁を参照。一九五五年一月、崎尾は、それまで学会員に授与したすべての御本尊の返却を求めるという行動に出た。日蓮正宗宗務院は、同年三月に滋賀の寺院への転任を命じたが、崎尾はこれに従わず、そのまま居住。蓮華寺は、六四年五月に日蓮正宗から離脱した。このことについては、『大日蓮』第百十号（日蓮正宗布教会、一九五五年四月）の二頁、『聖教新聞』一九五五年六月二十六日付一面、前出の『関西広布史』（一）の一七六～一八一頁、など参照。

（20）『聖教新聞』一九五六年五月二十日付二面・五月二十七日付三面・六月三日付三面・六月十日付三面・六月十七日付二～三面、および、前出の『関西広布史』［二］の一〇〇～一〇一頁を参照。戸田は、一九五六年五月三十一日の本部幹部会で次のように述べている。

「〔大阪府警は〕去年と正月にあった古い事件を三つつなぎ合せて作文して、青年部を引っぱってみたら、そこから何か出るに違いないと思ってネ。

これらは選挙妨害する意図であろうとも思う。此方（こちら）をおとす意図と思うのです。そういう魔の手が働いたに違いないと私は断ずる」（『聖教新聞』一九五六年六月三日付一面参照）

（21）『戸田全集・第六巻』の六三七頁参照。あわせて、レコード盤『創価学会々長戸田城聖先生の教え 御書講義の部№6 瑞相御書（上・下）』（VICTOR COMPANY OF JAPAN, 1960.06）を参照。本文中の

「今朝の読売新聞や夕刊」については、本節の注（18）を参照。

戸田は、暴力宗教と評判をたてられるようになった経緯について、風刺漫画家で評論家の近藤日出造との一問一答で、次のように語っている。

「なぜそんな評判立てられたかといいますと、私が若い者を三年ばかり修業に出したもんだから、それがまずかったんでしょうな。浅草に禅坊主で参議院に出た人がいるんですよ。まアえらい坊さんだ、ってことになってますがね。ここへウチの若い連中が行って、問答やったら、向うがつまっちゃったんだそうです。それで恨みを買っちゃったんですな。それともう一つは、ウチの十七、八歳の何人かがどこかの寺の坊主の所へ問答やりに行ったら、その坊主が界隈（かいわい）のならず者のボスなんだそうで、こいつにウチの若い者がメチャメチャに殴られちゃったんです。ところがそいつが逆宣伝をやりましてね、ウチの若い者が殴り込みに来た、といいふらしたわけですな。暴力宗教の出所は、まアこの二つあたりなんでしょう」（『中央公論』第七十一年第十号、中央公論社、一九五六年九月、二八五頁）

（22）前出、『関西広布史』［二］、一〇三頁参照。

（23）『池田全集・第八十五巻』、一一七頁参照。

（24）この記者会見は渉外部長の池田が手配したもので、ＮＨＫ、共同通信など各社が参加した

（『中外日報』一九五六年五月二十日付三面参照）。『読売新聞』大阪読売新聞社版一九五六年五月十八日付夕刊三面の四版および『中外日報』同年五月二十日付三面には、記者会見における質疑の一部が掲載されている。なお、『読売新聞』については、配達地域によっては翌日の朝刊七面に掲載されている（和歌山県立図書館所蔵の十二版参照）。

（25）『聖教新聞』一九五六年五月二十日付一面参照。

（26）前出、『関西広布史』〔二〕、一〇九〜一一一頁参照。なお、『聖教新聞』一九五六年六月三日付三面によれば、一九五六年五月の大阪支部の折伏成果は、「本尊流布決定一万五千を持ち乍(なが)ら、御本尊送りが一万一千に止(とどま)った」とのことである。

（27）『聖教新聞』一九五六年六月三日付一面参照。

（28）一九五六年の戸田の手帳、および、『聖教新聞』一九五六年六月十日付四面の西日本版・六月十七日付四面の北日本版・六月二十四日付四面の北日本版と西日本版・七月一日付四面の北日本版と西日本版・七月八日付四面の西日本版、などを参照。

（29）『池田全集・第九十八巻』、二三六頁参照。

（30）戸田は、一九五六年八月二十六日に両国の国際スタヂアム（後の日本大学講堂）で開催された全国新支部結成大会で、次のように語っている。

「七月八日の選挙が終って、その次の朝、朝と申しましても夜中の二時に、私がひしひしと身に感じるものを思いました。

その時に出来た歌が〝いやまして険しき山にかかりけり　広布の旅に心してゆけ〟これが私の心であります。案の定、選挙が終って以来始めて日本の社会がびっくりして、清く公平な学会が、悪口をいわれたり、攻撃されたり、或いは間違った報道が始まり、あらゆる状態が我々創価学会の上にかかって参りました。これは当然そうあるべきだと私はつくづく感じていたのです。何故かといえば、あの選挙の時に私が同志の応援のために全国を歩いて感じたことがそれなのです」(『聖教新聞』一九五六年九月二日付一面参照)

ちなみに、この新支部結成大会で、従来の十六支部に、新たに十六支部が加わり、三十二支部になった(『聖教新聞』一九五六年九月二日付一・二面参照)。

(31)『昭和31年版　第四回参議院議員選挙一覧』(参議院事務局、一九五七年)、二〇頁参照。

(32) 第四位で当選した候補者の得票数は二四万一一三票で、五位(落選)の柏原ヤスとは三万六五〇〇票の差であった(前出の『第四回参議院議員選挙一覧』、一八頁参照)。

（33）辻武寿の得票数は、三一万五五九七票（前出の『第四回参議院議員選挙一覧』、九六頁参照）。北海道夕張市で辻が予想を超える票を得たことが、翌年の炭労問題につながった（本書下巻の341～343頁参照）。

（34）北条雋八の得票数は二六万一三四二票で、落選した次点との差は約二万票（前出の『第四回参議院議員選挙一覧』、九七頁参照）。大阪の勢いが北条を当選に押し上げたといえよう。

（35）小平芳平は二二万四八一三票。なお、神奈川県内では、小平が全国区の候補者中二番目に多い六万五八五〇票を獲得している。原島宏治は一八万九七八七票で、そのうち、東京は一三万三三二六票であった。小数点以下切り捨て。前出の『第四回参議院議員選挙一覧』の九七～九八・一一九・一五四～一五五頁を参照。

（36）創価学会から三人の参議院議員が誕生したことは、各界に波紋を拡げた。『週刊東京』第二巻第二十九号（東京新聞社、一九五六年八月十八日）では、「二大政党についで、三十年の歴史を持つ日共（日本共産党）が新興宗教の創価学会に惨敗した。日共は全国区三名、地方区三十四名の候補者をたて当選はそれぞれ一名ずつの計二名。創価学会は全国区四名、地方区二名でそれぞれ二名、一名と計三名が当選している。得票数は全国区をみると日共が五十九万九千票なのに、創価学会は九十九万票もとって四十万票も引き離されている」（一五頁の「週刊フラッシュ」）と書かれている。

また、『週刊朝日』第六十一巻第三十一号（朝日新聞社、一九五六年七月二十九日）は、「戸田城聖という男」という特集を組み、「全国区で創価学会候補者のかき集めた票数は、九十九万票。三人の落選者も惜しいところで敗れている。とにかく、大したものである」（一二頁）と書いている。同誌は、戸田へのインタビューを五六年七月十五日に大石寺の宿坊で行っており、戸田について「五尺六寸、十七貫。度の強いメガネ」（同頁）などと記している。ちなみに、五尺六寸は約一メートル七十センチ、十七貫は約六十四キログラム。

そのほかに、『毎日新聞』毎日新聞社（東京）版一九五六年七月十三日付朝刊五面、および、春日正一「創価学会の進出の教えるもの」（『アカハタ』一九五一年九月五～七日の各二面に連載）を参照。

（37）『朝日新聞』大阪本社版一九五六年七月九日付夕刊三面、および、同日付の『読売新聞』大阪読売新聞社版夕刊第二の七面を参照。なお、『読売新聞』大阪読売新聞社版の二版（和歌山県立図書館所蔵）では、見出しが「白木氏勝利投手に　大阪で意外の番狂わせ」であった。

（38）「四信五品抄拝読　戸田会長先生の講義より」（『大白蓮華』第六十五号、創価学会、一九五六年十月）、八頁参照。あわせて、『聖教新聞』一九五六年八月十二日付四面の東京版を参照。

（39）『聖教新聞』一九五六年九月九日付一面参照。戸田は、〝何時頃から流行り出したのか決を取るなどという座談会のやり方は教えたこともない。大体この仏法の話を聞いて二時間位の座談会でわかったやりますという方がおかしい。二度も三度も座談会へ出て来て、それでやっとやって見ようというのが当然なのじゃないか。一度座談会へ出たら、二度目はもう来られないような座談会じゃ駄目だ〟と語っていたという（『聖教新聞』一九五六年九月十六日付一面の「組座談会はどうあるべきか(1)」および二面の質問会の解答を参照）。

(40) 池田は、一九五六年九月五日の日記に、「先生と種々懇談。先生、弥々事業引退のお話あり。名実共に、学会、広布の会長指揮」（『池田全集・第三十七巻』、七二頁）と記している。

(41) 『聖教新聞』一九五六年七月一日付一～三面と四面の北日本版・七月八日付一～三面と四面の北日本版・七月十五日付一～二面などを参照。

(42) 法務大臣・検事総長出席のもとで一九五六年八月二十日と二十一日に開催された全国次席検事会会同では、選挙検察上特に考慮すべき事項について協議が行われた。二十日、刑事局長から、戸別訪問の取締りについて、「今回の選挙における一つの特徴として、組織を利用したいわゆる形式犯の増加が注目されるのであります」として、以下のような指示があった。

「宗教団体等の組織的な戸別訪問等も各地に行われたのでありまして、これら事犯の中には、（中略）

計画的、組織的な点におきまして、その弊害は、買収事犯等に比し、決して軽視することを許さないものがあるのであります。

従いまして、各位におかれましては、これらの事犯に対処するにあたりましては、単に形式犯としてこれを軽視するがごときことなく、周到な配慮の下によく事案の実態を究明し、適正な処理に万遺漏なきを期せられたいのであります」(『検察月報』第九十号、法務省刑事局、一九五六年九月、二二三頁参照)

さらに、次号の「刑事局の動き」欄には、「最近一部の宗教団体に関して人権侵害や組織的な選挙違反事件等が相ついで起きている現況にかんがみ、宗教法人法の規定の活用、例えば、これら悪質な宗教団体に対する解散措置の発動等の問題につき、最高検、警察庁(警視庁)及び文部省などの関係者を招集して九月七日連絡協議会を行った」(『検察月報』第九十一号、一九五六年十月、七五頁)と記されている。

なお、このように法務省が宗教団体の会員による選挙活動に過敏な対応をするようになったのは、一九五六年一月の立正交成会(現在の立正佼成会)が絡む土地不正取引問題が発端になったと考えられる。この問題について、衆参両院の法務委員会では新興宗教の徹底的な調査を求める決議がなされたこと、さらに、法務大臣が新興宗教に対する取り締まりに力を入れる方針を表明したことなども影響したと考えられる。これらについては、『読売新聞』読売新聞社〔東京〕版一九五六年一〜十月の関係記事、および、教団史編纂委員会『立正佼成会史』第一巻〔佼成出版社、一九八三年〕の一七七〜二一五頁を参照。

このような中央の意向を受けて、大阪高等検察庁の次席検事と刑事部長検事は、一九五六年九月三日、大阪・京都・神戸地方検察庁の検事らと協議し、創価学会員の戸別訪問に対して強硬な態度で臨むことを申し合わせたようである〔『朝日新聞』大阪本社版一九五六年九月四日付朝刊九面参照〕。

あわせて、『刑事裁判資料第一二六号 昭和三十一年における刑事事件の概況』〔最高裁判所事務総局、一九五八年二月〕の六三頁には、「〔選挙違反事件の〕公民権停止に関する裁判には依然として地方的な相違が著るしい」と記されている。

(43)『読売新聞』読売新聞社〔東京〕版一九五六年十二月十一日付朝刊一面などを参照。

(44)『聖教新聞』一九五六年九月二十三日付一面・十月七日付一面参照。

(45)牧口クマの学会葬における戸田の弔辞の音声記録、および、『聖教新聞』一九五六年十月七日付一面を参照。

(46)『聖教新聞』一九五六年十一月十一日付二・三面、および、「創価学会の主要行事表② 昭和二十八年～昭和三十二年」（『大白蓮華』第八十一号、創価学会、一九五八年二月）の六〇頁を参照。ちなみに、一九五七年一月に都内三十六館で封切りされ、全国でも順次上映された「文化ニュース」二二五号には、創価学会第十五回秋季総会が紹介されている（『月刊邪教と正教』第一号、文化ニュース短映社、一九五七年一月、三二～三三頁など参照）。

(47) 池田大作「千里の道」（『大白蓮華』第百七十一号、創価学会、一九六五年八月）、一三頁参照。

その他の参考文献

白木義一郎「大阪での会長先生」（『大白蓮華』第八十五号、創価学会、一九五八年六月）

『検察資料〔一六四〕主要選挙罰則関係判例集』（法務省刑事局、一九七二年十一月）

『民衆こそ王者 池田大作とその時代』Ⅳ［青年の譜］篇（潮出版社、二〇一三年）

『裁判所法務省検察庁 職員録』（法曹会、一九五六・五七年版）

『聖教新聞』一九五六年十月二十一日付四面の西日本版

佐藤優『池田大作研究 世界宗教への道を追う』（朝日新聞出版、二〇二〇年）

田原総一朗『創価学会』（毎日新聞出版、二〇一八年）

2 障魔の嵐

一九五七（昭和三十二）年は、戸田城聖が悲願とする七十五万世帯の達成に向けて、これまで学会員の少なかった地方にも一段と折伏の手が入り始めた時期にあたっている。(1)そして、この頃から、創価学会の前進を阻もうとするさまざまな障魔との戦いが熾烈なものになってきた。

大阪の参議院補選に候補擁立

一九五七（同三十二）年元日の『聖教新聞』一面には、「仏法で民衆を救済」と題した戸田の年頭の辞が載せられている。そこには、地球上に住む人類は一つの民族であり運命共同体である、との考えが表明されていた。

「昨冬ハンガリア問題(2)が世界の注目を引いた。そのくわしい事情に就いては知る由もない。（中略）ただ国民が悲痛な境遇にあることだけは察せられる。貧乏と困苦の生活の上に加えられたものは鉄火の見舞である。（中略）

吾人等が仏法哲学を弘めて真実の平和、民衆の救済を叫ぶ所以は先哲の平和欲求の精神をどこまでも実現せんがためである。[3]

願わくば吾人と志を同じくする同志は世界にも国家にも個人にも『悲惨』という文字が使われないようにありたいものと考えて、望み多き年頭を迎えようではないか」

同年四月に参議院大阪地方区で補欠選挙（定数一）が行われることが決まった。戸田はその対応に悩んだが、東京の幹部から候補者を立ててはどうかとの進言もあり、前年獲得した票を二年後の選挙までつないでおきたいとの地元の考えを尊重し、急遽、歯科医師中尾辰義（船場支部長）が立候補することになった。[4]告示が三月二十九日、投票日が四月二十三日。約一カ月の短期決戦であり、池田が総責任者として指揮を執ることになった。前年八月に大阪支部から分割されて船場・梅田・松島の各支部が誕生し、堺支部と合わせて大阪府内は五支部になっていた。[5]前年の参議院議員選挙と支援の仕方が異なるのは、東京の幹部が各支部の責任者になったことである。[6]

三月下旬、幹部に対して次の根本方針が改めて確認されている。[7]

一、選挙違反は絶対にしてはならない
一、信心指導の徹底
一、選挙をする意義の徹底

四月七日、約五万人が参加して難波の大阪スタヂアムで第一回関西総支部総会を開催。この時戸田は、次のように語った。

「社会の繁栄のために個人をぎせいにすることは絶対にいけない。社会が繁栄するとともに個人の幸福も増大しなければならない。これが王仏冥合の精神であります。この仏法のために我々は政治の指導者を出して行こうというのであります[8]」

その後池田は、投票日まで大阪府内を駆け巡るとともに、前回の選挙で票が伸びなかった地域に青年部幹部を派遣するなど、限られた時間の中で可能な限りの戦いを展開した。[9]

ところが、投票日前日の四月二十二日。『朝日新聞』大阪本社版の夕刊五面（五版）に、次のような記事が掲載された。[10]

「参院大阪補選の投票日をあすにひかえた二十二日正午すぎ『大阪市内の四つの職安出張

第1回関西総支部総会（大阪スタヂアム、1957年4月7日）

所に候補者の名を書いたタバコがばらまかれているが、これは選挙違反だから取締ってほしい』と大阪府警選挙対策本部へ証拠品のタバコをもっての申入れがあった」

さらに、四月二十三日（投票日）の『読売新聞』大阪読売新聞社版朝刊七面（十四版☆）は、次のように報じている。(11)

「二十二日夜八時ごろ、布施市足代（あじろ）と大阪市城東（じょうとう）区鴫野（しぎの）町付近で自転車に乗った男が各戸の玄関口や通行人めあてに某新興宗教団体をバックに立候補した某候補の名刺をはった百円札をバラまいていた。大阪府警参院補選取締本部の調べではこのほか福島、東成（ひがしなり）署にも同様の名刺約四十枚が押収されており悪質な公職選挙取締法違反とみて捜査している」

この候補の名前はともに「中尾」であった。予想だにしない出来事であった。中尾の選挙事務所は、大阪府警本部に何度も電話を入れ、他陣営の悪質な選挙妨害であるとして厳重な取り締まりを申し入れている[12]。翌二十四日の開票の結果、中尾の得票率は前回の白木を上回っていたが、当選には及ばなかった[13]。

落選が明らかになった直後の光景を、白木義一郎は、次のように語っている。

「戦いが終わったその夜、関西本部で、敗北の無念さは当然としても、お互いの慰（なぐさ）めとして『よく頑張った方だ』などと話し合っていました。その時、広間の隣室の扉が開いていましたので、見るともなく見た時、ガーンと頭を打たれるようなショックを受けました。戸田先生と池田先生が、抱き合って悔（くや）しがっておられる姿が目に映ったのです。背筋を雷鳴が走る思いでした。なんと甘い考えだったのか、と無念の涙が込み上げてきました。戸田会長、池田室長は、いかに真剣に取り組まれていたかをその時、改めて知ったのです[14]」

四月三十日、戸田は東京・信濃町の本部内で発作を起こして倒れ、その日の本部幹部会を初めて欠席した。その後、彼の体調は一進一退を繰り返すことになる[15]。

炭労問題と学生部結成

かつて、戸田が真谷地尋常小学校の教員として過ごした北海道の夕張に、学会員が誕生したのは一九五二（昭和二十七）年九月のことである。戦後夕張は、人口十万人を超える炭鉱の街に発展していた。

戸田は、一九五五（同三十）年八月と五六（同三十一）年六月に同地を訪問。その間にも学会員は急速に増え、五六（同三十一）年の末には二千世帯になっていた[16]。

夕張の炭鉱労働組合（以下「炭労」と略す）の幹部が学会の存在に注目したのは、一九五六（同三十一）年七月の参議院議員選挙の時である。学会が推薦した全国区の辻武寿は、夕張市内で二位の二千五百六十七票を獲得。この票数は、炭労が支持した社会党の阿部竹松が夕張で獲得した二万千四百六十五票の一割を超えていた[17]。結果を重く受け止めた日本炭鉱労働組合北海道地方本部（以下「道炭労」と略す）の幹部は、八月下旬の会合で学会対策を議題に加えた。夕張の学会員に対するさまざまな圧迫は、この頃から始まったようである。[18]

翌一九五七（同三十二）年五月の日本炭鉱労働組合（以下「全国炭労」と略す）の第十七回定期大会（十三日〜十九日）では、「創価学会は軍隊組織で浸透してきている。これに対しては地区にまかせるのではなく、方針の中に対策を入れてもらいたい[19]」という意見が北海道の出席者から出され、『1957年度行動方針』の中の「四、組織を強化する斗い」の一項目として、「新興宗教団体への対策について」が加えられた。[20]

これを受けて、道炭労（組合員約七万四千人）は、第十回定期大会（六月十七日〜十九日）の二日目に、組織の問題として創価学会と〝対決する〟という行動方針を可決した。[21]

戸田は、六月十九日に信濃町の本部へ来た『北海タイムス』記者の「炭労は創価学会と対決するといっているが創価学会は炭労と対決するか」との質問に、次のように答えている。

「対決のしようがないね。（中略）しかし炭労が馬鹿なことをいうならオレも男だから対決するよ。そんなことはしたくはないがー。（中略）組合内がまとまって活動出来るかまとまりがないかはその組合の指導者の誠意と実力如何(いかん)によるもので、本質的に何某(なにぼう)組合員の信仰生活とは関係のないものだ[22]」

その後、道炭労は具体的な闘争スケジュールを決定。六月二十四日には夕張炭労から創価学会と対論を行いたいとの申し入れがあり、七月四日午後一時から夕張労働会館大ホールで双方十人の委員で行うことになった[23]。さらに炭労からは、岡田道炭労委員長の出席も決まったと言ってきた[24]。そして、六月二十七日には、各支部[25]に対して創価学会排除の指令を発している[26]。その方針を受けた夕張の各炭労は、すでに行われていたさまざまな圧迫や差別に加え、教宣活動の徹底という名目で学会員の締め出しを強化した[27]。ところが、二十九日には一転して、対論の無期延期を伝えてきたのである[28]。

戸田は、八月上旬に行われた徳川夢声(むせい)との対談で、ユーモアを交えて語った[29]。

「こんどの炭労事件なんか、むこうからケンカをふっかけてきたんですよ。（中略）七月四日に対決しようというから、『よしきた。対決しよう』といって、こちらも乗り込んでいった。そうしたら、逃げちゃってあわないんです」

このように炭労との関係が緊迫していた六月三十日、東京都港区の麻布（あざぶ）公会堂で学生部結成大会が行われた。同部は、前年九月十八日に第一回打ち合わせ会を持ち、その後戸田は、創価学会に入会している学生一人一人の経済状況などの報告を聞いて、事細かな激励を指示していた(30)。

結成大会には、関西から十一人、仙台から十数人が駆けつけ、女子学生六十人を含む約五百人が参加(31)。大会が始まる少し前に会場に到着した戸田は、役員に両肩を支えられるようにして細い階段を上がってきた。受付役員であった小林俊子は、「玄関のところへ先生を迎えに行き、戸田先生の前を『もう少しです、もう少しです』と言いながら案内しました。先生は『いいよ、いいよ、若い学生が集まっているのだから』と本当にうれしそうなご様子でした」と語っている(32)。

壇上に立った戸田は、青年時代の思い出から語りはじめた(33)。

「ただ、うれしいという言葉以外にない。わたしは数え年五十八でありますが、二十三の時から三十幾つまで時習学館という私塾を開いていました。ここに初代の会長がしょっちゅう来られましてね、私と一緒に教育学の研究をして下さったんです。その頃は信

学生部結成大会（東京・麻布公会堂、1957年6月30日、聖教新聞社提供）

心も何もないんです。

それで驚いたことに、何も博士が偉いというわけではないけれども、その頃私が数学や国語を教えた人の中に、いつの間になったのか、文学博士になっているのがいるんです。[34] それで僕と一緒に勉強しておった男が法学博士になっているんです。

これはね、僕を驚かせたんだな。しかしその頃教えた生徒の数は約一万に近い、私が指導したのは。ところがこの中から、法学博士だ文学博士だ、中には会社の重役だというのが沢山出来てきた。けれども一万人の中から勘定してみると幾人もいないんだよ」

そして、会場を見渡し、「この中から半

分だけ重役になってさ、半分だけ博士になってしまえば……。そうすりゃいいだろう」「この中から半分博士が出来たら大変なことだよ」と述べ、集った全員が一人ももれなく次代の指導者になってほしいとの期待を込めた言葉で結んでいる。

この日六月三十日、買収と戸別訪問指示の容疑で、小泉隆理事長と池田大作参謀室長に狙(ねら)いを定めた大阪府警察本部（以下「大阪府警」と略す）は、刑事二人を上京させていた。[35]小泉は東京にいたが、池田は炭労問題の対応のため二十八日には北海道に出向いていた。そこで、大阪府警の意を受けた北海道警察の刑事が、札幌の旅館へ来た。この時池田は夕張に行っていて不在だったため、応対に出た辻武寿は刑事と交渉し、二日の夕張大会終了後まで出頭を延ばしている。[36]

二カ月前の四月二十三日に行われた参議院大阪地方区の補選では、会員のなかから戸別訪問の容疑で、投票日の夜までに十余人が逮捕されていた。[37]さらに、五月二十二日には、投票日前日に公然と行われた買収行為が、蒲田支部の地区部長である中村某などによることが明らかになった。[38]

選挙違反は絶対にしてはいけないとの根本方針が確認されていたにもかかわらず、選挙違反が出てしまったのである。白木義一郎の妻文は、「耳を疑いましたが、事実でした……。一人の功名心が、多勢の人を、そして池田先生にまで御迷惑をかける事になったのです」と語っている[39]。

検察の追及はそれで終わらなかった。戸別訪問と買収について、蒲田支部長でもある小泉と、補選の指揮をとっていた池田が関与したように立件するため、逮捕者などに対して虚偽の供述すら強いて周到に準備を進めていたのである[40]。

その背景には、一部会員による選挙違反を突破口に、大きくなっていこうとしている創価学会を今度こそ押さえ込もうという、検察や警察の意図があったのではないかと推察される。前年の参議院選挙では、戸別訪問で検挙された創価学会の会員が、日本が国連に加盟したことによる恩赦で免訴になり、その目的が達せられなかったのである[41]。

炭労の横暴を弾劾する札幌大会[42]（七月一日、北海道立札幌中島スポーツセンター）と夕張大会（七月二日、若菜劇場）を終えた池田は、七月三日、大阪へ向かった。乗り継ぎをする東京国際空港（羽田空港）の待合室で、大勢の幹部とともに待っていた戸田は、心配のあまり座っておれないような状況だった[43]。

この時戸田は、「死んではならんぞ。大作、もしも、もしも、お前が死ぬようなことになったら、私もすぐに駆けつけて、お前の上にうつぶして一緒に死ぬからな」と語ったという。[44] そして、発刊されたばかりの妙悟空(みょうごくう)著『人間革命』[45]（精文館書店）を池田に渡している。そこには、戸田自身の獄中体験もつづられていた。

理事長・参謀室長が逮捕される

一九五七（昭和三十二）年七月二日、大阪府警は、身柄を確保していた小泉隆理事長を公職選挙法違反の容疑で逮捕。[46] 七月三日には、任意出頭してきた池田を同容疑で逮捕した。[47] 四日付の『朝日新聞』東京本社版夕刊五面には、次のように報じられている。

「大阪府警捜査二課は三日夜、東京都大田区調布小林町、創価学会渉外部長池田大作（二九）を公職選挙法違反の疑いで逮捕した。さる四月に行われた参議院大阪地方区補選で同学会の落選候補中尾辰義氏派応援のため、さきに逮捕された同学会小泉隆理事長と共謀、職安所などでタバコ、キャラメル、百円札などをばらまいた首謀者とみられているが、両人とも否認している[48]」

二人の逮捕は、社会の関心事となった。たとえば、七月八日午後十時三十分から放送されたKRテレビ（TBSの前身）の番組「その人に会ってみましょう」に戸田が呼ばれ、毎日新聞論説委員の古谷綱正のインタビューを受けている[49]。

東京にいる戸田からは、関西本部へ頻繁に電話がかかり、ある時は十分おきにベルが鳴った。「わしは弟子が可愛いんだ。代われるものなら、わしが代わってやりたい。あそこは入った者でないと分からないんだ」と、涙声になったこともあったという[50]。

七月十二日午後六時、戸田は、大阪府警の不当逮捕に抗議して、蔵前の国技館で東京大会を開催。金曜日にもかかわらず、雨の中、場外も含め四万人近くの会員が集まった[51]。

実は、それまでに驚くべき事実が判明していた。買収容疑で逮捕された東京の会員が、池田の指示で動いたと供述すれば釈放してやると、検事から教唆されていたことを明かしたのである[52]。

大会では事件の概要が報告され、最後に登壇した戸田は、全員が心の底から納得できるように率直な質問会を行った。その中で彼は、理不尽な国家権力の迫害と戦う決意を語った[53]。

「会長になった時から、この体は捨てるつもりでいるんだから何も怖くない」

「おめおめと、負けてたまるものか！」

戸田は、東京大会を終えた後、大阪地方検察庁（以下「大阪地検」と略す）へ出かけている。彼は、両脇を支えられながら階段を上り、地検の長である検事正の部屋へ行き、厳重に抗議するとともに、一刻も早い二人の釈放を求めた。(54)

大阪地検の池田に対する取り調べは、容疑を認めなければ戸田会長を逮捕する、学会本部の手入れをするというような、脅迫まがいの態度であった。衰弱著しい戸田を思い、悩み抜いた池田は、でっち上げられた罪状をいったんは認めざるをえなかった。(55)

七月十五日午後六時三十分に小泉が、十七日正午過ぎには池田が釈放された。(56) 十七日、池田は来阪する戸田を迎えるため、伊丹空港へ向かった。

戸田は、二週間ぶりに再会した池田に、にっこりと笑いながら語った。

「戦いはこれからだよ。御本尊様は、すべてわかっていらっしゃる。勝負は裁判だ。裁判長は必ずわかるはずだ(57)」

同日午後六時、大阪市中央公会堂の内外に約二万人が集い、大阪大会が開催された。(58)

大阪大会（大阪市中央公会堂、1957年7月17日、聖教新聞社提供）

大阪府警と大阪地検への抗議集会である。途中、雷鳴を伴った激しい雨が降りだしても、参加者は帰ろうとしなかった。

『中外日報』は、「選挙違反について学会の名誉がきずつけられたが、これをどう考えるか」という参加者の質問に、戸田が次のように語ったと報じている。

「最初は共産党か社会党の選挙違反だと思っていたし、学会がやったというのでびっくりしたんだ。（中略）大阪地検は東京の政教新聞〔『新政治新聞』のこと〕という、政治、宗教を扱う新聞の記者である田村という男の供述をもとにしてこの事件をデッチあげた。[59]（中略）大阪地検も理事長や参謀室長を逮捕するよりこの私をつかまえた方が手取（てっと）り早いのに、私をこわがってやらない。警察などは権力をもっているからどうにも仕方がないが、私共は信心という強いものをもっている。こんな事件が起ってこそ正しい信心であることがわかるんじゃないか[60]」

　七月二十九日、小泉・中村・田村ほか三十九人が買収の関係、池田ほか二人が戸別訪問の関係による公職選挙法違反の容疑で起訴された[61]。公判は前後して起訴された十九人を含め一括して行われることになった[62]。その後、三年半にもわたる大阪地方裁判所の審理を経て、一九六一（同三十六）年二月二十七日には小泉に[63]、翌六二（同三十七）年一月二十五日には池田に[64]、無罪判決が出されている[65]。

　一九五七（同三十二）年八月、戸田は、静養のため長野県の軽井沢町に滞在した[66]。数日経（た）った頃、東京へ電話をかけて池田を呼び寄せた[67]。戸田は、浅間山の噴火跡である鬼押出しに連れて行って、溶岩石に腰掛けて懇談[68]。その時の話題の一つが、現代における核兵器の脅威であった[69]。夜には、七月に出版された小説『人間革命』をめぐり語り合ったという[70]。

注

（1）一九五六年夏、創価学会員の世帯数を都道府県別に集計したところ、山口県が他県と比較してかなり少ないことが明らかになった。また、一部地域を除いて入会後の指導も十分なされていない状況であった。同年九月五日、戸田は池田に、山口県内で折伏を進めるよう指示。池田が中心者となって同年十月を第一回として、翌年一月まで三回にわたり、山口県在住の会員の指導と会員の拡大を行った。これには、地元会員とともに、全国各地から二百数十人が参加。活動は延べ日数にして三十日ほどであったが、県内の世帯数は四百五十九から四千七十三と約十倍になり、中国方面が強化されただけでなく、七十五万世帯達成への大きな力になっていった。後にこの活動は、〝山口開拓指導〟などと呼ばれるようになった（『池田全集・第百三十九巻』の一一四〜一一五頁、『池田全集・第九十七巻』の六七〜六八・三二九頁、『池田全集・第百三十七巻』の一七四〜一八五頁、などを参照）。あわせて、「会長とともに」（『前進』第百八十五号、前進委員会、一九七五年十月）の五〜七頁、「池田大作とその時代」編纂委員会『民衆こそ王者 池田大作とその時代』Ⅳ［青年の譜］篇（潮出版社、二〇一三年）の一九七〜二三七頁、『池田全集・第三十七巻』の七一〜七二・七八頁、中国広布史編纂委員会編「広布の原点・山口作戦」（一九七三年）、などを参照。

（2）「ハンガリア問題」とは、前年の一九五六年十月二十三日にハンガリーの市民が政府に対して蜂起したが、旧ソ連の軍隊によって鎮圧された事件。戸田は、二カ月後の十二月二十三日の第五回男子青年部総会でも、深く憂慮する旨の発言をしている（『聖教新聞』一九五七年一月一日付第一元旦号二面参照）。

（3）戸田が『大白蓮華』第六十三～七十一号（一九五六年八月～五七年四月）に九回連載した巻頭言「王仏冥合論」は、次のように結ばれている。

「今かりに社会主義者が社会政策というものを強調して、食えぬ老婆に六千円の金を与えたとしても、それは老婆個人の幸福を決定してはいない。又いかに原子爆弾の実験の禁止をしてみても、それ自体が個人の幸福を決定するものではない。今日あらゆる所で議題とされている問題は社会の問題であるが、その社会と個人とはたえず遊離しているではないか。

社会の繁栄が即個人の幸福と一致しないということが、昔からの政治上の悩みではないか。

こゝに日蓮大聖人が、政治と個人の幸福とは一致しなければならぬと主張遊ばされたのが王仏冥合論である。社会の繁栄は、一社会の繁栄であってはならない。全世界が一つの社会となって、全世界の民衆がそのまゝ社会の繁栄を満喫しなければならない。それが王法と仏法との冥合である。日本民衆の幸福のために他の民衆を犠牲にしてはならないし、アメリカ民衆の幸福のために、日本民衆を犠牲としてはならない。共産主義の一指導者の幸福のために、他国の民衆が犠牲になってはならない。世界の民衆が喜んでいける社会の繁栄の中に、各個人もまた喜んで生きていけなければなるまい。それが王仏冥合の精神である」（『大白蓮華』第七十一号、創価学会、一九五七年四月、一頁、傍線引用者）

（4）『創価学会　関西広布史』〔二〕第一黄金期（聖教新聞社、一九九二年）の一六五頁、および、『聖教新聞』二〇〇七年八月二十五日付三面を参照。一九五七年四月の参議院大阪地方区の補欠選挙は、同区から選出されていた森下政一（社会党）が三月五日に死去したことによって行われた。中尾辰義の立候補表明の時期は明らかではないが、池田は日記に、「〈知人の結婚〉式後、大阪参院選のことで、種々、厳しき指導あり」（三月十九日）、「統計的には、落選間違いなし。〝石に立つ矢の例(ためし)あり〟の、闘争しかなし」（三月二十七日）と記している（『池田全集・第三十七巻』、一三七・一三八頁参照）。補選の告示日は三月二十九日であるが、当時週一回発行されていた『聖教新聞』には、三月三十一日付一面で初めて中尾が立候補した旨の記事が掲載されている。

（5）『聖教新聞』一九五六年七月二十九日付四〜五面・九月二日付一〜二面参照。大阪支部の分割に伴い、京都・岡山・高知の三支部も誕生した。

（6）後に池田は、「このとき〔一九五七年の参議院大阪補選〕、応援に来た幹部には、遊び半分や口先だけの者が実に多かった。真剣な同志の足を引っ張ったのである」（『聖教新聞』二〇〇八年八月八日付三面）と述べている。

（7）戸田は一九五六年の参議院議員選挙を前に、「この推薦に際しても決して無理のないようにかつまた絶対に違反行為のないように。違反をしては相なりません。公明選挙というものを立ててやっているのですから、違反をするということがあっては誠に困ります。堂々と行ってほしい」と指導している（『聖教新聞』一九五六年六月三日付一面参照）。

（8）『聖教新聞』一九五七年四月十四日付六面の西日本版参照。

（9）当時の大阪青年部の幹部からの聞き取り、および、前出の『関西広布史』［二］の一七一～一七五頁を参照。

厳しい戦いに臨んでいる池田を案じていた戸田は、一九五七年四月二十日、山口県下関市での会食の席で気迫を込めて二曲ほど舞った後に、「今、大作は関西で命がけで戦っているんだ。大作はね、大作は……」と話すやいなや、度の強い眼鏡の奥の目から涙をこぼしていたという。このことについては、櫛谷君子「師弟共戦の譜に舞う」（八矢弓子編『この日ありて―広布に生きる母の記録―』、聖教新聞社、一九七七年）の四二～四三頁を参照。櫛谷は〝山口開拓指導〟に参加した地元会員。

また、この頃戸田は、理事長や最高首脳とともに、池田の妻の父母を呼んで、次のように語ったという。

「大作の命が心配だ。あまりにも過酷なる一日一日を、私のために送らせてしまった。大作が早死にしたならば、学会の未来は暗い」（池田大作『わが忘れ得ぬ同志』、聖教新聞社、二〇〇五年、一二〇～一二一頁参照）

（10）『朝日新聞』のほかに、一九五七年四月二十二日付の『毎日新聞』毎日新聞社（大阪）版夕刊三面の四版・『読売新聞』大阪読売新聞社版夕刊七面の四版・『産業経済新聞』大阪本社版夕刊三面の四版Bに掲載されている。なお、『読売新聞』大阪読売新聞社版一九五七年四月二十二日付夕刊七面の四版によれば、申し入れは午後一時頃、日本共産党関西地方委員会選挙対策部長の下司順吉からであったという。あわせて、『アカハタ』一九五七年四月二十三日付三面、および、『朝日新聞』大阪本社版一九五七年七月四日付朝刊九面の特集記事「創価学会③」を参照。

（11）『読売新聞』のほかに、『産業経済新聞』大阪本社版一九五七年四月二十三日付朝刊十面の市内版が同様の記事を掲載。同日付の『毎日新聞』毎日新聞社（大阪）版朝刊九面の十四版●と『朝日新聞』大阪本社版朝刊七面の十四版には、候補者が特定できない記事が掲載されている。

（12）『朝日新聞』大阪本社版一九五七年四月二十三日付朝刊七面の十四版、および、同日付の『産業経済新聞』大阪本社版朝刊十面の市内版を参照。そのほか、『聖教新聞』一九五七年七月七日付一面の記事・七月二十一日付一面の「大阪事件経過報告」を参照。

（13）中尾は十七万四四百九十七票で、第三位落選。第一位の当選者は自民党の候補で、二十七万七千九百三票。第二位の社会党の候補は、二十七万六千六十四票で落選した（『読売新聞』大阪読売新聞社版一九五七年四月二十四日夕刊一面参照）。また、前回の白木の得票率は、一六・六パーセントであったが、今回の中尾の得票率は、二〇・〇パーセントであった。

（14）前出、『関西広布史』〔二〕、一七七頁参照。候補者であった中尾辰義は、「戸田先生の指導と私⑿」の中で、次のように述べている。

「その日〔落選決定の翌日〕、関西本部の会長室で先生にお会いした。『先生、このたびは申しわけございませんでした。』とおわびすると『おお、中尾か、こっちへ来い』と声をかけられた。そばによると、先生は堅く握手され『中尾、どうするか、どうするんだ』と問われた。一瞬、どう答えていいのかとまどい『このたびは本当に申しわけございません』とくり返し申し上げた。『おれはそんなことを聞いているんじゃない、どうするんだ！』と重ねて問われた。

そのとき、はじめて先生のお心に気づき、『この次は必ず勝ちぬきます』とこたえた。『そうだよ！この次は絶対に勝つんだ。わしはそれを聞きたかった。すまん、中尾、落してすまなかった』と涙された。『だけど、わしは負けたよ、次は勝つんだ！』――こう力強くおっしゃりながら、次の間に休まれたのだった」（『聖教新聞』一九五九年四月二十四日付七面）

（15）池田は、一九五七年五月一日の日記に、次のように記している。

「四月三十日、先生倒る。重大なる、学会の前途。

今年は、悲しきことばかりなり。三障四魔の、嵐の年である」（『池田全集・第三十七巻』、一四〇頁）

（16）前段を含め、『創価学会 北海道広布40年史』（聖教新聞社、一九九四年）の五一～五六頁を参照。一九五六年十二月末の夕張市の人口は約十一万二千、世帯は約二万四千（住民基本台帳による）。

（17）『夕張タイムス』一九五六年七月十日付一面参照。阿部竹松は、大夕張炭労副委員長・炭労中央執行委員長などを経て、参議院議員選挙に立候補した。また、北海道全体の得票数では、全国区の候補者中、阿部が十万八千五十六票と最も多く、辻は四万六千七百四十八票で五番目だった（『第四回参議院議員選挙一覧』、参議院事務局、一九五七年、一〇一～一一六頁参照）。

（18）前出の『北海道広布40年史』の五三頁、および、『聖教新聞』一九五六年十月十四日付四面の北日本版を参照。

（19）「第十七回定期大会議事摘録」（日本炭鉱労働組合、一九五七年）、一四頁。同摘録の八頁も参照。『中外日報』一九五七年五月三十一日付三面には、「これは北海道夕張炭坑あたりの組合から提案されたものらしいが主に創価学会を指していることは炭労の小委員会結論というゲラ刷りをみればはっきりしてくる」と記されている。

（20）『1957年度行動方針』（日本炭鉱労働組合、一九五七年）の一〇四～一〇六頁、および、『炭労新聞』一九五七年五月二十四日付二面を参照。『1957年度行動方針』の該当部分は以下の通り。

「　7、新興宗教団体への対策について

その社会が不健康であれば新興宗教が興（おこ）り、邪宗がはびこることは社会科学がわれわれに教えているところである。最近各山元にくい込んでいる宗教団体の本質は、その行動から察するに、暴力的なインチキ宗教もあり、信仰することによってストライキはやらなくても賃金が上り生活が楽になる、坑内でもケガをしない、死んでも生きかえってくる、病気にも絶対にならない、などといって素朴な大衆を幻惑し、多額な資金を投入して勢力の拡大をはかりつつあり、このままの状態で放置することは、労働者の団結を破壊し、会社側の政策を有利にするだけである。

しかし、宗教対策は例え新興宗教であれ、邪教であっても機械的な排除ではかえって逆な結果を招きやすい。われわれは、このような宗教が何故、組合員大衆をとらえているか、〝炭鉱社会〟として、その周囲の状態や原因をよく調べ、次の方針で望む。

(1) 階級的団結を破壊するあらゆる宗教運動には、組織をあげて断固対決して斗う。

(2) 新興宗教信者の意識の改善のために『組合員の教育は組合が行う』との基本にたって、教宣活動の強化をはかり、創価学会等の本質、これらの宗教が労働者に害毒を流すものであることを組合員に徹底させる。

(3) 新興宗教の信者にして、組合活動に不利益をもたらす者については、ただちに統制権を発動して組合からのノケ者にするなどという態度はつつしみ、団結行動に協力するよう説得に努める。

(4) このような信者が組合組織内に散在することは、組合活動の弱さであることを自己反省し、組織として生活等に悩む組合員のよき相談相手となり、理解を深める必要がある。この運動は単に炭労のみの運動ではなしに、全体的労働運動をとおして大きく対決して斗うべきである。」

その後、日本炭鉱労働組合の炭労局発第十五号「創価学会の実態報告についての指示」(一九五七年六月六日)・同第三十八号「創価学会に対する当面の方針について」(同年七月十二日)・同第五十九号「創価学会の実態調査について」（同年九月十九日）という文書が傘下の組合に送られ、方針を徹底するとともに実態の把握が進められた。

全国炭労の事務局長古賀定は、「正直に言って、組合の弱さがこんなところから露呈したんだということは、はっきり言える。（中略）組合員であろうと家族であろうとどんな信仰をしようと自由です。この原則には変りありません」（『中外日報』一九五七年五月三十一日付一面）と語っている。あわせて、古賀定談話「炭労だけの問題ではない」（『アサヒグラフ』第千七百十八号、朝日新聞社、一九五七年七月二十一日、二〇頁）、および、古賀定「創価学会と組合運動の矛盾―炭労はいかに闘いつつあるか―」（『大法輪』第二十四巻第九号、大法輪閣、一九五七年九月）の五八～六三頁を参照。

（21）『北海タイムス』一九五七年六月十九日付朝刊には、「創価学会と宗教闘争　道炭労、大会で決定　信者に改宗を説得　選挙組織の崩れ防ぐ」という記事が一面トップで掲載されている。また、炭労問題は、全国に放送されるラジオ番組でも取り上げられた。文化放送が、六月十一日午後三時から三時半までの「録音ルポ『創価学会の謎』」で炭労問題を扱い、ＮＨＫラジオ第一放送が、六月十九日午後十時十五分から三十五分に「信仰になやむ炭労」、ニッポン放送が、六月二十日午前六時十分から三十分に「時の話題 創価学会の謎」という番組を放送している（『毎日新聞』毎日新聞社（東京）版の一九五七年六月十一・十九・二十日の朝刊六面および『聖教新聞』同年六月二十三日付三面の「声」などを参照)。

(22)『北海タイムス』一九五七年六月二十日付朝刊七面参照。『聖教新聞』同年七月七日付一面の寸鉄欄には、「学会への挑戦、組合の総意じゃない、思い上った上層幹部だけの仕事。北海道へ行って、これだけは良く判(わか)りました」と書かれている。

(23)『毎日新聞』毎日新聞社(東京)版一九五七年六月二十五日付五面の北海道毎日参照。

(24)『聖教新聞』一九五七年六月三十日付一面・七月七日付一面、および、山本洋一「炭労組と創価学会―北海道夕張市における見聞をもととして―」(『宗教公論』第二十七巻第九号、宗教問題研究所、一九五七年十月)の三頁を参照。また、一九五七年六月二十九日午後に北海道新聞社主催の道炭労と学会の代表各二人による「紙上座談会」(『北海道新聞』七月四日付朝刊十一面掲載)が行われ、七月三日午後九時半からは北海道放送がテレビ討論会「炭労対創価学会」を放映。同日午後十一時十五分からは、ラジオ東京が「録音ルポ『炭鉱に食い込む創価学会 最近の動きを探る』」を放送した。これらについては、紙上座談会に出席した三戸部菊太郎からの聞き取りの記録、北海道放送社史編集委員会編『北海道放送十年』(北海道放送放送業務室、一九六三年)の三四三〜三四四頁、『朝日新聞』東京本社版一九五七年七月三日付朝刊六面、『読売新聞』読売新聞社(東京)版一九五七年七月三日付朝刊五面、などを参照。

（25）道炭労の支部は七十八。そのうち、夕張地区には十三（組合員数は合計約一万七千人）。その中で、夕張炭労が約六千人、大夕張炭労が約三千人であった（『各支部組織報告』、日本炭鉱労働組合組織対策委員会、一九五七年）。夕張地区の各炭労の対応については、『労働組合史』（夕張炭鉱労働組合、一九六六年）の三〇～三三頁、『労働運動史』（夕張炭鉱労働組合、一九七五年）の三三頁、『二十年史』（大夕張炭鉱労働組合、一九六六年）の三五二～三五五頁、『組織合同十周年記念 斗いの足跡』（清水沢炭鉱労働組合、一九六四年）の一三〇～一三一頁、『平和よ永遠に 解散記念史』（平和炭鉱労働組合、一九七七年）の一六〇頁、などを参照。

（26）『北海道新聞』一九五七年六月二十七日付朝刊七面参照。

（27）前出、『北海道広布40年史』、五四～五五頁参照。北海道では、夕張地区以外でも、芦別炭鉱や留萌の大和田炭鉱などで学会員に圧迫が加えられている（『聖教新聞』一九五七年七月二十一日付六面の北日本版、『読売新聞』読売新聞社（東京）版同年七月三日付朝刊十二面の北海読売、『北海日日新聞』同年六月二十五日付朝刊七面・七月一日付朝刊七面、などを参照）。

（28）『北海タイムス』一九五七年七月二日付朝刊七面、および、『聖教新聞』同年七月七日付一面を参照。全国炭労の中央執行委員長から傘下の組合執行委員長宛に送られた前出の炭労局発第三十八号「創価学会に対する当面の方針について」（一九五七年七月十二日）には、具体的な対策を決定するまでは学会との対決を控え、教養を否定しないようにとの趣旨が記されている。

なお、『北海タイムス』一九五七年七月三日付朝刊二面の三版には、「創価学会追放へ　道炭労、総評に提案決る」との見出しの記事が掲載されているが、『1957年度総評運動方針（案）総評第九回定期大会議案』（日本労働組合総評議会、一九五七年）の四三頁に若干の記述があるものの、『第九回定期大会報告書』（日本労働組合総評議会、一九五七年）では全く触れられてない。あわせて、『北海道新聞』一九五七年七月三日付夕刊三面、および、同日付の『産業経済新聞』大阪本社版夕刊九面を参照。

（29）徳川夢声との対談は、『週刊朝日』第六十二巻第三十六号（朝日新聞社、一九五七年九月一日）に、「問答有用（第三三三回）」（二四～三〇頁）として掲載された。「問答有用」は、一九五一年三月十一日から五八年十二月十四日まで四百回続いた徳川夢声の連載対談。

徳川夢声は、戸田との対談の前文として、「『文ハ人ナリ』というが、私にいわせると『はなしハ人ナリ』である。こういう座談になると、毎度のことで恐縮だが、テープにとったのを聞いてもらいたくなる。きっと、何の説明もなく、会長の人がらがそのままお分りになるであろう。実にどうも大した馬力である。活字では、その馬力の味が出てこない」と記している。

この対談が行われた時期については、対談の内容と『朝日新聞』東京本社版一九五七年八月二十三日付三面掲載の『週刊朝日』九月一日号の広告に「本日発売」と記されていることなどによる。

炭労問題は総合雑誌などでも話題となり、以下の文章が掲載されている。

(1) 「衝突した〝現世利益〟炭労と新興宗教」（『週刊サンケイ』第六巻第二十四号、扶桑社、一九五七年六月十六日）

(2) 社説「新興宗教と労働組合 国民的反省の重大課題とせよ」（『産経時事』産業経済新聞東京本社版一九五七年七月四日付朝刊）

(3) 「創価学会と対決する炭労」（『週刊朝日』第六十二巻第二十八号、朝日新聞社、一九五七年七月七日）

(4) 「現地に見る炭労と創価学会の抗争」（『時事通信・時事解説版』第三千五百十三号、時事通信社、一九五七年七月十六日）

(5) 森川勇作（北海道新聞社会部次長）「北海道の宗教戦争」（『キング』第三十三巻第八号、大日本雄弁会講談社、一九五七年八月一日）

(6) 「炭労にいどむ創価学会」（『世界』第百四十一号、岩波書店、一九五七年九月一日）

また、ラジオでは、一九五七年七月十四日午前九時十分から三十分にNHK第二放送の「ことばの研究室『教えをひろめることば』」で創価学会の折伏が取り上げられている（『朝日新聞』東京本社版同日付朝刊八面参照)。さらに、五七年九月十日の午後に放送されたＮＨＫラジオ第一放送の「録音社会診断」でも扱われ、戸田も取材を受けたと思われる。このことについては、同日付の『産経時事』産業経済新聞東京本社版朝刊六面の番組紹介および『朝日新聞』東京本社版朝刊六面の番組紹介を参照。

(30)『聖教新聞』一九五六年九月二十三日付二面、および、第二代学生部長の渡部一郎からの聞き取りによる。東京への転勤が決まった仙台支部長の渋谷邦彦が、一九五六年四月一日に初代学生部長の任命を受け、彼が上京した同年九月より本格的に結成の準備が進められた。

戸田は、五五年に行われた華陽会で「今後の創価学会は校舎なき総合大学を作って行くのである」と語っており、学生部の設置に際しては、創価学会学生部を〝校舎なき総合大学〟と表現している(『聖教新聞』一九五六年四月八日付一面、および、一九五九年に作成された「華陽会集録」を参照)。

(31)『聖教新聞』一九五七年七月七日付三面および六面の北日本版を参照。仙台からの参加者のうち二名は女子学生。

(32)学生部史編纂委員会編『広布の走者 創価学会学生部史』(第三文明社、一九七四年)、三〇〜三一頁参照。この頃の戸田の体調について、秘書であった山浦千鶴子は、二〇二〇年八月二十九日に行った聞き取りで、次のように語っている。

「一九五七年の夏頃の戸田先生は、大変衰弱しておられました。お体は痩せられ、声はかすれ、階段を上がられるのも大儀でした。ちゃんとした食事も召し上がられず、流動的なものを取られることが多かったのです。栄養剤も取られていました。血糖値を下げるためにインスリンの注射もされていました。それは太い注射で、皮膚には注射針のあとが痛々しく残っていました」

あわせて、『大白蓮華』第六百七十号（聖教新聞社、二〇〇五年十二月）の四五〜四六頁を参照。

(33)『聖教新聞』一九五七年七月七日付三面参照。

(34) 文学博士になったのは、時習学館で学んでいた和歌森太郎（本書上巻の177〜178頁参照）。

(35) 池田が、六月二十八日夜に札幌に到着したことについては、創価学会壮年部編『広布の礎』（広布の礎刊行委員会、一九六六年）の八九〇・九〇九頁、および、『時刻表』第三十三巻第六号（日本国有鉄道、一九五七年六月）の一七八・一八〇・二三〇・二三五頁を参照。

(36) 辻武寿からの聞き取りの記録による。

(37)『朝日新聞』大阪本社版一九五七年四月二十四日付朝刊七面参照。その後の逮捕者を含め、戸別訪問の容疑で起訴されたのは、十九人。

(38)『産業経済新聞』大阪本社版一九五七年五月二十二日付朝刊九面参照。同紙などによれば、日にちは明らかではないが、買収事件で中村を補佐した田村某（中村の紹介で入会）とその弟が自首しており、その供述から、事件の全貌が明らかになったという。彼らは、帰路熱海の暖海荘旅館に全員が集合して豪遊。宿帳には、実際の住所氏名を記入していた。『聖教新聞』一九五七年七月七日付一面・七月二十一日付二面、『毎日新聞』毎日新聞社（大阪）版一九五七年五月二十二日付夕刊三面、同日付の『朝日新聞』大阪本社版夕刊三面・『読売新聞』大阪読売新聞社版夕刊五面、なども参照。

(39) 白木文「生命の浄化」（『ひたむきの日日 学会の母証言集』、創価学会関西婦人部、一九七〇年に収録）による。

(40)『民衆こそ王者 池田大作とその時代』V［大阪事件］篇（潮出版社、二〇一三年）の一二〇〜一二二頁には、小泉と池田が逮捕されるまでの経緯を、公判調書をもとに次のように書かれている。

「事件を起こしたNは、ある地区の地区部長だった。検察の取り調べを受け、『虚偽の調書』を認めたのは六月下旬――池田が逮捕される直前である。

六月二十一日の夜。Nは検事から〝池田に指示されたと認めろ、ほんの形式上のことだから〟と迫られた。Nは否定した。池田とは一度しか会ったことがなかった。それも大阪駅で偶然出会い、挨拶しただけである。しかし、その一度の挨拶という『点』を使って、検察はNを何重にも締め上げた」

「その一方で、決して池田を逮捕することはない、と説得し続けた。『（池田に）検察庁へきて貰ってもらってお詫をして貰って、それで終わりだから』（第四十五回公判調書）。また、これまで『戸別訪問の関係で一応（池田の逮捕は）やめておいた』（同）が、お前が認めなければ、やはり池田を逮捕する、とも脅した。

さらに巧妙な言い回しも駆使した。この時すでに、理事長の小泉隆に責任をなすりつける調書が出来上がっていた。そのうえで検察は〝このままだと、小泉理事長に責任の比重がかかりすぎるから、バランスをとるために、池田からも指示されたと認めろ〟と迫ったのだ。Nにとって小泉は、信心を教えてくれた先輩でもあった」

「悩み抜いたNは『（池田に）お詫びに来てもらうと、それだけで本当に済むんですね、決して引張ったりしないんですね』（第四十四回公判調書）と検事に念を押した。その検事は『俺が責任を持つ』（第四十五回公判調書）と言いきった。Nは結局、調書のでっち上げに協力させられた。

検察の思惑どおりに事は進んだ。これらの調書の完成により、検察は池田の逮捕に向けて、本格的に動き出したのである」

(41) 日本の国連加盟による恩赦については、本書下巻の319頁参照。

(42) 『月刊日曜日』第二十六号（同誌編集室、一九五七年九月）の四〜六・二四〜二八頁、前出の『ア

サヒグラフ』第千七百十八号の二〇～二一頁、『十勝毎日新聞』一九五七年七月一日付夕刊二面、などを参照。なお、会場名については、『北海道新聞』一九六〇年六月六日付八面などを参照。

(43)『前進』第二百九号（前進委員会、一九七七年十月）の三六頁、および、一九七六年八月十八日に行われた田中都伎子（つぎこ）と上原京子からの聞き取りの記録を参照。

(44)『池田全集・第百三十巻』、一〇六頁参照。

(45) 妙悟空著『人間革命』（精文館書店、一九五七年）は、『聖教新聞』に連載されたものを大幅に加筆・修正して出版された。『聖教新聞』一九五七年五月十九日付四面参照。なお、その後『人間革命』は、一九六二年十一月に和光社から改めて出版。七二年には上下分冊で聖教文庫に収録されている。

同書について、池田は、「『人間革命』と戸田先生」の中で、次のように記している。

「〔戸田〕先生の獄中の悟りについては、折りにふれてうかがう機会があったが、そこに至るまでの細かい推移、思索と実践の苦闘などを含めて、全貌を明らかにされたのは、この小説によってであった。それによってはじめて、私たちは、人間革命の究極の実体と、先生が自らの生命で読みきられた仏法哲学の深遠さ、そして仏教が見事に現代に蘇生したことの意義を知ることができたのであった。

その意味で、戸田先生の『小説・人間革命』は、たんなる小説ではなかった。仏法の哲理を現代に生きる一人の人間の体験によって解明した偉大な哲学書であり、暗黒に閉ざされた現代人の精神の中に皓々たる一条の光を射しこむ、思想の書でもあったのである」（『報知グラフ別冊 映画「人間革命」特集』、報知新聞社、一九七三年、七六頁）

ちなみに、和光社発行の『戸田城聖全集』第四巻（一九六五年）には、『聖教新聞』連載の「人間革命」。聖教文庫版（一九七二年）と聖教新聞社発行の『戸田城聖全集』第八巻（一九八八年）には、単行本になった『人間革命』が収録されている。

(46) 小泉隆の妻綏によれば、上京した大阪府警の刑事二人は、一九五七年六月三十日の学生部結成大会の開会前に小泉隆を大阪へ連れて行ったとのことである（『大白蓮華』第八十六号、創価学会、一九五八年七月、二五頁参照）。小泉の逮捕については、『読売新聞』大阪読売新聞社版一九五七年七月二日付夕刊五面を参照。ほかにも、同日付の『毎日新聞』毎日新聞社（大阪）版夕刊三面・『朝日新聞』大阪本社版と西部本社版の夕刊三面・『産業経済新聞』大阪本社版夕刊三面・『毎日新聞』毎日新聞社（東京）版夕刊三面・『産経時事』産業経済新聞東京本社版夕刊五面、および、三日付の『朝日新聞』東京本社版朝刊十面の東京版と城北版と江北版・『読売新聞』読売新聞社（東京）版朝刊十一面・『日本経済新聞』日本経済新聞社（東京）版朝刊十一面・『大阪新聞』五面・『北海道新聞』朝刊七面・『北海タイムス』朝刊七面を参照。また、『朝日新聞』大阪本社版朝刊では、七月二日から六日まで「創価学会」と題した記事が五回連載されている。

さらに、七月十日から一週間、全国の東宝系などの映画館で上映された『朝日ニュース』No.622の六つの話題の一つが、「カメラ・ルポ 創価学会」。そこには、夕張大会、学会本部でインタビューに答える戸田、大阪府警に任意出頭する池田、などが収められている。このことについては、日映アーカイブ所蔵の映像、『朝日新聞』東京本社版一九五七年七月十一日付夕刊二面・大阪本社版一九五七年七月十一日付夕刊四面、『映画年鑑 1959』(時事通信社、一九五九年)の四五二頁、柳原延行「忘れじ大阪事件」(『聖教新聞』一九七五年二月二十七日付四面)、などを参照。

(47) 前出、『関西広布史』[二]、一八二頁参照。池田は、一九五七年七月十七日の日記に次のように記している。

「七月三日は、戸田先生の、出獄記念の日。

この意義ある日の、午後四時——私は、大阪府警に入る。

戸別訪問の、容疑なり。十五日間、検事の調べのため、警察の雑房に数日——拘置所に、十日あまりいる」(『池田全集・第三十七巻』、一六〇頁)

なお、逮捕状を請求する過程で、多数の会員が参考人として呼び出されている。『朝日新聞』大阪本社版一九五七年七月二十九日付夕刊五面には、「〔大阪〕地検では、戸別訪問と買収の両面作戦の裏付け証拠を固めるため参考人約二千人から違反の実体をきき取った」と書かれている。

当時女子部員の秋山洋子は、次のように述べている。

「守口警察と大阪検察庁に二週間も続けて呼び出されました。私は銀行に勤めていましたが、朝九時に席に座る(すわ)と、机の上の電話が鳴るのです。大阪地検からです。『すぐ出頭しろ』と言われ、取調室では一人の小娘を五人の検事が取り囲みました」

「検事たちは『誰の命令でやっているのか、池田の命令だろう』と。どれだけ長い時間、怒鳴(どな)られても、若い検事に『馬鹿にするな』と怒られても、やっていないものはやっていないし、指示されていないものは指示されていません。地検を出ると、旧関西本部に行って題目をあげました。最後まで検事たちの脅(おど)しに屈しなかったことが、私の誇りです」(「池田大作とその時代」編纂委員会『民衆こそ王者 池田大作とその時代』14トインビーとの対話篇、潮出版社、二〇二〇年、一四八〜一四九頁参照)

同じく女子部員で、百貨店に勤めていた林智栄子(当時二十歳)は、次のように語っている。

「四月二十三日の投票日から二日後の早朝、守口署の刑事が私の家にも来たんです。それから一週間、朝九時から夕方六時くらいまで、取り調べを受けました。刑事は、『誰に言われてしたんだ』と延々と選挙の支援について聞いてきた。私は『日蓮大聖人様の至上命令です』と言いました。調書に判を押して、もうこれで終わりかなと思っていたら、数日後、大阪地検から呼び出しがあったんです。それから一週間、今度は大阪地検で、検事から先生の写真を見せられて、『池田ってのを知ってるやろ』と。悔しいし、腹立つし、泣きながら唱題しました。どうにかしてでっち上げて先生を捕まえようとしていたことを後に知りました。

取り調べというのは、普通ちゃいます。数人から、朝から晩まで同じことを聞かれ、頭が朦朧としてくるんです。そして、『やっていないことをやった』と強引に認めさせて、罪のない人を罪人に仕立て上げようとするのです」（『第三文明』第五百十三号、第三文明社、二〇〇二年九月、七七～七八頁）

(48)『朝日新聞』東京本社版一九五七年七月四日付夕刊五面。ほかにも、同日付の『毎日新聞』毎日新聞社（大阪）版朝刊九面と『産業経済新聞』大阪本社版朝刊九面を参照。

(49)『毎日新聞』毎日新聞社（東京）版一九五七年七月八日付朝刊九面、および、『聖教新聞』一九五七年七月十四日付四面を参照。

(50)前出、『関西広布史』［二］、一八五頁参照。あわせて、沖本泰幸「恩師に守られ発奮」（『聖教新

聞』一九六一年四月八日付八面の関西版）を参照。

（51）『聖教新聞』一九五七年七月十四日付一面・七月二十一日付一面参照。

（52）『聖教新聞』一九五七年七月二十一日付二面の「解説」・同年十月十一日付六面の中部版、本節の注（40）、および、前出の『民衆こそ王者 池田大作とその時代』Vの一三一頁を参照。

（53）本文の前段落も含めて、『池田全集・第百三十二巻』の一五一〜一五二頁を参照。東京大会では、買収事件に関わった東京の会員四十一人全員の除名が発表されている（『聖教新聞』一九五七年七月二十一日付二面参照）。なお、そのうちの三十七人については、何も知らずに事件に巻き込まれており、悪意が認められなかったこと、また、その後真面目に信仰を続けていたことが認められ、学会への復帰が許された（同紙一九五七年十二月二十日付二面・一九六〇年十二月十七日付一面参照）。

（54）『池田全集・第百三十二巻』の一五二頁、白木義一郎「大阪での会長先生」（『大白蓮華』第八十五号、創価学会、一九五八年六月）の五一頁、前出の『関西広布史』［二］の一九八頁、浅井美幸「敏速な行動と団結」（『聖教新聞』一九六一年四月八日付八面の関西版）、などを参照。

戸田は、七月十三日（土）午後六時から大石寺で行われていた質問会に途中から出席し、十五日（月）は在宅している。彼は、七月十二日（金）の夜行列車で大阪に向かい、十三日午前に大阪地検を訪れ、検事正に面会したのではないかと考えられる(『聖教新聞』一九五七年七月七日付二面の「二週登山会」・七月二十一日付六面の北日本版の「七月登山会 仙台支部」、および、戸田家のお手伝いをしていた国沢澄子の日記を参照)。当時、大阪地検のトップである検事正は、竹原精太郎(『大阪地方検察庁沿革史』、大阪地方検察庁、二〇〇四年、二一六頁参照)。

(55)『池田全集・第二十二巻』(『私の履歴書』)、二八三〜二八四頁参照。池田は、一九五七年七月十八日の日記に、「今回の検事の調べは、あまりにも謀策である。次第に、憤怒の情が、湧いてくる」(『池田全集・第三十七巻』、一六二頁)と記している。

(56)『産業経済新聞』大阪本社版一九五七年七月十六日付朝刊九面、『聖教新聞』一九五七年七月二十一日付二面の「解説」、前出の『民衆こそ王者 池田大作とその時代』Vの一四七〜一五〇頁、などを参照。なお、戸田は、七月十九日には東京の自宅で小泉夫妻や池田の家族などと会っている(国沢澄子の日記を参照)。

(57)『池田全集・第百三十巻』、一二二頁参照。

(58)前出の『関西広布史』[二]の二〇四〜二一七頁、および、『聖教新聞』一九五七年七月十四日付一面・七月二十一日付一・二面を参照。大阪市北区中之島にある大阪市中央公会堂は、堂島川を挟んで、大阪地検の建物の対岸に建っている。なお、大阪大会を取材した記事が、『読売新聞』大阪読売新聞社版一九五七年七月十八日付朝刊九面、および、同日付の『産業経済新聞』大阪本社版朝刊九面と『新関西』七月十九日付三面に掲載されている。

(59)『新政治新聞』は一九四八年頃に創刊された週刊新聞。『中外日報』一九五七年七月二十四日付二面によれば、社長の田村は、五七年二月頃創価学会に入会したとのことである。彼は、田村政治経済研究所（所在地は、千代田区丸の内三ノ一 東京都庁経済局庁舎）を主宰し、月刊誌『新政治』（後に『話題』と改題）や『日刊政治経済調査報』を発行していた。ちなみに、『話題』第三巻第九号（一九五六年九月）では、全体で六十頁のうち十七頁を使って「創価学会の謎を衝く」という特集を組んでいる。

(60)『中外日報』一九五七年七月十九日付二面。そのほか、『聖教新聞』一九五七年七月二十一日付二面の「解説」を参照。

(61) 小泉隆外四十一名に対する「起訴状」（一九五七年七月二十九日付）、および、池田大作外二名に対する「起訴状」（同日付）を参照。なお、起訴にあたって、池田の容疑から買収の指示は外され、戸別訪問の指示に絞られている。

(62)「第三回公判調書」参照。

(63) 小泉の無罪判決については、「第五十五回公判調書」、および、『朝日新聞』東京本社版一九六一年二月二十八日付朝刊十一面を参照。なお、判決では、買収事件を主導した中村に懲役十カ月、田村には六カ月、ほか四人に三ないし四カ月(ただし三人は執行猶予三年)が言い渡された。その後も田村は、二度公職選挙法違反の容疑で起訴され、東京地方裁判所から一九五八年に禁固四カ月、六三年に懲役六カ月の判決を受けている(『大判例』参照)。

(64) 池田の無罪判決については、『朝日新聞』大阪本社版一九六二年一月二十五日付夕刊七面に次のように報じられている。

「創価学会の池田大作現会長ら会員二十一人に対する公選法違反(戸別訪問)事件の判決公判は二十五日朝、大阪地裁田中裁判長係りで開かれ池田会長に無罪(求刑禁固十月)他の二十人に罰金一万円から三千円(うち十七人に公民権停止三年から二年。〔求刑は略〕)がいい渡された。(中略)この日の判決では『この戸別訪問は、学会の下部組織が選挙の終盤戦を迎え、あせってやったもので、学会全体の意思で行なわれたものとは思えない。また選挙の最高責任者である池田被告が公開の席上で、戸別訪問をせよ。責任はもつ、といったということも常識として信じられないことだ』として池田会長に対しては、証拠不十分で無罪」

池田の無罪判決については、このほかにも、『毎日新聞』毎日新聞社（大阪）版一九六二年一月二十五日付夕刊五面、および、同日付の『読売新聞』大阪読売新聞社版夕刊七面・『産業経済新聞』大阪本社版夕刊四面・『大阪新聞』五面・『大阪日日新聞』一面に掲載されている。あわせて、「大阪事件の真相」（『聖教新聞』一九六二年一月二十七日付三面）を参照。

その後検察側は、十四日間の控訴期間内に控訴せず、二月八日に池田の無罪が確定した。

無罪確定から七年。池田は、「文明随想〈連載第七回〉権力の魔性」の中で、次のように述べている。

「権力をもつ者のこのような（権力という社会的機能と自己の力量とを混同した）錯覚がいかに恐ろしい作用をするかは、実際にわが身が権力の刃の前におかれた時に初めてわかる。私自身かつて、戸別訪問指示の容疑で二週間拘置され、五年間法廷で戦った。私の無実はことごとく証明することができたが、その間の検察当局の、権力をかさにきた横暴、なんとか罪人にしたてようとする策謀の陰険さは筆舌につくせるものではない。

戦後のわが国の民主化も権力の魔性の世界には、ほとんど影響がなかったとさえ思われるほどであった。法を守り、民衆を守ることが権力の本来の使命であるとするならば、事実を歪曲してまで無辜の民衆を罪人にしたてようとする権力とは、いったいいかなるものであろうか。（中略）

私はわが身が権力の掌中にとらわれてみて、その背後にある長い横暴の歴史と巨大な組織の力とをまざまざと思い知らされずにおられなかった。そして、民衆の幸福のために、これまで犠牲となって無残に消えた幾億の人々の心をなぐさめるためにも、この魔性を徹底的に打ち砕き、滅ぼす以外にはないと決意したのである」（『潮』第百二十号、潮出版社、一九六九年十二月、一六二〜一六四頁）

(65) 一九五二年以降、日本の刑事裁判においては、起訴された者の九十九パーセント以上が有罪の判決を受けている（『検察統計100年』、法務大臣官房司法法制調査部調査統計課、一九七六年、六一頁参照）。その中で、無罪を勝ち取ることは容易なことではない。このことについては、佐伯千仭「刑事訴訟法の40年と無罪率の減少」（『ジュリスト』第九百三十号、有斐閣、一九八九年三月二十五日）の一六〜二〇頁、および、横山晃一郎『誤判の構造 日本型刑事裁判の光と影』（日本評論社、一九八五年）の第六章「『取調べ』という名の自白追及—法の理念と現実」なども参照。

(66)『池田全集・第百二十九巻』、五七頁参照。

(67) 池田は、八月十三日に軽井沢を訪れ、一泊。この時、青年部幹部の森田一哉も同行した。

(68)『池田全集・第三十七巻』、三四二頁参照。

(69) 池田大作「私の人生記録第三部第41回 創立70周年の勝利の朝＝原水爆禁止宣言から平和の大光＝」（『第

三文明』第五百三十号、第三文明社、二〇〇四年二月）、五六頁参照。この時戸田は、真剣な表情で核兵器の脅威に関して自身の懸念を語った後、「近く、この問題に対しての見解を発表しようと思うんだが、大作、どうだろうか」と語ったという（同前参照）。

また、歯科医で当時堺支部長の浅井亨（とおる）は、「戸田先生の大確信にふれて」の中で、次のように記している。

「先生御来阪のあるとき自動車の中で『浅井、原子病は直るか』『ソウデスネ科学ではその力の及ぶ範囲もわからない現在、到底医学では直せません』と申し上げましたら『御本尊様なら必ず直るヨ』と申されました。それから間もなく、昭和三十二年九月、横浜三ツ沢グラウンドのあの原水爆宣言が遺訓の第一として、堂々と全世界に対して大獅子吼（だいししく）されたのであります」（『大白蓮華』第百七号、創価学会、一九六〇年四月、七〇頁）

(70)『池田全集・第十六巻』、二〇二頁参照。この時のことを池田は、次のように記している。

「私が、（戸田）先生の伝記小説の執筆を決意したのは、一九五七年（昭和三十二年）、師の生前、最後の夏――先生が静養されていた軽井沢に呼んでいただいた時のことである。

その日、八月十四日。（中略）それまでも、幾度か胸に去来（きょらい）した小説『人間革命』の執筆の思いは、

ここで定まった」（『池田全集・第百二十九巻』、五七頁）

なお、十年前の八月十四日は、池田が戸田と出会った日（本書下巻の55～57頁を参照）。池田らが帰京した十四日夜、戸田は静養中にもかかわらず、軽井沢地区の班長班担当員と懇談。翌十五日にも質問会を持ち、十六日に帰宅した（『聖教新聞』一九五八年四月二十五日付六面の中部版、および、国沢澄子の日記を参照）。

その他の参考文献

『月刊炭労』第八十六～八十九号（日本炭鉱労働組合、一九五七年七・八・九・十一月）
『一九五七年五月十三日～十九日 第十七回定期大会資料』（日本炭鉱労働組合、北海道労働資料センター所蔵）
『第十八回臨時大会 議案書・報告書』（日本炭鉱労働組合、一九五七年十月二十八日～三十一日）
『第十八回臨時大会速記録（第二日）』（日本炭鉱労働組合、一九五七年十月二十九日）
『聖教新聞』一九五七年七月七日付・七月十四日付・七月二十一日付各四面の北日本版
「聖教新聞をどうみる 徳川夢声氏にきく」（『聖教新聞』一九五九年四月二十四日付八面）
秋谷城永「炭労問題の経過について」（『大白蓮華』第七十五号、創価学会、一九五七年八月）

3 広宣流布の精神を永遠に

戸田城聖が最晩年に残した言葉。それは、すべて、広宣流布[1]を永遠たらしめるための遺訓ともいえるものであった。

原水爆に対する声明を発表

一九五七（昭和三十二）年七月末、戸田の病状は再び悪化して、歩行が不自由な状態であった。周囲からは、夏期講習会（八月二日〜六日、大石寺（たいせきじ））の参加は見合わせるように進言されたが、戸田の意志は固かった。五日の青年部相撲大会には即製の輿（こし）に乗って入場し、最後までにこにこしながら観戦している[2]。

戸田は、八月十八日には第一回北海道青年部体育大会（札幌市・美香保グラウンド）、二十日の午前には夕張支部の結成大会（夕張市・日活映画館）に出席。午後には、学会が寄進した新寺院の落慶式において、次のような挨拶を行った。

「昔から僧俗一致、僧俗一致といわれて来ているが、それがなかなか行われ難いものです。それは僧侶も悪いし信者も悪いからだ。(中略)力のない人〔僧〕は自分を飾ろうとしたり、個人の生活のことばかり考えて信者ともん着をおこすが、夕張はそんなことのないようにしっかりやって欲しい。

夕張の方々にいっておくがお坊さんにお世辞をいっては絶対に相ならぬ。お坊さんを心から尊敬しなさい。お世辞と尊敬することは違うんですぞ。しかしこれは紙一重のものです。(中略)お坊さんにどこか非があったら面と向っていってあげなさい。面と向っていうことなら謗法にならんし罰も当らん。蔭の方でゴソゴソいわんように[3]」

戸田は、入会間もない夕張の会員に対して、信仰の心構えを打ち込もうとしたのである。これは、日頃より彼が苦慮していたことであった。

この落慶式を終えて札幌に向かう車の中、戸田は、青年部に合唱団をつくったらどうかね、と池田に語ったという。この提案は、翌年十月の「女子部合唱団」として実現する[4]。

九月八日、戸田は、横浜市神奈川区三ツ沢の陸上競技場で行われた第四回東日本青年部体育大会「若人の祭典」[5]において、約五万人の会員を前に、「遺訓すべき第一のもの」として、次のように語っている。それは、後に〝原水爆禁止宣言〟と呼ばれることになった。[6]

「今、世に騒がれている、核実験、原水爆実験[7]に対する私の態度を、本日はっきりと声明したいと思うものであります。

いやしくも私の弟子であるならば、わしの今日の声明を継いで、全世界にこの意味を透徹[8]さしてもらいたいと思うのであります。それは核、あるいは原子爆弾の、実験禁止運動が今世界に起こっているが、私はその奥にかくされているところの爪をもぎ取りたいと思う。

それはもし原水爆をいずこの国であろうと、それが勝っても負けても、それを使用したものは、ことごとく死刑にすべきであるということを主張するものであります。[9]なぜかならば、われわれ世界の民衆は、生存の権利を持っております。その権利をおびやかすものは、これ魔もの[10]であり、怪物であります。それをこの人間社会、たとえ一国が原子爆弾を使って勝ったとしても、勝者でもそれを使用したものはことごとく死刑にされ

原水爆に対する声明を発表する戸田（横浜市神奈川区三ツ沢の陸上競技場、1957年9月8日）と、「原水爆を戦争の目的をもってそれを使用したものはその国の勝はいを問はずことごとく死けいにしょすべきこと」などと書かれた声明の草稿（ともに聖教新聞社提供）

ねばならんということを、私は主張するものであります。

たとえある国が原子爆弾を用いて、世界を征服しようとも、その民族、それを使用したものは悪魔であり、魔ものであるという思想を、全世界に弘めることこそ、全日本青年男女の使命であると信ずるものであります[11]」

当時、横浜第一商業高校に勤務していた高崎隆治（りゅうじ）は、次のように述べている。

「戸田城聖が『原水爆禁止宣言』を発表したという話が、私の勤務する学校にまで伝わってきた。（中略）職員室はなんとなく解放感が漂（ただよ）った感じだった。

というのは、前の年の秋、私の勤務校の学

園祭で、社会研究会というクラブが、『原爆とは何か』というテーマで展示を行ったところ、突然、校長から中止命令が出たのである。展示の中の模造紙一枚をはずさなければ教室を閉鎖するというのである。説明文に原爆投下を非難する数行があったのだ。原爆の話は校内でタブーになっているのを、新人のその社会科の教師は知らなかったのである。だれかがどこかで『原水爆は魔の産物だ』と言ってくれるのを待つ以外にないほど、私たちは非力だったのである[12]」

戸田が、原水爆の禁止について発言したのは、この時が初めてではない（以下、日にちは発言日）。

「原子爆弾は降らしてはならないと思うのです[13]」（一九五五年十月四日、第一回堺支部総会）

「原爆などを使う人間は最大の悪人だ[14]」（一九五六年六月二十五日、福岡県旧八幡市内で）

「わしのこわいのは原子爆弾だ。ロシアにもアメリカにも、これを絶対落させないというのが、わしの考え[15]」（一九五六年七月十五日、『週刊朝日』記者との一問一答）

「原子爆弾だけは許せんぞ、おれは決めているのだよ。アメリカでも、ロシアでも、どっちであってもそういうことは断じて許さん[16]」（一九五七年七月十二日、神山茂夫との対談）

「それ〔原爆〕は禁止しなければなりません。あんなものはいらん」[17]（一九五七年七月十五日、佐木秋夫によるインタビュー）

「実験禁止運動だなんて、そんななまやさしいことを考えていないんです。戦争には絶対につかわせない。（中略）それじゃあ実験はしてもいいのかというと、そんなバカなことはいいません。絶対に落させないというんだから、その前提である実験をみとめるわけはない」[18]（一九五七年八月上旬、徳川夢声との対談）

また、体育大会翌日の九日夜、戸田はビルマ（現在のミャンマー）のラングーン大学（現在のヤンゴン大学）に留学する青年の歓送会に出席。そこでも彼は、〝原水爆を使用する民族は断じて地球上にあってはならない。原水爆を使うのは悪魔だとはっきりいいきれる指導的な勢力をつくっていこうではないか〟と話したという[19]。

戸田が〝原水爆禁止宣言〟を「遺訓すべき第一のもの」としたことについて、池田は、「第十二回『SGIの日』記念提言」において、次のように述べている。

「核兵器が、なぜ『絶対悪』であるのか――それは、核兵器が、通常兵器の延長線上では考えられない、否、考えてはならない、いわば運命的兵器だからであります。黙示録的兵器といってもよい。それは、通常兵器に対するのとは異なった対応と思考様式を我々に要請しております。

ところが、当時は、そのような要請に気づいている人は、意外なほど少なかったのであります。多くの人々は、核兵器の殺傷力と破壊力の巨大さを、通常兵器の延長線上でとらえておりました。唯一の被爆国である日本で『きれいな原水爆』とか『平和のための核実験』とかいった言い方が、公然とまかり通っていたことからも、その一端はうかがい知れます。『解き放たれた原子の力は、我々の思考様式以外のすべてのものを一変させてしまった』とするアインシュタインのような人は、どちらかといえば少数派であったのであります。

戸田第二代会長の発想は、当時の一般的な物の考え方を、根底から覆す起爆力を秘めていたわけであります。だからこそ、左右のイデオロギー的な平和論が、時間の淘汰作用に耐えきれずに色あせていくなかで、『原水爆禁止宣言』は、時とともに鮮やかな光芒を放っているのであります」

次の七年間で三百万世帯達成を

一九五七（昭和三十二）年の秋頃から、戸田は学会本部にいる時も二階の会長室に行かず、一階の応接室のソファに身を横たえていることが多くなった。[22] そのような中で、十一月五日に大阪市中央公会堂で一般講義を行い、八日には東京の後楽園競輪場（文京区小石川、跡地は後の東京ドーム）に約六万人の会員が集った創価学会第十七回秋季総会で講演している。[23]

静岡県熱海市網代において（1957年11月12日）大蔵商事の社員旅行の際に池田が撮影（吉田博一家所蔵）

十一月十八日、牧口の十四回忌法要（池袋・常在寺）を終えた戸田は、二十日から広島を訪問し、新寺院の落慶式と「創価学会広島蹶起大会」[24]に参加する予定であった。

極度に衰弱している戸田の身体を案じた池田は、十九日午後、急いで本部へ向かい、応接室で横になっている戸田に広島行きを取りやめるよう進言。しかし戸田は、次のように語り、頑として聞き入れようとしなかった。[25]

「御本尊様のお使いとして、一度、決めたことを止められるか。男子として、死んでもゆく。これが、大作、真実の信心ではないか」

「大、死んでも俺をゆかしてくれ。死せばあとはみなでやれ。死せずして帰れば、新たなる決意で、新たなる組織を創る。あとは御仏智あるのみだ」

二十日朝、出発しようとした戸田は、自宅で倒れた。診察した医師からは、広島行きを厳重に止められた。過度の疲労が重なり、黄疸と腹水を併発。全身の衰弱が著しく、彼は重篤な肝硬変症を起こしていたのである。[26]

自宅で療養していた戸田は、十二月二十四日、絶滅の恐れのある天然記念物の丹頂鶴を保護する自然公園（北海道釧路市内）開設の寄付呼びかけにいち早く応じて、五十万円を寄付した。[27]

「大事なことだよ。人間は、自分たちが地上の支配者であるかのように思い上がり、自然を破壊していけば、大変なことになる。自然を守ることが、人間を守ることにもなる[28]」

十二月に入り、戸田が生涯の願業とした七十五万世帯を、会長就任から六年七カ月で達成[29]。十二月二十五日の本部幹部会に出席できない戸田は、明年の信心の目標として次の三指針を伝えることにした[30]。

一、一家和楽の信心

一、各人が幸福をつかむ信心

一、難を乗りこえる信心

翌一九五八（同三十三）年元日の午前十時、約四十日ぶりに会合に出席した戸田は、法華経の寿量品（じゅりょうほん）に説かれている三妙合論（本因妙・本果妙・本国土妙）について講義。その後、三首の歌が披露（ひろう）された[31]。そこには、この七年を会員とともに勝ち越えてきた彼の心が詠（よ）まれている。

獅子吼（ししく）して貧（まず）しき民を救いける
　七歳（ななとせ）の命晴れがましくぞある

若人の清き心に七歳の
　苦闘の跡こそ祝福ぞされん

今年こそ今年こそとて七歳を
　過して集う二百万の民

二月十日、関西指導を終えて夜行列車で戻った池田が、関西の意気軒昂の様子を報告。戸田は大いに喜び、次のように語っている。(32)

「関西は完璧に仕上がったな。これで日本の広布の基盤は整った」

「大作、あと七年で、三百万世帯までやれるか？　大作の手で、どこまで、できるかな。一千万の人が信心する時代がきたら、すごいことになるぞ。楽しみだな、ほんとうに楽しみだ」

戸田の誕生日である二月十一日、戸田の快気祝いの会食会が、午後五時半から千代田区永田町の北京料理店「南甫園」で行われた。(33)また、この日を記念して、彼の講義をまとめた『日蓮正宗 方便品寿量品精解』が精文館書店から出版された。[34]

三日後の二月十四日の『聖教新聞』一面には、「私の闘病八十日」が掲載されている。

「昭和二十六年会長就任以来まさに七年、ふりかえって考えるに、三十二年度にもうすでに七十五万世帯を突破し、大講堂落成を目の前に見るに至った。私は喜ぶと共に、四魔と三障[35]の出来必ずあるべしと思わざるを得なかった。はたせるかな昨年の四月以来、これが病魔死魔として幾度かわが身におそいかかった。

おかげをもって二月十一日満五十七才の年を終って、五十八才の誕生日を卜して全快祝をあげることになった。

昔、旅人が一里塚、一里塚と追うて旅したごとく、私も七年、七年、と七里塚を越えては広宣流布の道へ進もうと思う（趣意）[36]」（傍線引用者）

戸田は、一九五八（同三十三）年二月に池田を自宅に数回呼んでいる。そして「私の後をいっさいやるように」と話したという。池田は、三月一日から学会本部に勤務することになった。[37]

追撃の手を緩(ゆる)めるな

一九五八(昭和三十三)年二月二十二日、戸田は増改築を終えた大石寺の二つの宿坊の落成式に出席。以後、理境坊に滞在した。(38) 彼の発願で建立寄進された法華本門大講堂(39)の落成を祝して、三月一カ月間で延べ二十万人の会員が登山するからである。三月一日の落慶大法要(40)には、彼と親交が深かった首相の岸信介(のぶすけ)(41)は代理を差し向け祝辞を寄せた。(42)

この日、夕張支部から三人の女子部員が参加していた。そのうちの一人武田嘉子(よしこ)(当時の夕張支部女子青年部の中心者)は、次のように語っている。

「大講堂落慶法要の終了後、音楽隊の演奏に合わせてみんなで学会歌をうたいながら戸田先生をお見送りしていました。戸田先生の両脇を、池田先生と当時の秋谷男子部長が支えていました。

(中略)大きな声で歌っていたら、戸田先生が立ち止まって、握手して下さり、『どこだ?』とおっしゃったんです。池田先生が『夕張の女子部です』と紹介してくださると、戸田先生はすごい気迫で、『夕張か、夕張は必ずこの戸田が行って守るからな! 炭労

北海道・夕張の女子部員と握手し、励ます戸田（1958年3月1日）

なんかにいじめさせておくものか！　もし、万が一、行けない時は必ず代わりの者を行かせるからな！』とおっしゃって、池田先生のほうを向かれました。さらに、戸田先生は、『夕張は青年が立って戦いなさい！』とおっしゃったんです。私たちは泣けて泣けて、全身が震えました[43]」

そして、三月七日頃、岸首相から三月十六日に訪問するとの連絡があり、戸田は直ちに歓迎集会の準備を池田に指示している[44]。

「いい機会だ。その日は、青年部を呼ぼう。将来のために、広宣流布の模擬試験、予行演習となる式典をやろうじゃないか！[45]」

「君たち青年に広布の印綬（いんじゅ）[46]を託す儀式にし

たい。式典の全責任は、大作、君が持つのだ(47)」

急な連絡にもかかわらず、三月十六日には約六千人の男女青年部員が参集。ところが、当日の午前九時過ぎ、岸首相本人から〝外交問題が突発したので、式典に行けなくなった〟と電話が入った(48)。

戸田は、集った青年たちに学会の将来を託し、〝創価学会は宗教界の王者である！〟との確信を込めて、渾身の激励を行った。それは、彼が生涯をかけた広宣流布の大勝利宣言であった(49)。

戸田は、この日を境に、急速に衰弱していった。理境坊の二階に布団を敷き、一日中、横になっていることが多くなった。それでも、〝戸田大学〟は続いていた(50)。

「きょうは何を読んだのか」

「指導者になる人間は、何があっても読書を忘れてはいけない。私は、『十八史略』（中国の歴史書）を第三巻まで読んだよ」

また彼は、池田の手を握りしめながら次のようにも語ったという。

「メキシコへ行った夢を見たよ。待っていた、みんな待っていたよ。日蓮大聖人の仏法を求めてな……。君の本当の舞台は世界だよ[51]」

三月二十二日、病床から身を起こした戸田を囲んで、最高幹部の会議が行われた。その時彼は、厳しく指導した[52]。

「〔創価〕学会の組織は、この戸田の命だ[53]。どこまでも広宣流布のための、清らかな信心の組織でなければならない。不純な心によって、尊い学会が汚されてなるものか！」

「組織を乱しゆく者、信心利用の者は叩き出せ！」

「形式的な役職、戦わぬ幹部はいらない。皆が一兵卒となって戦え！」

それは、烈々たる叫びであった。そして、これが、戸田が出席した最後の会合になった[54]。

三月二十九日、大石寺の所化頭的場正順の横暴な行為[55]に対して、青年部が強く抗議した。この件について、池田が詳細に報告。その時戸田の眼は、鋭く光ったという[56]。

「それは小さなことのようだが、宗門の腐敗、堕落という、実に大きな問題をはらんでいる。坊主が、広宣流布という至上の目的に生きることを忘れ去っているからだ」

「強欲な宗門が金を貯めたならば、必ず大恩ある学会を厭い、裏切る。ひいては、権力と結託して圧迫しようとする天魔の坊主も、僭聖増上慢として現れるぞ……」

「宗門に巣食う邪悪とは、断固、戦え！　いいか、一歩も退いてはならんぞ！　追撃の手を緩めるな！」

　これが、青年部に対する戸田の最後の指針となった。

　また、この日戸田は、次のように語ったと山浦千鶴子は記している。

「教学をしっかり身につけてゆきなさいよ。中務三郎左衛門尉〔四条金吾〕が一人であったか、二人であったかなどということは、畑毛の猊下〔堀日亨〕の分野で、戸田には何の関係もない。私の教学は、金吾殿がどのような信心をしていられたか、大聖人様が信心について、どうお教えあそばされたかという、観心の教学だよ[57]」

　三月三十一日には記念行事がすべて無事に終了。戸田は、千代田区神田駿河台の日本大学病院に入院することになり、四月一日午前二時二十分、布団に寝たまま車に運ばれ大石寺を出発した[58]。

　この四月一日、巻頭言「思想の混乱」が『大白蓮華』第八十三号に掲載された。そこで戸田は、次のように述べている。

「人間は何のために生れて来たか、こういうことを人に聞く時、満足に答える人はおらない。（中略）人間に生れきたった我々の目的は、楽しむためであるということを、どこまでも忘れてはならない。その楽しむためには、健康というものが、そうとうの役割を占めることを忘れてはならぬ。それとて度をすぎるならば、身をあやまるもとになる。要するに根本は強き生命力と、たくましき智慧とによって、我が人生を支配していかなくては、本当の幸福は得られないことを知らねばならぬ[59]」

〝五丈原〟の歌に送られて

実は、約一カ月にわたって記念行事が続いたことから、三月度の本部幹部会の開催について最高幹部で検討し、中止したいと戸田に報告したところ、烈火のごとく怒ったという[60]。

「何を言うか！　本部幹部会が、毎月のもっとも大事な総決算であり、次の一カ月の新たな出発ではないか。大事な節目ではないか。私は命をかけている」

この気迫に圧倒され、本部幹部会は、四月三日に池袋の豊島公会堂で行われることになった。

一九五八（昭和三十三）年四月二日午後六時三十分、戸田は、急性心衰弱（心不全）を起こして逝去（享年五十八）[61]。翌日の幹部会は、図らずもそれを伝える場になった。

四月八日正午から午後三時、戸田家の告別式が池袋の常在寺で行われ、約十二万人が別れを惜しんだ。その後、新宿区の落合葬祭場に向かい、午後四時頃に遺体は荼毘に付されている[62]。

四月二十日午後一時から三時、学会葬が港区の青山葬儀所で行われ、約二十五万人が参列した[63]。葬送の曲は、中国・三国時代の蜀の丞相であった諸葛孔明の死を悼む〝星落秋風五丈原〟。戸田は、〝俺が死んだ時は、これを歌ってくれ〟と池田に告げていたのである[64]。

注

（1）「広宣流布」については、本書下巻の173〜174頁を参照。

（2）『大白蓮華』第八十四号（創価学会、一九五八年五月）、三頁参照。

（3）『聖教新聞』一九五七年八月三十日付二面参照。戸田は、前年の一九五六年八月十日に行われた妙霑寺（岡山市）の落慶法要においても、「住職の御機嫌を取ったり、おべっかをつかうのはよくない。折伏を忘れてお寺参りするのが信仰だと思っているのがお寺信心である。お寺を建てるのは易しい事であるが、信心を後々の世まで残すことは難しい。（中略）住職は威張らないように、又威張らせないようにしてもらいたい」と話したという。

また、新住職が独身であり、母親が身の回りの世話に来ていたが、息子が日蓮正宗の僧侶であるにもかかわらず、母親が題目もあげなければ勤行もしないことを耳にした戸田は、管長の堀米日淳の前で、住職と母親の二人に、「僧侶の母親たるものが何故信心できないのか。とんでもない。子供を僧侶にしたのは貴女でしょう。信仰は商売ではないぞ。又住職も大事な親を信心させていないのはなぜだ。………母親は女中ではない。子供の世話をするなというのではない、親子して信心に励んで寺を護り、会員を大切にせよという事です。これが聞けないなら四国へ帰りなさい」と厳しく叱っている。それで初めて母親も勤行をするようになった。さらに、その場にいた宗務総監の細井精道に、「こんな事はあなたが言うべきですよ」と話したという（当時岡山支部長であった山田徹一の手記を参照）。

（4）『聖教新聞』一九五八年十月三十一日付四面参照。

（5）第四回東日本青年部体育大会は、『朝日新聞』東京本社版一九五七年九月九日付朝刊八面の神奈川版と京浜版、および、同日付の『神奈川新聞』五面において報道されている。しかし、戸田の発言については触れられていない。

（6）〝原水爆禁止宣言〟は、創価学会における平和運動の永遠の指針とされている（本書下巻の428～429頁を参照）。

（7）一九五二年十一月には、アメリカが世界初の水爆実験に成功。この水爆は広島型原爆の約百五十倍のエネルギーを放出したといわれている。五四年三月に中部太平洋のビキニ環礁（かんしょう）で行われた水爆実験では、静岡県焼津市の遠洋マグロ漁船第五福竜丸ほか多数の漁船などが大量の放射性降下物を浴びている。さらに、二百キロメートル以上離れた島に住む人々も被爆した。戸田の秘書であった山浦千鶴子によれば、第五福竜丸の件が報道されて以降、戸田は原水爆禁止についてたびたび話すようになったという。

そして、戸田が原水爆禁止の声明を発表する前月の一九五七年八月には、二十六日に旧ソ連が大陸間弾道ミサイル（ＩＣＢＭ）の発射実験に成功したことを発表（『朝日新聞』東京本社版一九五七年八月二十七日付夕刊一面参照）。対抗してアメリカは、二十七日と三十日に中距離弾道ミサイルの発射実験に成功したことを発表している（同紙一九五七年八月三十一日付夕刊一面参照）。

（8）「透徹」という表現は、再掲された『大白蓮華』第七十七号（創価学会、一九五七年十月）では「浸透」となっている。

（9）原水爆禁止宣言から六十年経った二〇一七年七月七日、アメリカ・ニューヨークの国連本部で核兵器禁止条約が採択された。同条約の日本語訳を手掛けた国際反核法律家協会理事の山田寿則（としのり）は、インタビューに答えて「（戸田会長は）『使用したものは、ことごとく死刑にすべき』――すなわち核使用は『犯罪』だと言われています。禁止条約を作る時も、人道に対する罪だと規定すべきだとの主張があったけれども、載（の）らなかった。まだそこまでは至っていないわけです。その意味で、極めて先見性に満ちた宣言だと思います」（『聖教新聞』二〇一七年八月四日付三面）と語っている。

（10）「魔もの」の「魔」とは、サンスクリット（古代インドなどで使われていた言語）のマーラの音写。「奪命者（命を奪う者）」「奪功徳者（功徳を奪う者）」という意味がある（創価学会教学部編『教学用語集』、聖教新聞社、二〇一七年、三三一頁参照）。

（11）『聖教新聞』一九五七年九月十三日付一面参照。あわせて、創価学会が二〇一三年に制作した映像『恒久平和を目指して　核兵器廃絶への挑戦』を参照。

戸田は、〝原水爆禁止宣言〟の後、同趣旨の話を、随筆「ある友人の話から」（『キング』第三十三巻第十一号、大日本雄弁会講談社、一九五七年十一月）の中で、次のように述べている。

「日本、或は世界の民衆が核兵器実験の禁止に努力しているにもかかわらず、或る強国に於いては何ら痛痒を感ぜずにどんどんと実験している。何故このようなむじゅんがおこるのであろうか、私は世界の民衆に呼びかけたい。それはたった一言、『この原水爆の原理、実験効果は、決して戦争に使用してはならぬ』と云うことである。

これにもましてつけ加えたいことは、この原理、実験効用、効果を、もし戦争に使った国があったとしたら、それは世界民衆の生存権をおびやかす悪魔の国であり、サタンの民族であると呼ばねばならぬ。そうした民族は地上にあっては侮辱にあたいしなければならぬ。何で高度の文化人と云えようか、下等な野獣というより以外にはない。

第三に私が世界民衆に訴えたいことは、このような恐るべき戦争用具をかりに使用した国があったとしたならば、たとえそれが勝者の国であろうとも、その指導者はことごとく世界民衆の声を以て、『彼等を戦犯として死刑に処せ』と絶叫せしむる程の世論を喚起したいことである。この思想を理解させるためには数年間、或は十数年間も要するかも知れないが、原水爆による惨劇が再び地上に起っ

てからでは間に合わない、その以前にこれを理解徹底させることが、最も大事なことではなかろうか」（一五〇〜一五一頁）

（12）高崎隆治『戸田城聖1940年の決断 軍国教育との不屈の闘い』（第三文明社、二〇〇二年）、一九七〜一九八頁。高崎隆治「世にも不思議な物語序章 私立高校執行委員長の手記」（中野好夫・坂西志保編『教師』、潮文社、一九六一年）の二〇三〜二一一頁も参照。高崎隆治（一九二五〜二〇一三年）は、戦時下の文学とジャーナリズムの研究者（本書上巻の374頁注（3）参照）。

（13）『戸田全集・第四巻』の三七二頁。あわせて、レコード盤『創価学会々長 戸田城聖先生の教え 講演の部No.2 昭和30年（上・下）』（VICTOR COMPANY OF JAPAN, 1960.06）を参照。

（14）福岡県八幡市中央町（現在の北九州市八幡東区中央）の市民広場で行われた演説会終了後の質問会での話。このことについては、「ふくおか35年 県広布史物語《33》」（『聖教新聞』一九七四年五月十三日付九面の福岡版）、および、『九州広布五十年史 福岡県広布史・証言』（聖教新聞九州編集局、二〇〇三年）の一九〇・二一七頁を参照。そのほか、『毎日新聞』西部本社版一九五六年六月二十六日付朝刊十面の若戸版・八幡版遠賀、『夕刊フクニチ』同年六月二十六日付一面の「選挙レーダー」、『朝日新聞』西部本社版同年六月二十七日付朝刊八面の北九州版八幡遠賀・門司・小倉京筑・若松戸畑、『市勢要覧 昭和

32年度版』（八幡市、一九五七年）の二三一頁、などを参照。

戸田は、一九五六年六月二日の新潟市内での質問会でも、原爆について言及している（『聖教新聞』一九五六年六月十日付三面参照）。
（15）「戸田会長との一問一答」（『週刊朝日』第六十一巻第三十一号、朝日新聞社、一九五六年七月二十九日）、一二頁。
（16）戸田城聖・神山茂夫「対談 創価学会対共産主義」（『総合』第五号、東洋経済新報社、一九五七年九月）、一八七頁。神山は、元日本共産党中央委員。対談日については、戸田の発言（一八三頁）を参照。
（17）「戸田城聖会長にきく 創価学会のハラのなか―これからの活動方針とその内幕―」（『大世界』第十二巻第九号、世界仏教協会、一九五七年九月）、二〇頁。佐木秋夫は、宗教学者。
（18）「徳川夢声連載対談 問答有用第333回 城聖」（『週刊朝日』第六十二巻第三十六号、朝日新聞社、一九五七年九月一日）、三〇頁。徳川夢声との対談が行われた一九五七年には、アメリカ・旧ソ連・イギリスによって、五十五回もの核実験が行われている（都立第五福竜丸展示館作成の「世界の核爆発実験年表」を参照）。
（19）松本和夫「―『原水爆声明』を世界へ―使用者は悪魔だ!!」（『第三文明』六号、第三文明刊行会、一九六一年八月）、三四頁参照。原爆についてのそのほかの記述や発言は、『戸田全集・第三巻』の一一二・

四〇八〜四〇九頁、および、『戸田全集・第四巻』の三一八〜三一九・三三三・三四〇頁を参照。

(20)「黙示録的兵器」とは、人類の終末をもたらす兵器ということ。

(21)『池田全集・第一巻』、二二五〜二二六頁。当時の日本ではさまざまな平和運動が行われていたが、かねてより戸田は、確かな平和社会を構築するには、人々が境涯を変革していくことが不可欠であると洞察していた。『価値創造』第二号(創価学会、一九四六年七月)の巻頭言では、次のように述べている。

「それ(創価学会の使命)は一切の人をして仏の境涯におくことであります。即ち全人類の人格を最高の価値にまで引き上げる事であります。如何にして全人類の人格を最高度に引き上げ得ませうか。如何にもこれは困難な問題であります。しかしこれを知る事が出来なかったならば、本当に地球上に真の幸福はありませぬ。全人類を仏の境涯、即ち最高の人格価値の顕現においたなら、世界に戦争もなければ飢餓もありませぬ。疾病もなければ、貧困もありませぬ」(一〜二頁)

また、一九五五年十月の第一回堺支部総会においては、「日本の国の、百年の大計、いな、何千年の平和の大計をたて、(中略)民衆万年の幸福を確立することが、創価学会の使命である」と述べている(『戸田全集・第四巻』、三七二頁参照)。これは、レコード盤『創価学会々長 戸田城聖先生の教え 講演の部No.2昭和30年（上・下）』（VICTOR COMPANY OF JAPAN, 1960.06）より書き起こされたもの。

（22）『池田全集・第百三十四巻』、三五七頁参照。

（23）『聖教新聞』一九五七年十一月二十二日付六面の西日本版参照。第十七回秋季総会の模様は、同年十一月十日午後十一時十五分から放送されたラジオ東京の番組「各地の新興宗教」の中で紹介されている（『朝日新聞』東京本社版一九五七年十一月十日付朝刊六面参照）。

（24）一九五七年十一月二十二日に広島平和記念館で行われた蹶起大会には、約三千人が集った（『聖教新聞』一九五七年十二月六日付五面参照）。

（25）本文中の二つの引用を含め、『池田全集・第三十七巻』（『若き日の日記』）の二一八〜二一九頁を参照。池田は日記に、「関西にて、非常にお疲れとの報あり。申し訳なし」（十一月五日）、「非常にお疲れの様子。顔……青し」（十一月八日）、「一日中、第一応接室にて、お休みの由（よし）――お聞きする」（十一月十三日）、「師のお身体（からだ）、極度に衰弱。病魔か死魔か。おやつれ、甚（はなは）だし」（十一月十九日）と書いている（同書、二〇四〜二一八頁参照）。あわせて、「一周忌を迎えて（上）池田総務にきく」（『聖教新聞』一九五九年三月二十日付一面）、『池田全集・第百三十四巻』の三五七頁、本書下巻の367〜368頁注（32）、などを参照。

（26）『池田全集・第百三十八巻』の一二八〜一二九頁、『池田全集・第百三十五巻』の二〇三〜二一〇

四頁、『聖教新聞』一九五八年二月十四日付二面、などを参照。

(27)『北海道新聞』一九五七年十二月二十六日付朝刊三面の釧路版、および、同日付の『釧路新聞』朝刊一面を参照。

(28)『池田全集・第百二十九巻』、五三頁参照。

(29)『聖教新聞』一九五七年十二月十三日付一面で発表された。五七年末には、創価学会の会員は、七十六万五千世帯になった（同紙一九五七年十二月二十七日付一面参照）。

(30)『聖教新聞』一九五七年十二月二十七日付一面参照。後年池田は、三指針について次のように述べている。

「〔戸田〕先生が、衰弱した体をおして、熟慮されていたことがあります。

全同志を、一人ももれなく幸福に導くために、一人一人が目指すべき信心の在り方を、また、そもそも、何のための信心なのかを、明確に示し留めておこうとされたのです」（池田大作『創価学会永遠の五指針』、聖教新聞社、二〇一七年、九～一〇頁）

二〇〇三年十二月、池田は、この三指針に、〝健康長寿の信心〟〝絶対勝利の信心〟の二つの指針を加えることを提案。その後は、「創価学会永遠の五指針」と言われるようになった。なお、その際に、

「各人が幸福をつかむ信心」は、「幸福をつかむ信心」に改められた（『聖教新聞』二〇〇三年十二月十三日付二・三面、および、前出の池田大作『創価学会永遠の五指針』の八〜一〇頁を参照）。

（31）『聖教新聞』一九五八年一月十七日付一面参照。なお、「若人の清き心に……」の歌は、『歌集草創』（和光社、一九七五年）へ収録された際に「若人の清き心よ七歳の苦闘の跡は祝福ぞされん」と改められている。

（32）本文中の二つの引用を含め、『聖教新聞』一九六〇年五月二十七日付二面、『池田全集・第九十二巻』の一四四頁、『大白蓮華』第九十九号（創価学会、一九五九年八月）の一一頁、などを参照。戸田は、「三百万世帯」ということについて、以前から考えていた。一九五七年七月十五日に佐木秋夫が行ったインタビュー（前出、「戸田城聖会長にきく 創価学会のハラのなか」、一八頁）を参照。

なお、池田が一九五七年十二月十七日に見舞いに来た時には、「あと七年で、三百万世帯まで闘いたい」と語っていた（『池田全集・第三十七巻』、二四一頁参照）。

（33）『聖教新聞』一九五八年二月十四日付一面参照。田中つぎは、「会長先生と婦人部」の中で、次のように記している。

「去年から、御病気で、先生の御姿が本部におみえにならず、淋しく思っておりました。その時、二月十一日、先生の御全快祝いの御招待をいただき、とび立つ思いで南甫園にまいりました。先生は、少しやせた御体に和服を召され、でも、にこやかにおいで下さいました。その席上、おやつれになられた御姿も、前にまして御元気に、広布に向って進む弟子たちを力強く叱咤激励なされ、私どもは、心も晴れ晴れと勇気百倍の思いでございました。その折、婦人部の私どもは、先生の御前で、田原坂の歌を唄いました。

右手に血刀左手にたづな
　馬上ゆたかな美少年
天下取るまで大事な体
　のみにくわせてなるものか

唄い終った時先生は、『この歌は、婦人部の歌である。昔、薩摩藩の武士の家では、大人はみんな戦場に行ってしまい、子供まで国のために戦いに行ったんだな。その時、送り出して帰って来ない子供もある。その中で、母親としては、未だ自分の手許から離したくないような小さな子供が、傷ついて帰って来たのを、傷を癒して、再び国のために送り出さなくてはならないので、そっと隠まっている。その時の母親の心境だ。婦人部のみんなも、子供を大きく育てて、広宣流布のために送り出すんだよ。きっと送り出すんだぞ』と、仰せになりました。私どもは、心深く先生にお答え申し上げる決意を新たにしました。この歌が、先生の御前で歌った最後のものでございました」（『大白蓮華』第八十五号、創価学会、一九五八年六月、四八〜四九頁）

（34）「『方便・寿量精解』のできるまで　編者・多田省吾教授にきく」（『聖教新聞』一九五八年二月二十八日付五面）によれば、戸田は一九五七年二月に方便品寿量品講義の編集をするように多田に指示していたとのことである。

なお、戸田城聖講述・多田省吾編集『日蓮正宗　方便品寿量品精解』（精文館書店）の奥付は、一九五八年二月十一日となっているが、実際に完成したのは同年二月二十日（『聖教新聞』同年二月十四日付一面・二月二十一日付一面参照）。その後、六二年五月に戸田城聖講述『日蓮正宗　方便品寿量品講義』として和光社から増訂再版されている。和光社版および聖教新聞社版の『戸田城聖全集』には、ともに増訂再版のものが収録されている。

（35）「四魔」と「三障」は、広宣流布や信心修行を妨げる四つの魔（陰魔・煩悩魔・死魔・天子魔）と三つの障り（煩悩障・業障・報障）のことをいう（前出、『教学用語集』、一三〇〜一三一頁参照）。

（36）「学会は七年毎に大きいあゆみをしていくのだ」との戸田の発言を踏まえて、青年部参謀室長の池田は、戸田の逝去から一カ月後の一九五八年五月三日の創価学会第十八回春季総会で、広宣流布の前進の目標として〝七つの鐘〟の構想を発表している（『聖教新聞』一九五八年五月九日付二面参照）。

なお、〝七つの鐘〟は、戸田が語っていた構想（『聖教新聞』一九五八年四月十八日付四面・五月九日付八面参照）。池田は、次のように述べている。

「よく戸田先生も指導なされておりましたが『医学的にいっても、私どもの生命は七年たつと、目のしんまで、骨の髄まで、いっさいの新陳代謝がなされて、〔細胞が〕新しく変わってしまうものである。創価学会は七年ごとを大きい節にして、広宣流布の旅をつづけていこうではないか』とつねづね申されておりました」（『聖教新聞』一九六四年三月三十一日付二面参照）

（37）『池田全集・第二十二巻』（『私の履歴書』）の二八八頁、および、『池田全集・第三十七巻』の二九五頁を参照。その後池田は、一九五八年六月に新設された総務に就任（『聖教新聞』一九五八年七月四日付一面参照）。以後彼が、学会の実質的な指揮をとることになる。

（38）『池田全集・第三十七巻』、二九六頁参照。

（39）「法華本門大講堂」は鉄筋コンクリートの七層で、講堂は七百余畳であった。落慶法要で戸田は、次のように挨拶をしている。

「大講堂の完成はことごとく皆様のお陰だということを、戸田が心から感謝しておったということをお帰りになったならば皆様へよろしくお礼をいって下さい。おわかりですね。

創価学会の精神はたった百円の金も、一千万円の金も、心をもって計るものでありまして『俺は百円程しか供養しないのに、戸田はそんなに喜んでくれたか、すまん』なんていわせないで下さい。その百円札がありがたいんです。十円玉一つがありがたいんです」（『聖教新聞』一九五八年三月七日付一面参照）

(40)『聖教新聞』一九五八年三月七日付一〜七面、および、『静岡新聞』同年三月二日付朝刊四面を参照。この日、役員で参加した秦野弘美（大宮支部）は、次のように語っている。

「私は本職がエレベーターガールなので、かねがね大講堂のエレベーターを動かしてみたいと思っていました。この日念願かなって本当にうれしく思いました。いつも時間交代なのですが、この日九時から四時までぶっ通し、腰が痛くなってしまいました。

でも会長先生が『一日ごくろうさま』とおっしゃって下さり『お待ちどうさまでした。二階でございます』といったら、先生は『家でもそういうことばを使っているのかい？』と、お笑いになって、もうすっかりうれしくなってしまいました」（『聖教新聞』一九五八年三月七日付七面参照）

(41) 岸信介（一八九六〜一九八七年）は、山口県出身の官僚・政治家。一九五七年二月から六〇年七月まで内閣総理大臣を務めた。戸田が岸と親交を深めるようになったのは、岸が自由民主党の初代幹事長だった一九五五年十一月～五六年十一月頃。戸田を岸に紹介したのは、岸が一九三六年から三九年まで満州国政府に出向した時の秘書の一人、椎名光子（紹介した頃は婦人部常任委員）。夫の春雄も、岸の部下だった。このことについては、『聖教新聞』一九五九年三月二十日付四面、央忠邦（なかば）『池田大作の軌跡』1（徳間書店、一九八〇年）の「池田名誉会長に聞く」の二五七～二五八頁、『池田全集・第百二十四巻』の三三四頁、椎名光子の義娘欣子からの聞き取り（二〇二三年五月十九日）、椎名春雄の履歴書、『満州国官吏録』（多田商会、一九三四年）の一〇頁、などを参照。

戸田の一九五五年の手帳には、十二月十九日に「岸氏、ヒル、南ポ（南甫園のことか）」と書かれている。また、五七年の手帳には、五月十六日に「岸氏、12時、」と書かれ、住所録には岸の連絡先が記されている。さらに、大阪大会後の七月二十七日にも岸に会っている（国沢澄子の日記参照）。なお、岸は、一九四五年九月にA級戦争犯罪容疑者として逮捕され、同年十二月から四八年十二月まで三年間、巣鴨プリズン（旧東京拘置所）に収監されていた（不起訴となり釈放）。戸田は、岸と会った時の印象について、前出の「戸田城聖会長にきく　創価学会のハラのなか」の一四頁で語っている。

（42）『聖教新聞』一九五八年三月七日付一面・一九五九年三月二十日付四面参照。

（43）『第三文明』第五百十四号（第三文明社、二〇〇二年十月）、七八頁参照。あわせて、「あの日あの時広布の語部28」（『聖教新聞』一九八三年五月十三日付九面の北海道版）を参照。

（44）『池田全集・第百三十九巻』、一三頁参照。静岡県岳南地域の日刊紙『富士ニュース』一九五八年三月八日付一面には「岸首相来山か」の見出しで「一日の落慶式に同寺で招待した政府要人のうち岸首相は十六日午前十一時箱根の静養先から非公式に訪づれるのではないかとみている」との記事、三月十一日付一面には「首相の来山本決り」の見出しで記事が掲載されている。

戸田は、三月十六日の行事に参加する青年たちに豚汁をふるまうように指示していた。準備にあたる役員には、「青年は夜行列車で登山する。本山は明け方は非常に寒い。そのときに一番の御馳走は、大釜のなかに煮たっている豚汁をのませることだ。冷たい弁当をふるえながら食べては、青年は元気が出ない。腹一杯あたたかい豚汁を食べさせてやろう」と語ったとのことである（『大白蓮華』第百七号、創価学会、一九六〇年四月、三三頁参照）。あわせて、『池田全集・第百二十九巻』の八一頁を参照。

（45）『池田全集・第百三十九巻』、一三頁参照。あわせて、「池田参謀室長指導」（『聖教新聞』一九五八年四月十八日付四面）、および、「池田総務講演」（同紙一九五九年五月八日付一面）を参照。

（46）ここでは、広宣流布の使命と責任の意で用いられている。池田によれば、四日前の三月十二日、戸田は「もう日本の国の広宣流布は原理はできているし、自然になっていくんだよ。あとは東洋だ」と、何度も語っていたという（『聖教新聞』一九五八年十二月十二日付一面参照）。

（47）『池田全集・第百三十九巻』、一四頁参照。

（48）『聖教新聞』一九五八年三月二十一日付一・四面などを参照。『朝日新聞』東京本社版一九五八年三月十七日付朝刊二面のコラム「記者席」によれば、たまたま朝食をともにした自民党の代議士池田正之輔から「とんでもない。首相ともあろうものが新興宗教のお先棒をかつぐようなことがあっては大変だ。どうしても行くというなら、あなたとの長いつきあいをやめ、私は脱党する」と、猛烈に反対されたとのことである。池田代議士とともに岸の出席を阻止したのは、同党の山口喜久一郎代議士であるとされている（創価学会が二〇一九年に制作した映像『師の仇を討ちたり〜歴史を変えた五日間〜』を参照）。そのほか、『読売新聞』読売新聞社（東京）版一九五八年三月十七日付朝刊二面、および、同日付の『毎日新聞』毎日新聞社（東京）版朝刊一面・『東京新聞』朝刊二面・『日本経済新聞』日本経済新聞社（東京）版朝刊一面・『静岡新聞』朝刊三面・『中部日本新聞』朝刊一面を参照。

また、運営責任者であった池田は、次のように記している。

「恩師が楽しみにされていた三月十六日の式典は、当日の朝、急変した。

箱根にいた首相から、戸田先生のもとへ、直接、電話が入った。

突発的な外交上の問題が起こり、すぐに東京に戻らなければならないというのである。だが、どこか言い訳めいた不自然さがあった。

『六千人の青年が、前々から準備して待っているのですぞ。青年を騙すことになるではないか！』

電話口で、戸田先生の厳しい声が飛んだ。首相が非礼を詫びると、さらに先生は声を震わせて叫ばれた。

『私に詫びよと言っているのではない。詫びるのは、青年たちにだ！』」（『池田全集・第百三十九巻』、一七～一八頁）

結局、首相の来訪は唐突に取りやめとなり、代理の首相夫人一行は一時間も遅れて到着した（『聖教新聞』一九六九年三月十七日付一面参照）。

（49）『池田全集・第百三十八巻』、一〇四頁参照。「宗教界の王者」については、『池田全集・第百三十五巻』の一二～一三頁を参照。池田は、三月十六日の戸田の様子について、次のように記している。

「恩師は〝みんながかわいそうだ〟と、自ら六千人の青年たちを励まそうと立ち上がられたが、衰弱した体は、すでに歩行も困難であった。

しかし、先生は、愛弟子（まな）が用意させていただいた『車駕（しゃが）』に乗られると、悠然と参道を進まれた」（『池田全集・第百三十九巻』、一八頁）

そして、式が終わった後、突然戸田は、池田に対して、我々は民衆のために戦おうじゃないか！、と眼光鋭く語ったという（『聖教新聞』一九六一年三月二十二日付一面、『池田全集・第百四十八巻』の二五〇～二五一頁、『池田全集・第百三十七巻』の一〇一頁、などを参照）。

（50）本文中の二つの引用は、いずれも『池田全集・第六十四巻』の一六三頁を参照。戸田の秘書であった山浦千鶴子は、病床にあった戸田のために、『十八史略』や吉川英治の『三国志』『新・平家物語』を声に出して読んだという（二〇一八年三月十日に行った聞き取りによる）。

（51）『池田全集・第百三十八巻』、二二三頁参照。『池田全集・第八十二巻』の一四三頁には、この話は「ご逝去の約二週間前のことである」と記されている。また、戸田は、一九五六年七月に、二十一世紀を展望して、「創価学会は、人類の平和と文化の不可欠な中核体となるだろう」「創価学会は、間違いなく、宗教界の王者になるにちがいない。そのことによって、社会のあらゆる分野に、政治や経済や教育や文化の世界に、真に優れた人物を送り出すことができる。それが使命なのだ。それらの人たち、一人一人の偉大な人間革命が、新しい世紀における人類社会に偉大な貢献をすることになる」と、池田に語ったという（『池田全集・第九十二巻』、一四四〜一四五頁参照）。

（52）本文中の三つの引用は、いずれも『池田全集・第百三十八巻』の一一八頁を参照。

（53）池田によれば、戸田は、「〔創価〕学会は苦しんでいる人々を救うため、広宣流布という仏の仕事をする、最高に尊い組織だ。戸田の命より大事な組織だ」と、何度も話していたという（『池田全集・第九十六巻』、二六九頁参照）。また戸田は、創価学会について、未来の経典には「創価学会仏」の名が記される、と語っていたとのことである。このことについては、座談会「池田会長に聞く学会伝統の〝実践の教学〟①」（『聖教新聞』一九六二年十月十八日付四〜五面）、同④（『聖教新聞』一九六二年十一月三日付五面）、池田大作『会長講演集』第八巻（創価学会、一九六三年）の二九九〜三〇〇頁、などを参照。山浦千鶴子によれば、戸田は「創価学会仏」について、折々に語っていたとのことである。

（54）『聖教新聞』一九五八年四月四日付二面の小泉隆理事長の話を参照。

（55）的場正順が朝から酔っぱらって年少の所化をいじめていたこと。的場は、日頃から学会員を見下した言動をしていた。これらについては、『池田全集・第八十巻』の二二九〜二三〇頁、『聖教新聞』一九五八年四月四日付二面の池田参謀室長の話、渡辺慈済『日蓮正宗〝落日の真因〟――出家得度五十年・未来のために真実を語る』（第三文明社、二〇〇〇年）の一〇五〜一一八頁、などを参照。

（56）本文中の三つの引用は、いずれも『池田全集・第百三十八巻』の一一九〜一二〇頁による。「僭聖増上慢」は、三類の強敵の第三（本書下巻の194頁注（17）参照）。法華経の行者に対する迫害の元凶となる高僧（前出、『教学用語集』、二一五頁参照）。

（57）『大白蓮華』第九十一号（創価学会、一九五八年十二月）、二一頁参照。この時戸田は、「三月登山が終ったら、四月から撰時抄にかゝって、十大部を仕上げようね。そして、法華経だ」とも語ったとのことである（山浦千鶴子の手記を参照）。

（58）『池田全集・第三十七巻』、三〇二〜三〇五頁参照。池田は、次のように記している。

「四月一日の午前二時過ぎ、先生は、布団に身を横たえたまま、車で理境坊の宿舎を出発された。私は、一睡もせず、お供した。

沼津駅を午前四時二十分の急行に乗り、午前七時前、東京駅に到着した。そして、そのまま駿河台の日大病院に入院されたのである」（『池田全集・第百三十八巻』、一三一頁）

（59）『大白蓮華』第八十三号（創価学会、一九五八年四月）、一頁。

（60）「池田会長あいさつ」（『聖教新聞』一九六〇年四月二十九日付二面）、および、『池田全集・第百二十九巻』の一九七〜一九八頁を参照。

（61）『聖教新聞』一九五八年四月四日付一面参照。なお、同日付の『聖教新聞』は、戸田の逝去発表の記事掲載のため、一日遅れで発行されている。

戸田の訃報（ふほう）は、一九五八年四月四日付の新聞各紙に掲載された。四月五日付の『新夕刊』には「〔学会に〕分裂の危機きざす」（三面）という見出しの記事、四月十一日付の『中外日報』には、「ことによると、これが致命傷となって、同会は遠からず空中分解をはじめないともかぎらない」（一面）との宗教学者佐木秋夫の見解が掲載されている。このような佐木の見解は、『週刊新潮』第三巻第十七号（新潮社、一九五八年四月二十八日）の三二頁にも掲載されている。

後年池田は、「〔創価大学の〕創立記念日は、戸田先生の命日の意義をこめて、四月二日としました」（『池田全集・第六十四巻』、四三〇頁）と述べている。ちなみに、創価大学の起工式は、一九六九年四月二日、開学式は七一年の同日に行われている。

（62）『朝日新聞』東京本社版一九五八年四月五日付朝刊九面などの戸田家の死亡広告、および、『聖教新聞』一九五八年四月十一日付一～三面を参照。

（63）『朝日新聞』東京本社版一九五八年四月五日付朝刊九面などの創価学会葬の広告、および、『聖教新聞』一九五八年四月二十五日付一～八面を参照。四月二十日の学会葬には、岸信介首相・松永東（とう）

文部大臣・安井誠一郎東京都知事なども訪れた。日蓮正宗管長の堀米日淳は、戸田の逝去を聞き、翌三日午前五時頃に戸田家を弔問。その後、告別式・学会葬の導師を務めるなど、彼の功績を最大に讃えた。『大日蓮』第百四十七号・法華講総講頭創価学会会長戸田城聖氏追悼特集号（日蓮正宗布教会、一九五八年五月）、四二～七四頁などを参照。

月刊婦人雑誌『婦人生活』の記者は、「八十万人を折伏した男 話題の人戸田城聖の人間味」の中で、次のように書いている。

「絶対に人から贈物をうけとらず、自家用車ももたずタクシーにのり、清貧のほどは家庭の暮らしむきを一瞥してもうかがえる。

そうした私利私欲をはなれた生き方が、八十万に及ぶ信者たちの心をあたたかくとらえたので、これはけっして折伏のはげしい説法だけでは、大衆はついてこないのではあるまいか。

自宅に近い国電目黒駅の陸橋ぎわに、『とん平』という小さな焼鳥屋があるが、戸田氏は青年たちとそこへ行って和やかに立飲み立食いをやり、冗談をとばしてみんなを笑わせながら、ちゃんと話のかんどころをとらえていた。創価学会といえば固苦しい理屈ずくめで、ひとびとに敬遠されがちだが戸田氏個人は茫洋とした、ロマンチックなヒューマニストであった。

この人間味は、幼少のころから世の辛酸をなめ、独立独歩でみずからの運命をひらいた苦闘の中に、戸田氏が学びとった貴い糧にちがいない。創価学会の折伏説法のよしあしはべつとして、『日本をよくしたい』と念じて一切のエゴイズムをすて、じぶんの信じる道をひたすら進んだ生涯は貴いものである。戸田氏ののこした業績の是非はいずれ歴史がきめることであろうが、わずか七年足らずのあいだに八十万世帯の信者を獲得した事実は、我が国の政治、経済、文化のあらゆる面でよく研究批判されるべきではあるまいか」（『婦人生活』第十二巻第六号、同志社、一九五八年六月、一六九頁）

なお、英文で戸田の生涯と著作の概要を紹介したものとして、アメリカの学術雑誌に掲載された次の論文をあげることができる。

Nozomi Inukai and Jason Goulah, "Josei Toda: Introduction to the Man, His Ideas, and His Role in the Soka Heritage of Education", *Schools: Studies in Education*, Volume 15, Issue 2, Fall 2018. pp299-325.

（64）『池田全集・第九十八巻』、三三八頁参照。戸田と孔明については、本書上巻の116～117頁、および、下巻の180～181頁を参照。池田は、「今後七年の斗い 池田総務にきく」において、「戸田先生の御在世時代をふりかえってみると、ほんとうに楽しかった。そこには厳しさあり、楽しみあり、希望あり、張合いがあった。先生のおいでにならない今日、また今後に、学会においてはこれと同じように、全幹部が、全学会員に対して、御本尊様を中心に、感動をあたえていくものがなければならぬ」(『大白蓮華』第九十九号、創価学会、一九五九年八月、一〇頁参照)と語っている。

その他の参考文献

高知県ビキニ水爆実験被災調査団編『もうひとつのビキニ事件――1000隻をこえる被災船を追う』(平和文化、二〇〇四年)

山崎荒助編『広島平和記念館と丹下健三』(三友社出版、一九八〇年)

『朝日新聞』東京本社版一九五八年四月九日付朝刊九面・四月二十一日付朝刊二面、および、同年の『読売新聞』読売新聞社(東京)版四月二十日付朝刊二面・四月二十一日付朝刊一面・四月二十二日付夕刊一面、『毎日新聞』毎日新聞社(東京)版四月二十日付夕刊三面・四月二十一日付朝刊一面・四月二十二日付朝刊一面、『日本経済新聞』日本経済新聞社(東京)版四月二十一日付朝刊二面、『東京新聞』四月二十一日付朝刊二面・『サン写真新聞』一九五八年四月二十一日付二面

東京中日新聞・中日ニュース社製作『中日ニュース』第二百二十三号(一九五八年四月二十五日)

〔コラム〕弟子の誓い

池田大作著『新・人間革命』第一巻（聖教新聞社、一九九八年）の「はじめに」には、次のように記されている。

「戸田先生は、一九五七年（昭和三十二年）九月八日、あの原水爆禁止宣言を発表され、遺訓の第一として、その思想を全世界に弘めゆくことを、門下の青年に託された。

恩師は、間断なき世界の戦火や、暴政に涙する民衆の声なき声に耳をそばだてながら、しばしばこう語った。

『この地球上から悲惨の二字をなくしたい』

それは先生の願いであり、ご決意であられた。師弟は不二である。不二なればこそ、私もまた、恩師の心を抱き締めて、世界を駆け巡り、『平和と幸福の大河』を切り開いてきた。『源流』の偉大さを物語るものは、壮大な川の流れにほかならない」

池田は、〝原水爆禁止宣言〟から六年後の一九六三（同三十八）年の二月か三月はじめ、日本の青年の代表としてアメリカ大統領ジョン・F・ケネディと会って、核兵器の実験禁止を申し入れるつもりであったが、横やりが入り実現には至らなかった。また、当時彼は、ソビエト連邦首相ニキータ・フルシチョフにも会いたいとも語っている（*The Japan Times*, Saturday, February 16, 1963, p.4のインタビュー記事を参照）。

それから五年、池田は一九六八（同四十三）年九月八日に日中国交正常化を提言。さらに、六年後の七四（同四十九）年五月に初訪中し、九月八日にはソ連（現在のロシア）を初訪問。十二月には再度中国を訪れ、対立関係にあった両国の和解へ向けて民間外交を展開している。

かつて戸田は、次のように語ったという。

「戦争をなくすためには、社会の制度や国家の体制を変えるだけではだめだ。根本の『人間』を変えるしかない。民衆が強くなるしかない。民衆が賢くなるしかない。そして、世界中の民衆が、心と心を結び合わせていく以外にない！」（ジョセフ・ロートブラット／池田大作『地球平和への探求』、潮出版社、二〇〇六年、一八〜一九頁参照）

池田は戸田の思いを受け継いで、五十四カ国・地域を訪問。また、世界の識者と対話を重ねてきた。その内容は、数多くの対談集として出版されている。

付録1「略年譜」

・年齢は、満年齢。
・「事項」欄の「▽」には、関連事項と一般事項を記載した。

年	年齢	事項
1900（明治33）	0歳	2月11日　石川県江沼郡塩屋村に、父甚七、母すえの七男として誕生。名は「甚一」。
1904（明治37）		この年　北海道の厚田郡厚田村へ移住。
1906（明治39）	6歳	4月　厚田尋常高等小学校尋常科に入学。
1908（明治41）	8歳	▽8月20日　兄外吉が結核のため死去（享年17）。
1912（明治45／大正元）	12歳	3月23日　厚田尋常高等小学校尋常科を卒業。 4月　厚田尋常高等小学校高等科に入学。 ▽7月30日　明治天皇が崩御し、「大正」と改元。
1913（大正2）	13歳	▽10月1日　支部（はせべ）貞助が厚田尋常高等小学校の代用教員になり、高等科を受け持つ。
1914（大正3）	14歳	3月23日　厚田尋常高等小学校高等科を卒業。その後、厚田村で家業を手伝う。 ▽8月23日　日本がドイツに宣戦布告し、第一次世界大戦に参戦。
1915（大正4）	15歳	7月7日　長兄藤蔵の勧めで、札幌区南1条西2丁目4番地にある丸小印下駄小間物合資会社（以下「小六商店」と表記）に勤める。
1916（大正5）	16歳	2月2日　脚気のため、厚田村の自宅に戻る。 6月5日　小六商店へ戻る。
1917（大正6）	17歳	1月　「奮闘」と大書した日記帳を、「桜心」の筆名で書き始める。 2月23日　母すえの容体が悪化したとの連絡を受けて帰郷。尋常小学校准教員検定試験の受験を決意し、筆名を「桜心」から「桜桃」に改める。

1918（大正7）	18歳	5月21日〜23日　北海道札幌師範学校で、尋常小学校准教員検定試験を受ける。 5月28日　小六商店で再び働き始める。 6月20日　尋常小学校准教員検定試験に合格。 9月25日　札幌区内の北辰病院に入院する（10月24日退院）。 11月16日　父甚七に江別の船着き場まで会いに行く。翌17日朝、小六商店へ出向き、当座の入院費用を借用して仙場病院に入院（翌年1月20日退院）。 ▽2月21日　厚田尋常高等小学校の教員や厚田村在住の青年など10人で謄写版刷りの文芸同人誌『囁き』を創刊。
1919（大正8）	19歳	4月21日　小六商店に退職を申し出て、25日に厚田村へ帰る。29日には『囁き』の同人となる。一度札幌に戻った後、夕張町に住む長姉つねを訪問。 5月12日　同人誌『囁き』第4号に、「桜桃」の名で「寂しき厚田」を寄稿。第5号以降は「あかん坊」の名を使用。 6月3日　夕張町内の石狩石炭株式会社若鍋坑の販売所事務員になる。 6月25日　夕張町内の真谷地尋常小学校の准訓導に採用される。7月1日に着任し、三年生を受け持つ。 8月3日〜20日　岩見沢尋常高等小学校で尋常小学校本科正教員養成短期講習を受講。続いて、同校で尋常小学校本科正教員の検定試験を受ける（21日〜23日）。 ▽11月11日　第一次世界大戦が終結する。 12月24日　尋常小学校本科正教員検定試験に合格。 2月13日　真谷地尋常小学校の訓導に任命される。 ▽3月　同人誌『囁き』第13号が発行される。次号以降不明。 4月　真谷地尋常小学校で六年生を受け持つ。 ▽4月10日　支部貞助が厚田尋常高等小学校を病気のため退職。

8月3日〜23日　岩見沢町にある空知農業学校で小学校本科正教員の養成短期講習会（物理・化学・代数・幾何）を受講。

この頃　病気で退職した支部貞助に、沼の沢尋常小学校への就職を勧める。

▽10月10日　支部が沼の沢尋常小学校に採用される。

▽12月22日　牧口常三郎が西町尋常小学校の校長に着任。

12月末頃　冬休みを利用して初めて上京。

▽1月10日　国際連盟発足。日本は常任理事国になる。

1920（大正9）　20歳

1月　紹介状を持って牧口の自宅を訪問。後日連絡があり、4月頃から3カ月間、西町尋常小学校の代用教員として採用される。

2月1日　牧口から西町尋常小学校に面接に来ていた窪田正隆を紹介される。その後、一旦真谷地に戻る。

3月上旬　上京。この頃から「城外」を名乗る。

3月　普及英語学校の数学の授業を受講。

3月31日　真谷地尋常小学校を退職。

4月頃　西町尋常小学校で臨時の代用教員として働き始める。入学式は4月1日。

4月　開成予備学校の中学科四年次に編入。授業開始は4月8日。

6月頃　東京市議会議員の高橋義信により、牧口の三笠尋常小学校への転任が画策され、異動が発令される。西町尋常小学校では、戸田をはじめ十数人の教職員が留任運動を行う。

▽6月22日　牧口が三笠尋常小学校の校長に転任。

夏頃　三笠尋常小学校の代用教員に採用される。

▽11月30日　高橋義信が東京市の砂利およびガス工事に関わる不正により逮捕される。翌年11月9日、市議会議員を辞職。

12月13日　三笠尋常小学校の訓導に任命される。

年	年齢	月日	事項
1921（大正10）	21歳	8月	宮城県宮城郡塩竈町に住む兄善作を訪ねる。
1922（大正11）	22歳	1月6日〜10日	高等学校高等科入学資格試験を東京府立第四中学校で受験。
		2月1日	高等学校高等科入学資格試験に合格。
			▽4月15日　牧口が白金尋常小学校の校長に任命される。
		11月19日	牧口とともに、慶應義塾大講堂で行われたアインシュタインの講演会を聴講。
		12月19日	三笠尋常小学校を退職。その後、夜店での下駄売りや八千代生命保険株式会社の外交員として働く。
		この頃	浦田ツタと結婚。豊多摩郡千駄ヶ谷町大字穏田46番地に住む。
1923（大正12）	23歳	この頃	園児が帰った後の目黒幼稚園の一室を借りて補習塾を始める。
			▽9月1日　関東大震災おこる。
			▽9月23日　父甚七が死去（享年67）。
		10月12日	長女恭代が誕生。
		10月頃	関東大震災で一時中断していた補習塾を再開。
		この頃	八千代生命保険株式会社を退職。
1924（大正13）	24歳	5月13日	長女恭代が死去（享年当歳）。
1925（大正14）	25歳	4月	中央大学予科第一部に入学。
			▽4月22日　「治安維持法」が公布される（同年5月12日施行）。
		この頃	荏原郡大崎町大字上大崎336番地に2階建ての建物が落成し、転居する。その建物を「時習学館」と命名。
1926（大正15／昭和元）	26歳	10月22日	「時習学館」の建物が登記される。
		11月26日	妻ツタが死去（享年32）。
			▽12月25日　大正天皇が崩御し、「昭和」と改元。
1927（昭和2）	27歳		▽4月頃　妹テルが、戸田の友人である加清保と結婚。
1928（昭和3）	28歳	3月26日	中央大学予科第一部を卒業。

4月 中央大学本科経済学部に入学。

▽この年 牧口が三谷素啓を訪ねて日蓮仏法の話を聞き、思索と研究を始める。その後、戸田にも日蓮仏法を勧める。

1929（昭和4） 29歳

10月11日 時習学館が3階建てに増改築されたことが登記される。

▽10月24日 ニューヨーク株式市場大暴落。世界恐慌始まる。

12月1日 『家庭教育学総論 中等学校入学試験の話と愛児の優等化』を城文堂から出版。

この年 時習学館内で行っていた模擬試験を外部にも広げて、青山会館の大講堂で実施するようになる。

1930（昭和5） 30歳

2月頃 牧口と2人で、牧口の教育学説について協議し、「創価教育学」と命名する。

3月31日 中央大学本科経済学部を中退。

3月頃 教育雑誌『新進教材 環境』を創刊。編輯兼発行人になる。

▽この頃 創価教育学支援会が発足し、10月には50余人の名士によって組織される。

▽この頃 創価教育学支援会が牧口著『創価教育学大系概論』を配布。

6月25日 『推理式 指導算術』を出版。同書の背表紙には、「創価教育学原理による 推理式 指導算術」と印刷されている。

11月18日 牧口著『創価教育学体系』第一巻（第一編 教育学組織論・第二編 教育目的論）を出版。

11月20日 『新進教材 環境』第1巻第9号を「創価教育学号」として発行。犬養毅による「賛『創価教育学』」には、賛同する名士28人の氏名が記されている。

1931（昭和6） 31歳

3月5日 牧口著『創価教育学体系』第二巻（第三編 価値論）を出版。

▽4月10日 牧口に麻布新堀尋常小学校の校長への転任辞令が下る。

▽9月18日 関東軍参謀ら、柳条湖付近の南満州鉄道の線路を爆破（満州事変始まる）。

1932（昭和7） 32歳
10月 『新進教材 環境』の誌名を『進展環境 新教材集録』と改めて復刊。
▽3月31日 麻布新堀尋常小学校の廃校に伴い、牧口が教職から離れる。
▽5月15日 海軍の青年将校ら、首相官邸などを襲い、犬養毅首相を殺害（5・15事件）。

1933（昭和8） 33歳
7月15日 牧口著『創価教育学体系』第三巻（第四編 教育改造論）を出版。
▽9月15日 母すえ死去（享年72）。
3月23日 『推理式 指導算術』第14版（第二回改訂増補）を発行。
▽3月27日 国際連盟から、常任理事国である日本が脱退する。
4月5日 牧口著『教授の統合中心としての郷土科研究』改訂十版を出版。
4月 山田高正との共著『推理式 読方指導』第五学年用上巻・第六学年用上巻・第六学年用下巻を出版。
7月頃 『中・女学校 試験地獄の解剖』を出版。
9月 山田高正との共著『推理式 読方指導』第五学年用下巻を出版。
この頃 十年来の結核を克服する。

1934（昭和9） 34歳
2月頃 『進展環境 新教材集録』の誌名を『新教材集録』とする。
4月5日 『普及版・推理式 算術指導』を出版。
4月頃 山田高正との共著『普及版・推理式 読方指導』第五学年用・第六学年用の各上下巻計4冊を相次いで出版。
▽4月頃 牧口を会長として日本小学教育研究会が発足。
6月20日 牧口著『創価教育学体系』第四巻（教育方法論）を出版。
10月25日 株式会社日本小学館を設立。

1935（昭和10） 35歳
春頃 松尾幾子と再婚。芝区二本榎西町二番地に住む。
▽春頃 創価教育学会が小冊子『創価教育学体系梗概（こうがい）』を配布。

年	年齢	月日	事項
		3月1日	『普及版・推理式 算術指導』の改訂増補に際し、書名を『推理式 指導算術 普及版』に改めて出版。
		5月26日	創価教育学会の研究部総会を品川区大井の料理店「見晴」で開催。25人が出席し、活動方針などを討議する。
		6月1日	『推理式 指導算術』第50版（第三回改訂増補）を発行。
		7月15日	『新教材集録』の誌名を第5巻第7号から『新教』に改める。
		7月25日	創価教育学会の研究部総会を帝国教育会館で開催。
		11月2日	長男喬久が誕生。
		11月15日	『新教』第5巻第11号において、教育革命と共に宗教革命を提唱する。
			▽12月頃から 月に一、二回、日蓮仏法を研鑽する教育宗教革命研究会を開催。
1936（昭和11）	36歳		▽2月26日 20人の皇道派青年将校が約1500人の兵士を率いてクーデターを決行。政府要人を殺害（2・26事件）。
			▽4月15日 『新教』第6巻第4号に掲載された「創価教育学会綱領」の「本会の目的」に「宗教革命」が加えられる。
		5月28日	『新教』編集に関する緊急幹部会で、「新教改題の件」を提起。第6巻第7号（7月号）から誌名を『教育改造』に改める。
			▽10月 6人の青年教師が、第1回研究生（創価教育法の実験証明委員）に選ばれる。
		この頃	牧口常三郎・渡辺力とともに、新潟県刈羽郡荒浜村を訪問。
1937（昭和12）		1月27日	牧口や顧問の秋月左都夫とともに、品川区北品川の料理店「玄海」で創価教育学会の懇親会を行う。第1回研究生など14人が出席。
	37歳	3月15日	『推理式 指導算術』第73版（第四回改版改訂）を発行。

年	年齢	月日	事項
		4月5日	『推理式 指導読方』巻九・五年前期用を出版。
			▽7月7日 北京郊外の盧溝橋（ろこうきょう）で日中両軍が衝突（日中戦争始まる）。
		9月5日	『推理式 指導読方』巻十・五年後期用を出版。
			▽9月5日 創価教育学会が牧口著『創価教育法の科学的超宗教的実験証明』を配布。
		この年	『自学自習・推理式 指導読方』（普及版）尋常小学校三年から六年までの各前期用・後期用の計8冊を相次いで出版。
1938（昭和13）	38歳	3月25日	『推理式 指導読方』巻十一・六年前期用を出版。
			▽4月1日 「国家総動員法」公布（同年5月5日施行）。
		8月2日	東京市芝区白金台町1丁目83番地へ転居。
		9月20日	『推理式 指導読方』巻十二・六年後期用を出版。
1939（昭和14）	39歳	3月25日	牧口の三男洋三と稲葉伊之助の次女貞子の結婚式で仲人を務める。
			▽4月8日 「宗教団体法」公布（翌年4月1日施行）。
			▽4月9日 牧口が歓喜寮で行われた懇談の席で創価教育学に基づく学校の設立について語る。その構想実現を戸田に期待する。
			▽9月1日 ドイツ軍がポーランドへ侵攻（第二次世界大戦始まる）。
			▽9月28日 中等学校の入学試験で実施されていた学科試験について、翌年以降の廃止が文部次官より通達される。
		12月23日	創価教育学会の総会を麻布区山元町の料理店「菊水」で開催。約60人が出席。
		この年	『尋常小学 副算術書』の尋常五年用・尋常六年用、および、『仕上の算術』を出版。
1940（昭和15）		1月1日	学習雑誌『小学生日本 五年』を創刊。編輯兼発行人になる。

	40歳	1月頃　『必らず聞れる口頭試問—新制度に適応せる—』を出版。 4月1日　学習雑誌『小学生日本 六年』を創刊。編輯兼発行人になる。 5月25日　大道書房から最初の単行本となる子母沢寛の短編集『大道』を出版。 7月29日　日本商手株式会社を神田区錦町1丁目19番地に設立。9月には、稲葉伊之助とともに代表取締役となる。 8月　創価教育学会の本部を神田区錦町の日本商手内に置く。生活革新同盟倶楽部を結成する。 ▽9月27日　日本・ドイツ・イタリアが三国同盟を締結。 ▽10月12日　大政翼賛会が発会式を行う。 10月20日　創価教育学会の臨時総会を麹町区九段の軍人会館で開催。300余人が参加。牧口が会長、戸田が理事長に就任。 11月1日　11月号から『小学生日本 五年』と『小学生日本 六年』を統合し、『小学生日本』となる。
1941（昭和16）	41歳	2月5日　『小国民常識読本—新体制に適応せる—』を出版。 ▽3月1日　「国民学校令」公布（同年4月1日施行）。 3月1日　4月から小学校が国民学校になることをふまえて、3月号から『小学生日本』を『小国民日本』に改題。 ▽3月10日　日蓮正宗の僧俗護法会議が大石寺で開催され、牧口が出席。 ▽3月10日　大幅に改正された「治安維持法」公布（同年5月15日施行）。 4月20日　創価教育学会の臨時総会を神田区一ツ橋の共立講堂で開催。 4月24日　会員制社交クラブ交詢社への入社申込みが同社の常議員会で承認される。 ▽5月5日　日本出版配給株式会社が設立される。日本出版文化協会の指導のもと、書籍雑誌の一元的配給が始まる。

年	年齢	月日	事項
1942（昭和17）	42歳	7月20日	創価教育学会の会報『価値創造』を創刊。
		11月2日	創価教育学会の年度総会を神田区一ッ橋の帝国教育会館で開催。約400人が参加。戸田は「弟子の道」と題して講演。 ▽12月8日　日本軍がハワイの真珠湾などを攻撃（太平洋戦争始まる）。 ▽12月19日　「言論、出版、集会、結社等臨時取締法」公布（同年12月21日施行）。
		12月1日	『小国民日本　国民学校上級生』の誌名を『少国民日本　国民学校上級生』に改める。 ▽3月20日　日本出版文化協会が用紙割当の全面的実施に踏み切る。同日より、すべての出版物は事前審査を要することになった。
		4月頃	『少国民日本　国民学校上級生』が廃刊。
		5月10日	『価値創造』第9号を発行（同号をもって廃刊）。
		5月17日	創価教育学会の第四回総会を帝国教育会館で開催。約400人が参加。
		8月10日	『大善生活実証録─第四回総会報告─』を発行。 ▽9月14日　小笠原慈聞が日蓮正宗より擯斥処分を受け、僧籍を剥奪される。
		9月1日	創価教育学会に退転防止委員会が設置され、委員長に就任。
		11月22日	創価教育学会の第五回総会を帝国教育会館で開催。約600人が参加。
		12月31日	『大善生活実証録─第五回総会報告─』を発行。
1943（昭和18）	43歳	5月2日	創価教育学会の第六回総会を帝国教育会館で開催。約700人が参加。「創価教育学説」と題して講演。 ▽5月　牧口が東京・中野警察署に約1週間留置され、神札問題について取り調べを受ける。

6月27日　日蓮正宗宗務院から緊急の呼び出しを受け、牧口とともに大石寺へ出向く。管長の日恭出席のもと、〝神札を一応受けるよう会員へ指示するように〟との申し渡しに対し、牧口は〝神札は絶対に受けません〟と拒絶。

▽6月28日　牧口、再度日恭に直諫。「国家諫暁」に立ち上がることを求める。

▽6月29日　中野杉並支部長の陣野忠夫と支部幹事の有村勝次が淀橋警察署に検挙される。

7月1日　創価教育学会本部で月例の幹部会を開催。

▽7月2日　牧口が会員2人とともに伊豆下田方面へ出発。

7月6日　早朝、芝区白金台町の自宅で、治安維持法違反および不敬罪の容疑で検挙され、高輪警察署に留置。同日午前には、静岡県賀茂郡浜崎村須崎において、牧口が同じ容疑で検挙され、下田警察署に留置。

▽7月7日　牧口が警視庁へ移される。

7月20日頃　高輪警察署から警視庁へ移される。

8月27日　約一カ月にわたる取調べの後、訊問調書や関係書類が東京刑事地方裁判所検事局へ送られる。

9月25日　警視庁の二階で、豊島区西巣鴨の東京拘置所へ移送される牧口に、〝お体を大事に〟と声をかける。

10月11日　東京拘置所へ移される。

12月31日　検事による取調べが終了し、東京刑事地方裁判所に起訴（予審請求）される。

1944（昭和19）　44歳

春頃　担当判事の取調べ（予審）が始まる。

▽11月18日　早朝、東京拘置所の病監で牧口常三郎が逝去（享年73）。

1945（昭和20）　45歳

▽11月20日　牧口の葬儀が10人前後の親族知人が出席して行われる。
▽11月24日　アメリカ軍の本格的な空襲が始まる。
▽11月29日　空襲により、創価教育学会本部があった神田区錦町の日本商手の建物が焼失。

1月8日　担当判事から牧口の死を告げられる。
▽5月25日頃　空襲により、時習学館の建物が焼失。
▽6月頃　司法省等が東京拘置所に移動したため、東京拘置所の大部分を中野区新井町の豊多摩刑務所内に移転することになる。

6月29日　豊多摩刑務所へ移される。
7月3日　豊多摩刑務所から出所。この頃から「城聖」と名乗る。以後、自宅で静養しながら、事業再建の準備を進める。
▽7月26日　アメリカ・イギリス・中国の三カ国により、日本に対して無条件降伏を求める勧告が出される（ポツダム宣言）。
▽8月6日　アメリカ軍が広島市内に原子爆弾を投下。
▽8月8日　ソ連が日本に対し宣戦布告。
▽8月9日　アメリカ軍が長崎市内に原子爆弾を投下。
▽8月15日　昭和天皇による戦争終結の詔書の音読が録音放送される。

8月20日　日本正学館の事務所を品川区上大崎2丁目542番地に開き、通信教授の事業に着手。
▽8月30日　連合国軍最高司令官マッカーサーが厚木飛行場に到着。
▽9月2日　日本が降伏文書に調印したことにより、太平洋戦争終結。
▽9月　連合国軍総司令部（GHQ）による出版物の検閲が開始される（1949年10月まで）。

10月上旬　日本正学館の事務所を神田区西神田2丁目3番地へ移転。
▽10月4日　GHQが政治的、公民的及び宗教的自由の制限除去を指令。
▽10月15日　「治安維持法」が廃止される。
10月31日　「治安維持法」の廃止および「大赦令」の施行により、免訴となる。
11月18日　牧口の一周忌法要を歓喜寮で行う。
11月30日　日正書房の最初の単行本となる子母沢寛『男の肚』上巻を出版。日正書房の所在地は日本正学館と同じ。
▽12月15日　GHQが国家と神道の分離を指令。

1946（昭和21）　46歳

1月1日　第一期の法華経講義を始める（同年3月に修了）。
▽3月31日　小笠原慈聞が特赦により日蓮正宗の僧籍に復帰。
4月　第二期の法華経講義を始める（同年9月に修了）。以降、第九期の途中まで行う。
5月1日　「創価学会」の綱領と規約を決定し、日本正学館の2階を創価学会本部（以下「学会本部」と略す）とする。
▽5月3日　極東国際軍事裁判所開廷。
6月1日　創価学会の会報『価値創造』を創刊。
6月頃　日本正学館の通信教授の募集を終了。
▽7月1日　アメリカが中部太平洋のビキニ環礁で第二次大戦後初の原爆実験を行う。
7月15日　日本正学館から室伏高信他編『民主主義大講座』第一巻・原理及歴史（上）が出版される（以降、第五巻まで出版）。
9月15日　日本正学館から『最も信頼出来る 英語自修書 教科書準拠（中等学校一年用）』を出版（以降、翌年6月までに、少なくとも15冊の学習書を刊行）。

9月21日～24日　会員6人とともに、栃木県那須郡黒羽町と両郷村、および、群馬県桐生市を訪れる。

11月17日　神田区一ツ橋の教育会館で、牧口の三回忌法要を行う。続いて、創価学会第一回総会を開催。

▽11月3日　日本国憲法が公布される（翌年5月3日施行）。

1947（昭和22）　47歳

1月28日　会員とともに、静岡県賀茂郡稲梓村を訪れる。

8月14日　大田区北糀谷で行われた会合で池田大作と初めて会う。

8月20日～22日　会員数人とともに、長野県諏訪市および諏訪郡永明村を訪れる。

▽8月24日　池田が創価学会に入会。

10月19日　創価学会第二回総会を教育会館で開催。

10月23日～24日　会員数人とともに、長野県諏訪市を訪れる。

1948（昭和23）　48歳

12月1日　少年雑誌『冒険少年』を創刊。編集兼発行人になる。

▽8月15日　大韓民国成立。

▽9月9日　朝鮮民主主義人民共和国成立。

▽9月13日　池田が第七期の法華経講義を受講（翌年2月5日に終講）。

10月1日頃　大道書院から大衆雑誌『ルビー』を創刊（発行日は11月1日）。

10月17日　創価学会第三回定期総会を日本教育会館で開催。

▽1月3日　池田が日本正学館に入社。『冒険少年』を担当。

▽3月7日　アメリカ公使ドッジ、日本経済安定9原則（ドッジ・ライン）の実行に関し声明を発表。

1949（昭和24）　49歳

春頃　日本正学館の建物で、保証責任東京建設信用購買利用組合の業務を開始。

3月29日　日蓮正宗の法華講全国大講頭に任じられる。

5月頃　池田を『冒険少年』の編集長に登用。

1950（昭和25）

50歳

7月10日　宗教雑誌『大白蓮華』を創刊。第一号に、巻頭言「宗教革命」と巻頭論文「生命論」を発表。

10月1日　『冒険少年』を『少年日本』と改題し、10月大躍進号を発行。

▽10月1日　中華人民共和国成立。

10月23日　創価学会第四回定期総会を日本教育会館で開催。千人近くが参加。

10月25日　『ルビー』11月号を発行。次号以降休刊。

10月25日　『少年日本』の休刊の決定を社員に告げる。

10月29日　日本正学館の全社員を集め、新事業の概要を説明し、今後の展望を語る。保証責任東京建設信用購買利用組合の業務を、池田をはじめ日本正学館の社員も担当することになる。

12月1日　『少年日本』12月号を発行。次号以降休刊。

1月6日　池田に、夜学へ通うことを断念し、信用組合の仕事に専念してくれるよう懇請。代わりに個人教授を約束する。

1月頃　「保証責任東京建設信用購買利用組合」を「東京建設信用組合」へ改組。

▽4月15日　「公職選挙法」が公布される（5月1日施行）。

▽6月25日　朝鮮戦争始まる。

8月22日　大蔵省から、東京建設信用組合の業務停止命令が通達され、翌23日に業務を停止する。

8月24日　主だった幹部を集め、創価学会の理事長辞任を表明。後任は矢島周平。

10月3日　大蔵商事株式会社が設立され、最高顧問に就任。

▽10月　池田が大蔵商事に入社。

11月12日　牧口の七回忌法要を日本教育会館で行う。その後、創価学会第五回定期総会を開催。席上、理事長の交代が発表される。７００余人が参加。

11月16日　千代田区神田駿河台にある日本大学工学部の食堂で、池田と昼食をともにし、大学設立の構想などを語る。

11月　池田ら七人に対して御書講義を始める。

▽11月27日　池田が大蔵商事の営業部長になる。

▽12月　大蔵商事の事務所を新宿区百人町1丁目20番地に置く。

1951（昭和26）　51歳

2月頃　創価学会の会長として起つ決意を表明する。

▽この頃　戸田を会長に推戴する署名運動が始まる。3千余人が署名。

3月9日　東京建設信用組合が、組合員全員の賛同により解散を決議。11日には、その登記が行われる。

3月11日　創価学会の臨時総会を日本教育会館で開催。数百人の会員が参加。

▽4月3日　「宗教法人法」が公布される（同日施行）。

4月6日　臨時支部長会を開催し、支部を12に整理統合した体制を発表。

4月20日　創価学会の機関紙『聖教新聞』を創刊。「妙悟空」の筆名で小説「人間革命」の連載を開始（1954年8月1日まで121回）。

5月3日　創価学会第二代会長就任式を墨田区向島の常泉寺で開催。1000人を超える会員が参加。この時、75万世帯の折伏を生涯の願業として宣言。

5月12日　大折伏大願成就のための大御本尊授与の請願書の取り次ぎを堀米日淳に依頼。19日に大石寺に向かい、20日に日蓮正宗管長の水谷日昇から受け取る。

5月　毎週金曜日に西神田の学会本部で御書講義を行うようになる。

5月末頃　大蔵商事の事務所を新宿区市谷田町1丁目4番地の市ケ谷ビル2階へ移転。

6月10日　第一回本部婦人部委員会を新宿区内のレストランで開催。

7月10日・8月10日　「創価学会の歴史と確信」を『大白蓮華』第16号・第17号に掲載。

7月11日　男子青年部の結成式を学会本部で行う。

7月19日　女子青年部の結成式を学会本部で行う。

7月22日　臨時総会を千代田区三番町の東京家政学院の講堂で開催し、創価学会常住の大御本尊の奉戴式を行う。席上、宗旨建立七百年記念事業として、〝日蓮大聖人の遺文集〟の出版事業を発表。約1700人が参加。

9月1日　講義部を教学部と改称。一級から五級までの講義課程を発表。

▽9月8日　対日平和条約調印。

▽9月8日　日米安全保障条約調印。

10月1日　青年部班長への告示を『聖教新聞』に発表（同年11月発行の『大白蓮華』第19号では「青年訓」として掲載）。

11月1日　宗教法人「創価学会」の設立公告を『聖教新聞』に掲載する。

11月4日　創価学会第六回定期総会を東京家政学院の講堂で開催。約1800人が参加。

11月18日　牧口の八回忌法要を歓喜寮で行う。

11月20日　戸田城聖監修・創価学会教学部編纂『折伏教典』を創価学会から発行。

12月18日　宗教法人設立の件で日蓮正宗宗務院からの呼び出しに応じ、大石寺へ向かう。

12月20日　12支部に支部婦人部長もしくは婦人部長心得を任命する。

▽12月末　創価学会の世帯数が約6000になる。

▽1月　池田が蒲田支部の幹事になる。蒲田支部は2月に201世帯の折伏を達成（後に〝二月闘争〟と呼ばれるようになる）。

1952（昭和27）　52歳

▽2月9日　男子青年部に参謀部が設置され、池田が参謀になる。

2月17日　常泉寺で開催された第一回男女合同青年部研究発表総会に出席。自らの思想は〝地球民族主義〟であると語る。

4月7日　立宗七百年記念・創価学会春季総会を中央大学講堂で開催。2600人余が参加。

4月20日　新宿区市谷田町の市ヶ谷ビル2階に学会本部分室開設を発表。
4月27日〜28日　大石寺における宗旨建立七百年記念慶祝大法会第二会に学会員約4300人とともに参加。
▽4月27日　大石寺内で、青年部有志が小笠原慈聞に「神本仏迹論」は妄説であったと謝罪状を書かせる。
4月28日『日蓮大聖人御書全集』を創価学会から発行。
5月3日　池田大作と白木かねの結婚式に新郎の来賓として出席。
5月8日　この日から、大蔵商事の始業前に行っていた池田への個人教授に、他の社員も同席させる。
6月20日　宗教法人「創価学会」の設立公告を『聖教新聞』に掲載する。
▽6月26日〜29日　日蓮正宗の第四十七臨時宗会が開催され、戸田に対する3項目の処分（謝罪文の提出・大講頭罷免・大石寺参詣停止）を求める決議を行う。
7月24日　宗会で決議された戸田への処分が大幅に緩和され、謝罪文を提出すればよいことになる。
8月8日〜25日　第一回夏季地方折伏を愛知・大阪・福岡の三府県で実施。
▽8月27日「創価学会」が東京都から宗教法人設立の認証を受ける。
▽9月8日　宗教法人「創価学会」が設立される。
▽10月4日〜5日　第一回月例登山会が実施され、学会員380余人が参加。
10月4日　登山会に参加した会員のために質問会を行う（以後登山会では、たびたび質問会を行う）。
10月21日　華陽会（女子青年部）の第一回の会合を行う。
▽11月1日　アメリカが中部太平洋のエニウェトク環礁で世界初の水爆実験を行う。

11月18日　牧口の九回忌法要を池袋の常在寺で行う。席上、牧口の「価値論」を出版し、世界の大学に送りたいと語る。約1300人が参加。
12月7日　創価学会第七回定期総会を中央大学講堂で開催。約5000人が参加。
12月16日　水滸会（男子青年部）の第一回の会合を行う。
12月20日　日蓮大聖人御書十大部講義の第一巻として、『立正安国論』を出版。
　▽12月末　創価学会の世帯数が2万2324になる。
　▽1月2日　池田が男子青年部の第一部隊長に任命される。

1953（昭和28）　53歳

1月6日　青年部幹部の交替式を常在寺で行う。席上改めて、75万世帯の達成ができなければ私の葬式はして下さるな、と発言。
2月1日　大阪支部の支部旗授与式（大阪・京屋旅館）に出席。50人が参加。
2月頃　一般講義（金曜講義）を池袋の豊島公会堂で行うようになる。
　▽4月20日　池田が文京支部の支部長代理になる。同支部は、9月に月275世帯、12月には431世帯の折伏を達成。
4月18日　東京大学の法華経研究会の学生たちに、法華経の講義を始める（1955年9月27日まで計26回）。
4月19日　日本教育会館で行われた第一回男子青年部総会に出席。約700人が参加。
5月3日　創価学会第八回総会を中央大学講堂で開催。約5500人が参加。
6月14日　夕陽ヶ丘会館で行われた大阪支部の第一回支部総会に出席。約1000人が参加。
6月23日　教育者懇親会の初会合を学会本部で行う。約50人が参加（9月16日からは「教育者クラブ」として研究会を開催）。
7月1日　日蓮大聖人御書十大部講義の第二巻として、『開目抄 上』を出版。
　▽7月27日　朝鮮戦争の休戦協定調印。

8月17日～24日　戦後初めて北海道を訪問。21日には厚田村を訪れ、翌22日に厚田小学校の四年生以上の児童と厚田中学校の全生徒を対象に講演。
9月17日　この日から、初信者対象の一級講義を池袋の豊島公会堂で行うようになる。
11月13日　学会本部を新宿区信濃町32番地へ移転。それに伴い、市ケ谷ビルの分室を閉じる。
11月17日　牧口の十回忌法要を学会本部で行う。
11月18日　牧口常三郎著・遺弟戸田城聖補訂『価値論』を出版。
11月22日　創価学会第九回秋季総会を中央大学講堂で開催。約7500人が参加。
▽12月　創価学会の世帯数が6万8192になる。

1954（昭和29）　54歳

1月　補訂版『価値論』に英文の小冊子を添えて、約50カ国422の大学・研究所・学会などへ送る。
2月8日　夜、学会本部内で発作を起こし倒れる。
▽3月1日　中部太平洋のビキニ環礁で行われたアメリカの水爆実験により、第五福竜丸ほか多数の漁船などが被爆。
3月30日　各支部に青年部の部隊を設置し、男女各15個部隊の編成にする。青年部に参謀室を置き、池田を参謀室長に任命する。
4月29日　中央大学講堂で開催された青年部大総会に出席。男女青年部約4000人が参加。
5月3日　創価学会第十回春季大総会を両国の旧国技館で開催。約4万2000人が参加。
5月9日　大石寺に結集した5400人を超える男女青年部員を激励。
8月10日～20日　北海道各地を訪れ、会合に出席。16日から18日には、池田を伴い厚田村を訪問。帰京後、厚田小学校と厚田中学校に図書を寄贈する。

9月4日〜5日　第一回水滸会野外訓練を氷川キャンプ場（東京都西多摩郡氷川町）で行う。バスの中で、池田に〝いつか、この方面に創価教育の城をつくりたいな〟と語る。

10月1日　『大白蓮華』第42号の巻頭言として「青年よ国士たれ」を発表。

10月31日　大石寺近傍のグラウンドに集った約1万人の男女青年部員を激励。

11月1日　日蓮大聖人御書十大部講義の第三巻として、『開目抄 下』を出版。

11月3日　創価学会第十一回秋季大総会を両国の旧国技館で開催。5万数千人が集う。

11月7日　世田谷区上北沢町の日本大学の陸上競技場で開催された青年部体育大会に出席。

11月18日　牧口の十一回忌法要を常在寺で行う。

11月22日　文化部を設置。鈴木一弘を部長に任命。

12月13日　渉外部を設置。池田大作を部長に任命。

▽12月末　創価学会の世帯数は、14万7746になる。

1955（昭和30）　55歳

1月22日　高知市内の土佐女子高等学校の講堂で行われた大阪支部高知地区の総会に出席。会員の質問に答え、将来幼稚園から大学まで一貫教育の学校を作りたいと発言。

▽1月27日　日蓮正宗蓮華寺（大阪市北区）の住職・崎尾正道が、自らが学会員に授与したすべての御本尊の返却を求める。

3月11日　小樽市公会堂で行われた日蓮宗（身延）と創価学会との法論対決を会場で見守る。対決は学会が勝利（小樽問答）。

▽4月18日　アルベルト・アインシュタイン死去。

▽4月　第三回統一地方選挙に56人の学会員が立候補し、53人が当選。

5月3日　創価学会第十二回春季大総会を両国の旧国技館で開催。1万5000人を超える会員が集う。

1956（昭和31）　56歳

7月1日　日蓮大聖人御書十大部講義の第四巻として、『如来滅後五五百歳始観心本尊抄』を出版。
▽7月9日　核兵器廃絶・科学技術の平和利用を訴えたラッセル＝アインシュタイン宣言が発表される。

10月25日　翌年7月の第四回参議院議員選挙に推薦する5人の候補者を発表（後日、1人追加）。池田を大阪地方区の責任者に任命する。

11月3日　創価学会第十三回秋季総会を文京区春日町の後楽園スタヂアムで開催。約7万人が参加。

11月18日　牧口の十二回忌法要を常在寺で行う。

12月13日　創価学会関西本部（大阪市天王寺区味原町）を開設し、入仏式を行う。
▽12月末　創価学会の世帯数は、30万3523になる。

4月1日　仙台支部長の渋谷邦彦を初代学生部長に任命する。

4月8日　難波の大阪スタヂアム（大阪球場）で開催された関西二支部連合大総会に出席。雨の中、約2万人が集う。
▽4月　大阪支部の一カ月間の折伏世帯数が9000を超える。

5月3日　創価学会第十四回春季総会を国際スタヂアム（両国の旧国技館、後の日本大学講堂）で開催。約3万人が参加。
▽5月15日　朝、5人の学会員が傷害の容疑で大阪府警に不当逮捕される（5月25日までに全員釈放）。
▽5月　一カ月間の折伏世帯数が、大阪支部1万1111、堺支部が1515となる。

6月2日〜7月5日　新潟・秋田・北海道・宮城・福岡・大阪・岡山・京都・愛知・静岡・神奈川を訪れ、会員を激励。
▽7月9日　8日投票の参議院議員選挙で、白木義一郎、辻武寿、北条雋八（しゅんぱち）の三人が当選。

8月26日　全国新支部結成大会を国際スタヂアムで開催。新たに16支部が結成され、32支部の体制になる。

9月5日　大蔵商事の仕事から一切身を引くことを池田に告げる。

▽9月18日　牧口常三郎の妻クマが死去（享年79）。

9月29日　牧口クマの学会葬が池袋の常在寺で行われ、弔辞を述べる。

▽この頃　夕張の炭鉱で働く創価学会員に対する労働組合の圧迫が強くなる。

11月1日　創価学会第十五回秋季総会を後楽園スタヂアムで開催。約6万人が集う。

▽12月18日　国連総会が日本の国連加盟案を可決。

▽12月末　創価学会の世帯数は49万1447になる。

1957（昭和32）　57歳

▽3月　参議院大阪地方区の補欠選挙に中尾辰義が立候補する。

4月7日　大阪スタヂアムで開催された第一回関西総支部総会に出席。約5万人が参加。

▽4月24日　23日投票の参議院大阪地方区の補欠選挙で、中尾は3位で落選。

5月3日　創価学会第十六回春季総会を国際スタヂアムで開催。約3万1000人が参加。

5月11日〜14日　札幌を訪問し、12日には第一回北海道総会に出席。13日には厚田尋常高等小学校高等科二年の時に担任だった支部貞助と、37年ぶりに再会。

▽6月18日　日本炭鉱労働組合北海道地方本部（以下「道炭労」と略す）が第十回定期大会（6月17日〜19日）で、創価学会と対決するという行動方針を可決する。

▽6月27日　道炭労が各支部に創価学会排除の指令を出す。

6月30日　港区の麻布公会堂で開催された学生部結成大会に出席。学生部員約500人が参加。

▽6月30日　公職選挙法違反の容疑で理事長の小泉隆と青年部参謀室長の池田大作に狙いを定めた大阪府警は、刑事2人を上京させ、小泉を大阪へ連行する。

▽7月1日　道炭労の横暴を弾劾する創価学会札幌大会を北海道立札幌中島スポーツセンターで開催。約1万3000人が参加。

▽7月2日　道炭労の横暴を弾劾する創価学会夕張大会を若菜劇場で開催。場外を含め約1700人が参加。

▽7月2日　大阪府警が身柄を確保していた小泉を逮捕。

7月3日　妙悟空著『人間革命』を出版。

7月3日　札幌から大阪へ向かう池田を乗り継ぎの東京国際（羽田）空港の待合室で激励。

▽7月3日　大阪府警が任意出頭した池田を逮捕。

▽7月11日　すべての核兵器とすべての戦争の廃絶を訴えた第一回パグウォッシュ会議の声明が発表される。

7月12日　大阪府警の不当逮捕に抗議して、蔵前の国技館で東京大会を開催。雨の中、場外も含め4万人近くの会員が集まる。その後戸田は大阪へ向かい、大阪地検の長である検事正に厳重抗議する。

▽7月12日　日本炭鉱労働組合の中央執行委員長が傘下の労働組合の執行委員長に対して、具体的な対策を決定するまでは創価学会との対決を控えるよう指示する。

▽7月15日　小泉が釈放される。

▽7月17日　池田が釈放される。

7月17日 伊丹空港で池田と2週間ぶりに再会。府警と地検への抗議のため、大阪大会を大阪市中央公会堂で開催。雨の中、場外も含め約2万人が集まる。

▽7月29日 小泉と池田が公職選挙法違反の容疑で起訴される(1961年3月に小泉、62年2月に池田の無罪判決が確定)。

8月中頃 静養のため長野県の軽井沢町に滞在(~8月16日)。13日に池田を呼び寄せてねぎらう。夜には、妙悟空著『人間革命』について語り合う。

8月18日 札幌市の美香保グラウンドで開催された第一回北海道青年部体育大会に出席。

8月20日 夕張支部の結成大会(夕張市・日活映画館)と学会が寄進した興隆寺(夕張市内)の落慶式に出席。

9月8日 横浜市神奈川区三ツ沢の陸上競技場で開催された第四回東日本青年部体育大会に出席。約5万人の青年を前に、後に〝原水爆禁止宣言〟と呼ばれる声明を発表。

11月8日 創価学会第十七回秋季総会を文京区小石川の後楽園競輪場で開催。約6万人が参加。

11月18日 牧口の十四回忌法要を池袋の常在寺で行う。

11月20日 重篤の肝硬変症のため、予定していた広島訪問を断念。以後自宅療養する。

▽12月13日 創価学会の世帯数が75万世帯を超える。

12月25日 本部幹部会において、戸田の伝言として、三指針(一家和楽の信心・各人が幸福をつかむ信心・難を乗りこえる信心)が発表される。

▽12月末 創価学会の世帯数は、76万8897。

1958(昭和33) 58歳

1月1日 40日ぶりに会合に出席し、「三妙合論」について講義。

2月11日 『日蓮正宗 方便品寿量品精解』を出版。

2月14日　『聖教新聞』に「私の闘病八十日」を掲載。
2月　池田を自宅に呼び、〝私の後をいっさいやるように〟と伝える。
2月22日　大石寺内で増改築を終えた宿坊の落成式に出席。以降、理境坊に滞在（～4月1日）。
3月1日　創価学会が寄進した法華本門大講堂の落成大法要に出席。
　▽3月1日　池田が創価学会本部の職員になる。
3月16日　大石寺に集った約6000人の男女青年部員に、〝創価学会は宗教界の王者である〟との確信を込めて激励。
3月29日　青年部に対して、〝宗門に巣食う邪悪とは、断固、戦え。いいか、一歩も退いてはならんぞ。追撃の手を緩めるな〟と指導。
　▽3月31日　3月1日から始まった大石寺における行事が無事終了。
4月1日　午前2時20分、千代田区神田駿河台の日本大学病院へ入院するため、大石寺を出発。
4月2日　午後6時30分、急性心衰弱のため逝去（享年58）。
　▽4月3日　本部幹部会を豊島公会堂で開催。戸田の逝去が伝えられる。
　▽4月8日　戸田家の告別式が池袋の常在寺で行われ、約12万人が参列。
　▽4月20日　学会葬が港区の青山葬儀所で行われ、約25万人が参列。

※各年末の創価学会の世帯数は、池田大作「千里の道」（『大白蓮華』第百七十一号、創価学会、一九六五年八月）の一三頁などを参照。
※一般事項は、『近代日本総合年表（第四版）』（岩波書店、二〇〇一年）、および、中村政則・森武麿編『年表 昭和・平成史 新版 1926－2019』（岩波書店、二〇一九年）、などを参照。

付録2「単行本・論文・巻頭言等」

年月日は、掲載紙誌等の発行日を示す。
『戸田城聖全集』全九巻（聖教新聞社版）の巻数と開始頁（例⑥3）を付している。
◇は、改版等とともに書名が改められたもの。
＊は、『戸田城聖全集』に未収録。△は、『戸田城聖全集』に一部分収録。
▲は、再掲または抜粋。ただし、1958年4月までに掲載されたものに限る。
なお、1970年3月までの『大白蓮華』の発行所は創価学会であるが、すべて省略した。

◆「単行本」

未発見の単行本は、478〜479頁に掲載。

1929（昭和4）年 12月1日 戸田城外『家庭教育学総論 中等学校入学試験の話と愛児の優等化』（城文堂発行）＊

1930（昭和5）年 6月25日 戸田城外『推理式 指導算術』（創価教育学支援会発行・城文堂出版部および有精堂発売）＊
ただし、1934年3月以降は、日本小学館発行。

1933（昭和8）年 4月15日 戸田城外・山田高正『推理式 読方指導』第六学年用上巻（城文堂出版部発行、有精堂および健文社発売）＊

9月15日 戸田城外・山田高正『推理式 読方指導』第五学年用下巻（城文堂出版部発行、有精堂および健文社発売）＊

1935（昭和10）年 3月1日 戸田城外『推理式 指導算術 普及版』（日本小学館発行、有精堂および柳原書店発売）◇＊

1937（昭和12）年 4月5日 戸田城外『推理式 指導読方』巻九・五年前期用（日本小学館発行、有精堂発売）＊

5月5日 戸田城外『自学自習・推理式 指導読方』尋五前期用
（日本小学館発行、有精堂発売）◇＊

9月5日 戸田城外『推理式 指導読方』巻十・五年後期用
（日本小学館発行、有精堂発売）◇＊

1938（昭和13）年 3月25日 戸田城外『推理式 指導読方』巻十一・六年前期用
（日本小学館発行、有精堂発売）◇＊

9月20日 戸田城外『推理式 指導読方』巻十二・六年後期用
（日本小学館発行、有精堂発売）◇＊

1941（昭和16）年 2月5日 戸田城外『小国民常識読本―新体制に適応せる―』
（日本小学館発行、大道書房および有精堂発売）＊

1952（昭和27）年 12月20日 堀日亨監修・戸田城聖著『立正安国論』
（日蓮大聖人御書十大部講義第一巻、創価学会）⑤3

1953（昭和28）年 7月1日 堀日亨監修・戸田城聖著『開目抄 上』
（日蓮大聖人御書十大部講義第二巻、創価学会）⑥3・9

11月18日 牧口常三郎著・遺弟戸田城聖補訂『価値論』
（創価学会）△①99・③307・369

1954（昭和29）年 11月1日 堀日亨監修・戸田城聖著『開目抄 下』
（日蓮大聖人御書十大部講義第三巻、創価学会）⑥7・269

1955（昭和30）年 7月1日 堀日亨監修・戸田城聖著『如来滅後五五百歳始観心本尊抄』
（日蓮大聖人御書十大部講義第四巻、創価学会）⑦3

1957（昭和32）年 7月3日 妙悟空『人間革命』
（精文館書店）⑧3

1958（昭和33）年 2月11日 戸田城聖講述・多田省吾編集『日蓮正宗 方便品寿量品精解』
（精文館書店）＊　ただし、本書下巻の414頁注（34）参照。

◆「論文」

無記名のものの執筆者名は、すべて戸田城聖。

1949（昭和24）年

7月10日　「生命論」（『大白蓮華』第1号）③5

8月10日　「科学と宗教」（『大白蓮華』第2号）③23

9月10日　「幸福論」（『大白蓮華』第3号）③32

1950（昭和25）年

1月10日　「慈悲論」（『大白蓮華』第6号）③41

3月10日　「三種の悟り―釈迦・日蓮大聖人・衆生―」（『大白蓮華』第7号）③49

5月10日　「各種の法華経」（『大白蓮華』第8号）③54

7月10日　戸田城正「思想の統一」（『大白蓮華』第9号）③59

8月10日　戸田城正「凡夫と御本尊」（『大白蓮華』第10号）③63

1951（昭和26）年

5月10日　「朝鮮動乱と広宣流布」（『大白蓮華』第14号）③74

6月10日　「折伏論」（『大白蓮華』第15号）③88

7月10日・8月10日　「創価学会の歴史と確信」（上）・（下）（『大白蓮華』第16・17号）③102

1957（昭和32）年

9月10日　「宗教批判の原理」（『大白蓮華』第18号）③130

11月1日・12月1日　「大利益論」（上）・（下）（『大白蓮華』第19・20号）③148

4月14日・4月21日　「王仏冥合論」（『聖教新聞』第274・275号）▲

◆「巻頭言」

無記名のものの執筆者名は、すべて戸田城聖。

1940（昭和15）年

1月1日　戸田城外「創刊のことば」（『小学生日本 五年』第1巻第1号、日本小学館）＊

2月1日　戸田城外「皇紀二千六百年の紀元節を迎ふ」（『小学生日本 五年』第1巻第2号、日本小学館）＊

3月1日　戸田城外「三月のことば」（『小学生日本 五年』第1巻第3号、小学生日本社）＊

4月1日　戸田城外「春は、四月は、我等のものだ。」（『小学生日本 五年』第2巻第1号、小学生日本社）＊

4月1日　戸田城外「春の讃歌」（『小学生日本 六年』第1巻第1号、小学生日本社）＊

5月1日　戸田城外「五月の言葉」（『小学生日本 五年』第2巻第2号、小学生日本社）＊

5月1日　戸田城外「五月の言葉」（『小学生日本 六年』第1巻第2号、小学生日本社）＊

6月1日　戸田城外「国法を重んぜよ」（『小学生日本 五年』第2巻第3号、小学生日本社）＊

6月1日　戸田城外「忠」（『小学生日本 六年』第1巻第3号、小学生日本社）＊

7月1日　戸田城外「公益心を持て」（『小学生日本 五年』第2巻第4号、小学生日本社）＊

7月1日　戸田城外「孝行は日本人たる資格」（『小学生日本 六年』第1巻第4号、小学生日本社）＊

8月1日　戸田城外「師の愛に報ゆるの道」（『小学生日本 六年』第1巻第5号、小学生日本社）＊

9月1日　戸田城外「産業を興せ」（『小学生日本 五年』第2巻第6号、小学生日本社）＊

10月1日　戸田城外「度量の広い人」（『小学生日本 五年』第2巻第7号、小学生日本社）＊

10月1日　戸田城外「職分に忠実なれ」（『小学生日本 六年』第1巻第7号、小学生日本社）＊

11月1日　戸田城外「科学と精神」（『小学生日本』第2巻第8号、小学生日本社）＊

12月1日　戸田城外「皇紀二千六百年を送る」（『小学生日本』第2巻第9号、小学生日本社）＊

1941（昭和16）年

2月1日　戸田城外「冬に鍛へよ」（『小学生日本』第2巻第11号、小学生日本社）＊

3月1日　戸田城外「科学の母」（『小国民日本』第2巻第12号、小国民日本社）＊

5月1日　戸田城外「偉大なる先人にならへ」（『小国民日本 国民学校上級生』第3巻第2号、小国民日本社）＊

6月1日　戸田城外「海国日本の海軍」（『小国民日本 国民学校上級生』第3巻第3号、小国民日本社）＊

7月1日　戸田城外「鍛錬の夏」（『小国民日本 国民学校上級生』第3巻第4号、小国民日本社）＊

10月1日　戸田城外「捕へる前に縄をなふ」（『小国民日本 国民学校上級生』第3巻第7号、小国民日本社）＊

11月1日　戸田城外「敵を知り味方を知れ」（『小国民日本 国民学校上級生』第3巻第8号、小国民日本社）＊

1942（昭和17）年

1月1日　戸田城外「愛国の精神」（『少国民日本 国民学校上級生』第3巻第10号、少国民日本社）＊

2月1日　戸田城外「われ等の覚悟」（『少国民日本 国民学校上級生』第3巻第11号、少国民日本社）＊

3月1日　戸田城外「世界を動かすもの」（『少国民日本 国民学校上級生』第3巻第12号、少国民日本社）＊

1946（昭和21）年

6月1日　題名なし（『価値創造』第1号、創価学会）①299

7月1日　題名なし（『価値創造』第2号、創価学会）①303

8月1日　「小さな発見」（『価値創造』第3号、創価学会）①309

9月1日　「一仏乗」（『価値創造』第4号、創価学会）①312

10月1日　「最高の経とは何ぞや」（『価値創造』第5号、創価学会）①315

11月1日　「牧口先生」（『価値創造』第6号、創価学会）①318

1947（昭和22）年

3月1日　「如来秘密神通之力」（『価値創造』第8号、創価学会）①322

6月1日　「罰論（二〔ママ〕）」（『価値創造』第9号、創価学会）①326

10月1日　「折伏」（『価値創造』第10号、創価学会）①330

1948（昭和23）年

3月1日　「三宝」（『価値創造』第12号、創価学会）①336

4月15日　「仏土」（『価値創造』第13号、創価学会）①340

5月20日　「国土の相を観る」（『価値創造』第14号、創価学会）①343

6月20日　「新しき道徳」（『価値創造』第15号、創価学会）①346

10月15日　「新しい道徳」（『価値創造』第16号・錬成講習会特輯号、創価学会）①348

1949（昭和24）年

7月10日　「宗教革命」（『大白蓮華』第1号）①5

8月10日　「人間革命」（『大白蓮華』第2号）①9

9月10日　「無用の長物」（『大白蓮華』第3号）①13

10月10日 「邪教をつく」（『大白蓮華』第4号）①16

12月10日 「宗教の偉力」（『大白蓮華』第5号）①20

1950（昭和25）年

1月10日 「日本民族の生命」（『大白蓮華』第6号）①23

3月10日 「王法と仏法」（『大白蓮華』第7号）①26

5月10日 「広宣流布の姿」（『大白蓮華』第8号）①30

7月10日 「神札と菩提寺—因習の打破—」（『大白蓮華』第9号）①34

8月10日 「内容主義か形式主義か」（『大白蓮華』第10号）①38

1951（昭和26）年

6月10日 「僧侶の大功績」（『大白蓮華』第15号）①42

7月10日 「日蓮大聖人と折伏の徒」（『大白蓮華』第16号）①46

8月10日 「日蓮正宗の御僧侶にのぞむ」（『大白蓮華』第17号）①50

9月10日 「三法律」（『大白蓮華』第18号）①54

11月1日 「青年訓」（『大白蓮華』第19号）▲①58

12月1日　「御僧侶の待遇と信者への反省」（『大白蓮華』第20号）①62

12月25日　「折伏活動に価値的行動を望む」（『大白蓮華』第21号）①66

1952（昭和27）年

1月25日　「入仏式について」（『大白蓮華』第22号）①70

2月25日～7月30日　「折伏小論」（1）～（3）（『大白蓮華』第23・24・26号）①74

6月30日　「七百年記念特集号の言葉」（『大白蓮華』第25号）①83

9月30日　「瑞相現わる」（『大白蓮華』第27号）①85

10月30日　「利益論」（『大白蓮華』第28号）①88

12月25日　「信仰の在り方」（『大白蓮華』第29号）①91

1953（昭和28）年

2月15日　「寿量品に就いて」（『大白蓮華』第30号）①94

3月30日　「折伏の心掛け」（『大白蓮華』第31号）①96

5月20日～9月10日　「科学と宗教」（1）～（3）（『大白蓮華』第32～34号）①99

12月10日　「異体同心」（『大白蓮華』第35号）①106

1954（昭和29）年	2月28日	「折伏について」（『大白蓮華』第36号）①108
	5月1日	「忍辱の鎧を著よ」（『大白蓮華』第37号）①111
	6月1日	「中道論」（『大白蓮華』第38号）①114
	7月1日	「創価学会の信心に御利益のあるわけ」（『大白蓮華』第39号）①117
	8月1日	「譬如良医について」（『大白蓮華』第40号）①120
	9月1日	「譬如良医を説く（続き）」（『大白蓮華』第41号）①123
	10月1日	「青年よ国士たれ」（『大白蓮華』第42号）①126
	11月1日	「主徳」（『大白蓮華』第43号）①130
1955（昭和30）年	1月1日	「御書の拝読について」（『大白蓮華』第44号）①133
	2月1日	「書を読むの心がまえ」（『大白蓮華』第45号）①136
	3月1日	「指導者」（『大白蓮華』第46号）①139
	4月1日	「業病について―太田入道殿御返事による―」（『大白蓮華』第47号）①142

5月1日	「信心の在り方について―信力・行力を奮い起せ―」（『大白蓮華』第48号）①148
6月1日	「受持即観心を論ず 末法の観心とは御本尊を絶対的に信じまいらせることである」（『大白蓮華』第49号）①152
7月1日	「青年よ、心に読書と思索の暇をつくれ」（『大白蓮華』第50号）①157
8月1日	「天晴れぬれば地明かなり 法華を識る者は 世法を得可きか」（『大白蓮華』第51号）①160
9月1日	「私の悩み」（『大白蓮華』第52号）①163
10月1日	「宗教の正邪批判の方法」（『大白蓮華』第53号）①167
11月1日	「我見について」（『大白蓮華』第54号）①171
12月1日	「生活に学会人としての襟度を持て」（『大白蓮華』第55号）①175

1956（昭和31）年

1月1日	「信心」（『大白蓮華』第56号）①179
2月1日	「自らの命に生きよ」（『大白蓮華』第57号）①182
3月1日～5月1日	「広宣流布と文化活動」（1）～（3）（『大白蓮華』第58～60号）①186
6月1日	「国士なき日本の現状を憂う（これ亡国の兆か）」（『大白蓮華』第61号）①196

	8月1日～57年4月1日	「王仏冥合論」(1)～(9)(『大白蓮華』第63～71号)① 200
1957(昭和32)年	5月1日	「人生論」(『大白蓮華』第72号)① 254
	6月1日	「受持」(『大白蓮華』第73号)① 257
	7月1日	「組合活動と信仰」(『大白蓮華』第74号)① 260
	8月1日	「人間革命の精神」(『大白蓮華』第75号)① 264
	9月1日・10月1日	「折伏」(1)・(2)(『大白蓮華』第76・77号)① 268
	11月1日	「ジャーナリストを論ず」(『大白蓮華』第78号)① 274
	12月1日	「末法の癩人が尊い」(『大白蓮華』第79号)① 277
1958(昭和33)年	2月1日	「選挙と青年」(『大白蓮華』第81号)① 283
	3月1日	「信仰と組織」(『大白蓮華』第82号)① 287
	4月1日	「思想の混乱」(『大白蓮華』第83号)① 291

◆「そのほかの文章」

無記名のものの執筆者名は、すべて戸田城聖。

1918（大正7）年

5月12日	桜桃「寂しき厚田」（『囁き』第4号、囁き社）＊
5月12日	桜桃 短歌2首（『囁き』第4号、囁き社）＊
6月	あかん坊「顔知らぬ友の病めるを聞きて」（『囁き』第5号、発行所記載なし）＊
7月13日	あかん坊「若人」（『囁き』第6号、囁き社）＊
7月13日	あかん坊 俳句5句（『囁き』第6号、囁き社）＊
7月13日	あかん坊 題名なし（『囁き』第6号、囁き社）＊
8月20日	あかん坊「孤独になく乙女」（『囁き』第7号、発行所記載なし）＊
9月13日	あかん坊「世の中」（『囁き』第8号、発行所記載なし）＊
9月13日	あかん坊 俳句4句（『囁き』第8号、発行所記載なし）＊
11月	あかん坊「楽しかった旅日記」（『囁き』第10号、囁き社）＊
11月	あかん坊「招魂祭」（『囁き』第10号、囁き社）＊

1919（大正8）年	1月	あかん坊 題名なし（『囁き』第11号、発行所記載なし）＊
	1月	あかん坊「くどき節」（『囁き』第11号、発行所記載なし）＊
	1月	あかん坊「きかれたら答へたい」（『囁き』第11号、発行所記載なし）＊
	1月	あかん坊「南瓜」（『囁き』第11号、発行所記載なし）＊
	1月	あかん坊 短歌2首（『囁き』第11号、発行所記載なし）＊
	1月	あかん坊 俳句2句（『囁き』第11号、発行所記載なし）＊
	1月	あかん坊「故郷」（『囁き』第11号、発行所記載なし）＊
	2月	あかん坊 俳句一句（『囁き』第12号、発行所記載なし）＊
	2月	あかん坊「私のすきな月夜」（『囁き』第12号、発行所記載なし）＊
	2月	あかん坊「囁きらん」への投稿（『囁き』第12号、発行所記載なし）＊
1933（昭和8）年	6月1日	「非常時日本更生の途を教育実際家にきく」に対する戸田城外の回答（教育学術研究会編『初等教育研究雑誌 小学校』第52巻第3号、同文館）＊
	11月25日	編者識「はしがき」（戸田城外編『理科・歴史・地理 三科指導』、城文堂発行、有精堂および健文社発売）＊ ただし、本書上巻の281頁注（9）参照。

年	月日	事項
1934（昭和9）年	5月15日	「教育問題質疑解答欄」における戸田城外の解答（『新教材集録』第4巻第4号、日本小学館）＊
	6月15日	戸田城外「算術科〔指導案〕」（『新教材集録』第4巻第5号、日本小学館）＊
	6月15日	「教育問題質疑解答欄」における戸田城外の解答（『新教材集録』第4巻第5号、日本小学館）＊
	7月15日	戸田城外「算術科指導案」（『新教材集録』第4巻第6号、日本小学館）＊
	8月15日	戸田城外「創価教育学体系の成立」（『新教材集録』第4巻第8号、日本小学館）＊
1935（昭和10）年	6月25日	戸田城外「自序」（戸田城外編『読方受験指導』、日本小学館発行、有精堂および柳原書店発売）＊
1936（昭和11）年	7月15日	戸田城外・田中脩一「応用問題の教授法」（『教育改造』第6巻第7号、日本小学館）＊
	7月15日	戸田城外「教員根性（上）」（『教育改造』第6巻第7号、日本小学館）＊
1937（昭和12）年	6月15日	戸田城外「序」（森翠波『図解・式解 算術指導』、日本小学館発行発売、有精堂発売）＊
1941（昭和16）年	7月20日	戸田城外「価値論抄」（『価値創造』第1号、創価教育学会）①297
1946（昭和21）年	6月1日	「独房吟」（『価値創造』第1号、創価学会）＊
	11月1日	「法華経流布に浄財を給はりし方々へ」（『価値創造』第6号、創価学会）＊

年	月日	事項
1951（昭和26）年	4月20日〜54年8月1日	妙悟空「人間革命」（1）〜（完）（『聖教新聞』第1〜70・72〜82・84・86〜90・92・93・96・97・99・100・103・105〜120・123〜133号）ただし、本書下巻の371〜372頁注（45）を参照。
	5月20日	大折伏大願成就の為の大御本尊授与の「請願書」（『聖教新聞』第4号）＊
	10月1日	「告　青年部班長殿」〈後の「青年訓」〉（『聖教新聞』第17号）
	10月10日	「青年部部隊長に告ぐ」（『聖教新聞』第18号）＊
	11月20日	戸田城聖監修・創価学会教学部編纂『折伏教典』に寄せた「はしがき」③357
	12月1日〜52年2月25日	「砂村問答—清十郎の折伏記—」（1）〜（4）（『大白蓮華』第20〜23号）＊
1952（昭和27）年	1月1日	「新年度に望む　立宗七百年慶祝の春を迎えて」（『聖教新聞』第26号）③176
	4月25日・7月30日	「対破陣門愚難録—砂村問答つづき—」（1）・（2）（『大白蓮華』第24・26号）＊
	4月28日	「発刊の辞」（堀日亨編『日蓮大聖人御書全集』、創価学会）③359
	6月10日	小笠原慈聞との闘争に関する「宣言」（『聖教新聞』第41号）＊
	6月30日	「偶感」（『大白蓮華』第25号）③195
	6月30日	「七百年の意義」（『大白蓮華』第25号）③198

6月30日 「御書発願の言葉」（『大白蓮華』第25号）③203

7月1日 小笠原慈聞の処置に関する日蓮正宗宗会への「請願書」（『聖教新聞』第43号）＊

7月7日 創価学会青年部と小笠原慈聞との間で行われた神本仏迹論に関する法論についての「始末書」（『大日蓮』第77号、日蓮正宗布教会）＊

8月1日 管長日昇への「御詫状」（『聖教新聞』第46号）＊

8月1日 創価学会員に対して小笠原の件に関する「行動停止命令」（『聖教新聞』第46号）＊

1953（昭和28）年

1月1日 「我が愛する幹部諸賢に望む」（『聖教新聞』第61号）③221

6月1日 「婦人訓」（『聖教新聞』第76号）＊

9月10日 「婦人訓」（『大白蓮華』第34号）▲

1954（昭和29）年

1月1日 「民衆帰依の広布へ」（『聖教新聞』第103号）③224

5月2日 地区部長への指令（『聖教新聞』第120号）＊

7月15日 戸田城聖監修・小平芳平著『日蓮正宗 教学問題の解説』に寄せた「序」＊

1955（昭和30）年

1月1日 「昭和三十年の辞」（『聖教新聞』第155号）③227

	5月3日	小平芳平編『創価学会日蓮宗身延派法論対決勝利の記録 小樽問答誌』に寄せた「序」③373
	5月3日	「はかなきは邪宗の教学」（小平芳平編『創価学会日蓮宗身延派法論対決勝利の記録 小樽問答誌』に収録）④263
	11月25日	創価学会教学部編『身延派・国柱会・仏立宗 創価学会批判の妄説を破す』に寄せた「総序」＊
1956（昭和31）年	1月1日	「年頭の辞」（『聖教新聞』第207号）③231
	4月22日	「創刊五周年に際して」（『聖教新聞』第223号）③265
1957（昭和32）年	1月1日	「年頭の辞」（『聖教新聞』第259号第一元旦号）③288
	1月1日	「年頭の言葉」（『大白蓮華』第68号）③291
	2月17日	婦人部強化についての談話（『聖教新聞』第266号）＊
	4月25日	富士本智境『宗内通俗問答大意』に寄せた「再版の序」＊
	8月2日	「宗教の威力」（『聖教新聞』第290号）▲
	10月10日	「ここにあり日蓮宗総本山」（『特集 人物往来』第2巻第10号・名作と史実、人物往来社）＊
	11月1日	「ある友人の話から」（『キング』第33巻第11号、大日本雄弁会講談社）＊

1958（昭和33）年

1月1日	年頭の言葉「自界叛逆難を反省せよ」（『聖教新聞』第312号）③294
1月1日	「年頭所感 勇猛精進」（『大白蓮華』第80号）①280
2月7日	「小野君の死を悼む すみやかに帰り来たらんことを」（『聖教新聞』第317号）③299
2月14日	「私の闘病八十日」（『聖教新聞』第318号）③303

◆「レコード」

以下のものは、VICTOR COMPANY OF JAPAN の作成による。

1959（昭和34）年

8月頃	『創価学会々長 戸田城聖先生の教え 御書講義の部No.1 可延定業書（上・下・付質問会）』（1957年9月27日の音声）△⑦633
9月頃	『創価学会々長 戸田城聖先生の教え 御書講義の部No.2 治病大小権実違目（上・下・付質問会）』（1957年10月11日の音声）△⑦652
10月頃	『創価学会々長 戸田城聖先生の教え 講演の部No.1 昭和28年・29年（上・下）』（①創価学会第九回総会〈午前の部・1953年11月22日〉、②創価学会第九回総会〈午後の部・同年11月22日〉、③仙台支部第六回総会〈1954年10月9日〉、④創価学会第十一回総会〈同年11月3日〉、⑤軽井沢妙照寺落慶式〈同年11月10日〉、⑥高崎勝妙寺落慶式〈同年12月15日〉の音声）④95・97・200・220・223・237

	11月	『創価学会々長 戸田城聖先生の教え 御書講義の部No.3 聖人御難事（上・下・付質問会）』（1957年11月15日の音声）△⑦666
	12月	『創価学会々長 戸田城聖先生の教え 質問会の部No.1 登山会の質問会（上・下）』（1957年10月19日の音声）△②46・73・102・112・117・174・287・321
1960（昭和35）年	3月	『創価学会々長 戸田城聖先生の教え 御書講義の部No.4 三大秘法稟承事（上・中）』（1956年4月10日の音声）⑥507
	4月	『創価学会々長 戸田城聖先生の教え 御書講義の部No.5 三大秘法稟承事（下・付質問会）・経王殿御返事』（1956年4月10日・1957年7月18日の音声）△②20、⑥531、⑦590
	6月	『創価学会々長 戸田城聖先生の教え 御書講義の部No.6 瑞相御書（上・下）』（1956年5月15日の音声）⑥618
	6月	『創価学会々長 戸田城聖先生の教え 講演の部No.2 昭和30年（上・下）』（①鶴見支部第四回総会〈1955年3月27日〉、②向島支部新潟大会〈同年8月13日〉、③堺支部第一回総会〈同年10月4日〉、④創価学会第十三回総会〈同年11月3日〉、⑤堺支部結集大会〈同年4月11日〉、⑥北海道地方折伏札幌大会〈同年8月24日〉の音声）④267・277・326・343・371・381

7月　『創価学会々長 戸田城聖先生の教え　御書講義の部No.7　華果成就御書・別当御房御返事・寂日房御書（上・下）』（1957年2月8日の音声）⑦506・510・515

10月　『創価学会々長 戸田城聖先生の教え　御書講義の部No.8　清澄寺大衆中（上・下・付質問会）』（1956年12月14日の音声）△②156、⑦477

11月　『創価学会々長 戸田城聖先生の教え　御書講義の部No.9　日女御前御返事（上・中）』（1956年3月6日の音声）⑥589

12月　『創価学会々長 戸田城聖先生の教え　御書講義の部No.10　日女御前御返事（下）・顕仏未来記（上・下・付質問会）』（1956年3月6日・同年1月17日の音声）△⑥486・610

1961（昭和36）年

1月　『創価学会々長 戸田城聖先生の教え　質問会の部No.2　登山会の質問会（上・下）』（1957年5月4日・同年11月9日の音声）△②54・60・66・69・79・229・292・310

2月　『創価学会々長 戸田城聖先生の教え　御書講義の部No.11　聖密房御書（上・下）』（1957年1月25日の音声）⑦488

4月　『創価学会々長 戸田城聖先生の教え　御書講義の部No.12　佐渡御書（一・二）』（1956年2月7日の音声）⑥536

5月　『創価学会々長 戸田城聖先生の教え　御書講義の部No.13　佐渡御書（三・四）』（1956年2月7日・同年2月21日の音声）⑥557

6月　『創価学会々長 戸田城聖先生の教え　御書講義の部No.14　佐渡御書（五）・質問会』（1956年2月21日・1957年7月5日の音声）△②132、⑥578

7月　『創価学会々長 戸田城聖先生の教え　対談の部No.1　創価学会について（上・下）』（1954年11月26日・1956年4月1日の音声など）＊

8月　『創価学会々長 戸田城聖先生の教え　御書講義の部No.15　生死一大事血脈抄（上・下）』（1956年12月11日の音声）⑦452

1964（昭和39）年

2月　『創価学会々長 戸田城聖先生の教え　御書講義の部No.16　四信五品抄（一・二）』（1956年8月4日の音声）＊

3月　『創価学会々長 戸田城聖先生の教え　御書講義の部No.17　四信五品抄（三・四）』（1956年10月16日の音声）＊

5月　『創価学会々長 戸田城聖先生の教え　講演の部No.3　昭和30年・31年（上・下）』（①蒲田支部矢口地区総会〈1954年9月1日〉、②蒲田支部浜松地区総会〈1955年8月11日〉、③第四回男子部総会〈同年12月18日〉、④蒲田支部函館地区総会〈同年8月23日〉、⑤浜松・寿量寺入仏式

〈1956年3月12日〉、⑥7月度本部幹部会〈同年7月24日〉の音声）④189・315・334・401・425・466

7月　『創価学会々長 戸田城聖先生の教え　御書講義の部 No.18 三沢抄（上・中）』（1956年11月7日の音声）⑦406

8月　『創価学会々長 戸田城聖先生の教え　御書講義の部 No.19 三沢抄（下）・松野殿御消息（付質問会）』（1956年11月7日・同年10月26日の音声）△⑦390・420

◆「未発見の単行本」

書名は確認されているが、いまだに発見されていないもの。

1933（昭和8）年

4月8日　戸田城外・山田高正『推理式 読方指導』第五学年用上巻（城文堂出版部）

4月15日　戸田城外・山田高正『推理式 読方指導』第六学年用下巻（城文堂出版部）

7月頃　戸田城外『中・女学校 試験地獄の解剖』（城文堂出版部）

1934（昭和9）年

4月5日　戸田城外『普及版・推理式 算術指導』（日本小学館）

4月頃　戸田城外・山田高正『普及版・推理式 読方指導』第五学年用上巻（日本小学館）

4月頃　戸田城外・山田高正『普及版・推理式 読方指導』第五学年用下巻（日本小学館）

4月頃　戸田城外・山田高正『普及版・推理式 読方指導』第六学年用上巻（日本小学館）

1937（昭和12）年	4月頃	戸田城外・山田高正『普及版・推理式 読方指導』第六学年用下巻（日本小学館）
		戸田城外『自学自習・推理式 指導読方』尋三前期用（日本小学館）
		戸田城外『自学自習・推理式 指導読方』尋三後期用（日本小学館）
		戸田城外『自学自習・推理式 指導読方』尋四前期用（日本小学館）
		戸田城外『自学自習・推理式 指導読方』尋四後期用（日本小学館）
		戸田城外『自学自習・推理式 指導読方』尋五後期用（日本小学館）
		戸田城外『自学自習・推理式 指導読方』尋六前期用（日本小学館）
		戸田城外『自学自習・推理式 指導読方』尋六後期用（日本小学館）
1939（昭和14）年	春頃	戸田城外『尋常小学 副算術書』尋常五年用（日本小学館）
	春頃	戸田城外『尋常小学 副算術書』尋常六年用（日本小学館）
	秋頃	戸田城外『仕上の算術』（日本小学館）
1940（昭和15）年	1月頃	戸田城外『必らず聞れる口頭試問―新制度に適応せる―』（日本小学館）

付録3「講義・講演・講話・質問会などの記事」

年月日は、掲載紙誌等の発行日を示す。

『戸田城聖全集』全九巻（聖教新聞社版）の巻数と開始頁（例⑥3）を付している。

＊は、『戸田城聖全集』に未収録。△は、『戸田城聖全集』に一部分収録。

▲は、再掲または抜粋。ただし、1958年4月までに掲載されたものに限る。

なお、1970年3月までの『大白蓮華』の発行所は創価学会であるが、すべて省略した。

◆「講義」

1951（昭和26）年	12月25日〜52年2月25日	「勤行に際しての方便品、寿量品」（『大白蓮華』第21〜23号）＊
1952（昭和27）年	4月25日	「謹んで開目抄の一節を拝し奉る」（『大白蓮華』第24号）③179
	7月30日・9月30日	「観心本尊抄の文底三段—日寛上人の御教を受けて拝読し奉る—」（1）・（2）（『大白蓮華』第26・27号）＊
	10月30日〜55年8月1日	「観心本尊抄文段—日寛上人謹記を拝読し奉る—」（1）〜（23）（『大白蓮華』第28・29・31〜51号）＊
	12月25日・53年2月15日	「十如是論」（1）・（2）（『大白蓮華』第29・30号）③206
1954（昭和29）年	8月1日〜10月1日	「妙法蓮華経講義」（1）〜（3）（『大白蓮華』第40〜42号）＊
	10月1日・55年1月1日	「一般講義より速記 勤行に際しての方便品・寿量品」（『大白蓮華』第42・44号）＊

1955（昭和30）年	4月1日	「ある日の開目抄講義—部分観と全体観—」（『大白蓮華』第47号）＊
	5月1日	「太田入道殿御返事講義—業病を癒すは御本尊のみ—」（『大白蓮華』第48号）⑥463
	5月1日〜10月1日	「勤行に際しての方便品・寿量品」（1）〜（4）（『大白蓮華』第48・50・51・53号）＊
	9月1日〜12月1日	「当体義抄文段—日寛上人記を拝読し奉る—」（1）〜（4）（『大白蓮華』第52〜55号）＊
1956（昭和31）年	1月1日	「如説修行抄文段—日寛上人筆記を拝読し奉る—」（『大白蓮華』第56号）＊
	3月1日	「顕仏未来記を拝して」（『大白蓮華』第58号）③237
	4月1日	「佐渡御書を拝して」（『大白蓮華』第59号）③252
	5月1日	「聖人御難事御書を拝して」（『大白蓮華』第60号）③268
	5月1日〜10月1日	「方便品・寿量品講義 戸田会長先生の一級講義より」（1）〜（6）（『大白蓮華』第60〜65号）＊
	6月1日	「三大秘法稟承事を拝し奉る」（『大白蓮華』第61号）③279
	8月1日	「新池殿御消息を拝し奉る 戸田会長先生の一般講義より」（『大白蓮華』第63号）⑥647
	9月1日	「諸法実相抄拝読＝夏季講習会における戸田先生の全体講義より＝」（『大白蓮華』第64号）⑥671

10月1日	「四信五品抄拝読 戸田会長先生の講義より」（『大白蓮華』第65号）⑦353
11月1日	「三沢抄を拝読し奉る 戸田会長先生の一般講義より」（『大白蓮華』第66号）⑦406
11月25日〜57年1月27日	「無量義経講義 十功徳品第三」（1）〜（5）（『聖教新聞』第254・256・260・262・263号）⑦427
12月1日	「松野殿御消息拝読 戸田会長先生の一般講義より」（『大白蓮華』第67号）⑦390

1957（昭和32）年

1月1日〜6月1日	「方便品・寿量品講義 戸田会長先生の一級講義より」（1）〜（6）（『大白蓮華』第68〜73号）＊
2月1日	「生死一大事血脈抄拝読 戸田会長先生の一般講義より」（『大白蓮華』第69号）⑦452
3月1日	「戸田会長先生の一般講義より 聖密房御書拝読」（『大白蓮華』第70号）⑦488
3月1日	「戸田会長先生の一般講義より 華果成就御書拝読」（『大白蓮華』第70号）⑦506
3月1日	「戸田会長先生の一般講義より 別当御房御返事拝読」（『大白蓮華』第70号）⑦510
3月1日	「戸田会長先生の一般講義より 寂日房御書拝読」（『大白蓮華』第70号）⑦515
4月1日・5月1日	「戸田会長先生の一般講義より 種種御振舞御書拝読」（1）・（2）（『大白蓮華』第71・72号）⑦528
8月1日	「戸田会長先生の一般講義より 経王殿御返事の拝読」（『大白蓮華』第75号）⑦590

	10月1日	「戸田会長先生の一般講義より 聖人知三世事の拝読」（『大白蓮華』第77号）⑦603
	10月1日	「戸田会長先生の一般講義より 忘持経事の拝読」（『大白蓮華』第77号）⑦619
	11月1日	「戸田会長先生の一般講義より 治病大小権実違目の拝読」（『大白蓮華』第78号）⑦652
	12月1日	「聖人御難事の拝読 戸田会長先生の一般講義より」（『大白蓮華』第79号）⑦666
1958（昭和33）年	2月28日・3月14日	「勤行要典 御観念文について 会長先生、ある日の一級講義から」（上・下）（『聖教新聞』第320・322号）⑤433
1959（昭和34）年	2月1日～7月1日	会長戸田先生の観心本尊抄講義から①～⑥（『大白蓮華』第93～98号）＊
1966（昭和41）年	4月2日	「顕仏未来記講義」〈1956年1月17日に実施〉（和光社版『戸田城聖全集』第三巻に収録）⑥486
	4月2日	「佐渡御書講義」〈1956年2月7日・2月21日に実施〉（和光社版『戸田城聖全集』第三巻に収録）⑥536
	4月2日	「三大秘法禀承事講義」〈1956年4月10日に実施〉（和光社版『戸田城聖全集』第三巻に収録）⑥507
	4月2日	「日女御前御返事講義」〈1956年3月6日に実施〉（和光社版『戸田城聖全集』第三巻に収録）⑥589
	4月2日	「瑞相御書講義」〈1956年5月15日に実施〉（和光社版『戸田城聖全集』第三巻に収録）⑥618
	4月2日	「清澄寺大衆中講義」〈1956年12月14日に実施〉（和光社版『戸田城聖全集』第三巻に収録）⑦477

4月2日　「可延定業書講義」〈1957年9月27日に実施〉（和光社版『戸田城聖全集』第三巻に収録）⑦633

◆「講演・講話・質問会など」

1941（昭和16）年

12月5日　創価教育学会年度総会での講演（『価値創造』第4号、大道書房）③383

1942（昭和17）年

4月10日　神田支部座談会における話（『価値創造』第8号、大道書房）＊

5月10日　出版クラブ座談会例会における話（『価値創造』第9号（大道書房）＊

8月10日　創価教育学会第四回総会での講演（『大善生活実証録―第四回総会報告―』、創価教育学会）＊

12月31日　創価教育学会第五回総会での講演（『大善生活実証録―第五回総会報告―』、創価教育学会）＊

12月31日　創価教育学会第五回総会全員座談会における発言（『大善生活実証録―第五回総会報告―』、創価教育学会）＊

12月31日　創価教育学会第五回総会反省会における発言（『大善生活実証録―第五回総会報告―』（創価教育学会）＊

1946（昭和21）年

6月1日　〔蒲田〕第二支部の座談会における話（『価値創造』第1号、創価学会）＊

7月1日　青年部結成会における訓話（『価値創造』第2号、創価学会）＊

7月1日　目白支部の座談会におけるお話（『価値創造』第2号、創価学会）＊

年	月日	記事	巻・頁
	7月1日	蒲田第二支部の座談会における話（『価値創造』第2号、創価学会）	＊
	8月1日	青年部討論会における発言（『価値創造』第3号、創価学会）	＊
	8月1日	目白支部の座談会におけるお話（『価値創造』第3号、創価学会）	＊
	8月1日	蒲田支部の座談会における話（『価値創造』第3号、創価学会）	＊
	9月1日	蒲田支部の座談会における話（『価値創造』第4号、創価学会）	＊
	9月1日	青年部座談会における訓話（『価値創造』第4号、創価学会）	＊
	9月1日	芝支部座談会における話（『価値創造』第4号、創価学会）	＊
	10月1日	蒲田支部の座談会における講話（『価値創造』第5号、創価学会）	＊
	12月1日	牧口先生三回忌法要での弔辞（『価値創造』第7号、創価学会）	③385
	12月1日	創価学会第一回総会での講演（『価値創造』第7号、創価学会）	③387
1947（昭和22）年	11月1日	創価学会第二回総会（午前）での講演（『価値創造』第11号、創価学会）	③390
	11月1日	創価学会第二回総会（午後）での講演（『価値創造』第11号、創価学会）	③396

1948（昭和23）年

3月1日　鶴見支部の座談会における話
（『価値創造』第12号、創価学会）＊

5月20日　談話より
（『価値創造』第14号、創価学会）③400

10月15日　大石寺で行われた座談会での話
（『価値創造』第16号・錬成講習会特輯号、創価学会）＊

11月15日　創価学会第三回定期総会（午前）での講演
（『価値創造』第16号・第三回総会特輯号、創価学会）③403

11月15日　創価学会第三回定期総会（午後）での講演
（『価値創造』第16号・第三回総会特輯号、創価学会）③406

1949（昭和24）年

9月10日　第四回夏季講習会における講話
（『大白蓮華』第3号）＊

12月10日　創価学会第四回定期総会（午前）での講演
（『大白蓮華』第5号）③408

12月10日　創価学会第四回定期総会（午後）での講演
（『大白蓮華』第5号）③411

12月10日　牧口先生六回忌法要における話
（『大白蓮華』第5号）＊

1951（昭和26）年

1月10日　牧口先生七回忌法要における追憶の辞
（『大白蓮華』第13号）③416

1月10日　創価学会第五回定期総会（午前）での前理事長挨拶
（『大白蓮華』第13号）③421

1月10日　創価学会第五回定期総会（午後）での前理事長講演
（『大白蓮華』第13号）③423

4月20日	「信念とはなんぞや?」(『聖教新聞』第1号)③68
4月20日	三月度支部長会での話(『聖教新聞』第1号)③427
5月10日	創価学会会長就任式の御講演(『聖教新聞』第3号)③429
5月10日	創価学会会長就任式での挨拶(『聖教新聞』第3号)③432
6月20日	〔第一回〕本部婦人部委員会での御言葉(『聖教新聞』第7号)*
7月20日	男子青年部結成式での御言葉(『聖教新聞』第10号)③434
8月1日	創価学会臨時総会(広宣流布祈願大御本尊奉戴式)での講演(『聖教新聞』第11号)③436
8月20日	第六回夏季講習会での御講話(『聖教新聞』第13号)③439
8月20日	第六回夏季講習会での講演(『聖教新聞』第13号)③440
9月10日	八月度支部長会における教訓(『聖教新聞』第15号)③442
9月20日	支部合同座談会での講演(『聖教新聞』第16号)③444
9月20日	水谷日昇管長の訓諭に対する談話(『聖教新聞』第16号)③446

11月10日	創価学会第六回定期総会での御講演（『聖教新聞』第21号）③448
12月1日	牧口初代会長八回忌法要におけるお話（『聖教新聞』第23号）③453
1952（昭和27）年	
1月1日	十二月支部長会での注意（『聖教新聞』第26号）＊
1月10日	本部の初勤行での御挨拶（『聖教新聞』第27号）＊
1月10日	丑寅勤行終了後の話（『聖教新聞』第27号）＊
1月10日	年頭の支部長会での話（『聖教新聞』第27号）＊
2月20日	江東総支部第一回総会での御講話（『聖教新聞』第31号）③457
2月25日	第一回中野支部総会での講演（『大白蓮華』第23号）③463
3月1日	青年部研究発表会でのお言葉（『聖教新聞』第32号）③460
3月10日	第一回中野支部総会でのお言葉（『聖教新聞』第33号）▲
3月10日	第一回杉並支部総会での講話（『聖教新聞』第33号）③465
4月10日	立宗七百年記念春季総会（午後）での講演（『聖教新聞』第36号）③468

8月20日	第七回夏季講習会での話（『聖教新聞』第48号）③490
9月1日	八月度本部幹部会での話（『聖教新聞』第49号）△③492
10月10日	九月度本部幹部会での言葉（『聖教新聞』第53号）③493
10月10日	第一回登山会での話（『聖教新聞』第53号）＊
10月20日	蒲田支部第二回総会での御講演（『聖教新聞』第54号）③494
11月1日	女子青年部報道班のインタビューに答えて（『聖教新聞』第55号）③496
11月1日	十月度本部幹部会での談話（『聖教新聞』第55号）③498
11月10日	第二回登山会での質問会（『聖教新聞』第56号）△②28
11月20日	小笠原慈聞の問題についての談話（『聖教新聞』第57号）③499
12月1日	牧口初代会長九回忌法要での御話（『聖教新聞』第58号）③501
12月1日	十一月度本部幹部会での談話（『聖教新聞』第58号）③504
12月10日	創価学会第七回定期総会（午前）での講演（『聖教新聞』第59号）③506

1953（昭和28）年

12月10日	創価学会第七回定期総会（午後）での講演 （『聖教新聞』第59号）③508
12月20日	第三回登山会での質問会 （『聖教新聞』第60号）△②75
1月10日	十二月度本部幹部会での談話 （『聖教新聞』第62号）③511
1月10日	元旦初勤行での話 （『聖教新聞』第62号）④7
1月10日	小岩支部長交代式での訓話 （『聖教新聞』第62号）④8
1月10日	青年部幹部交替式での訓話 （『聖教新聞』第62号）④10
2月1日	女子第五部隊旗返還授与式での訓話 （『聖教新聞』第64号）④12
2月1日	第一回地区部長会での御話 （『聖教新聞』第64号）④13
2月10日	一月度本部幹部会での訓話 （『聖教新聞』第65号）＊
2月20日	第五回登山会での質問会 （『聖教新聞』第66号）△②185・188
3月1日	第二回志木支部総会での御講演 （『聖教新聞』第67号）④16
3月1日	二月度本部幹部会での御訓話 （『聖教新聞』第67号）④18

3月10日　第二回鶴見支部総会での御講演
（『聖教新聞』第68号）④20
3月20日　第六回登山会での質問会
（『聖教新聞』第69号）＊
4月1日　第二回江東総支部総会での御講演
（『聖教新聞』第70号）④22
4月10日　三月度本部幹部会での御話
（『聖教新聞』第71号）④24
4月10日　仙台指導における御講義・質問会
（『聖教新聞』第71号）△②238・252・266・289・291
5月1日　第一回男子青年部総会での訓示
（『聖教新聞』第73号）④26
5月1日　第七回登山会での質問会
（『聖教新聞』第73号）△②78・182・192
5月10日　四月度幹部会での御話
（『聖教新聞』第74号）④30
5月10日　創価学会第八回総会での講演〈午前の部〉
（『聖教新聞』第74号）④33
5月10日　創価学会第八回総会での講演〈午後の部〉
（『聖教新聞』第74号）④38
5月10日　男子青年部「戸田先生を囲む会」での総評
（『聖教新聞』第74号）＊
5月10日　男子青年部「戸田先生を囲む会」での質問会
（『聖教新聞』第74号）＊

5月20日	第八回登山会での質問会 （『聖教新聞』第75号）△②11・167・187・193
6月20日	第三回仙台支部総会での講演 （『聖教新聞』第77号、6月10日・20日の合併号）④45
6月20日	正継寺（相模原市）入仏開堂式での祝辞 （『聖教新聞』第77号、6月10日・20日の合併号）④49
6月20日	第二回地区部長会での質疑応答および訓示 （『聖教新聞』第77号、6月10日・20日の合併号）②41、④52
6月20日	男子青年部「戸田先生を囲む会」での質問会 （『聖教新聞』第77号、6月10日・20日の合併号）△②219
6月20日	第九回登山会での質問会 （『聖教新聞』第77号、6月10日・20日の合併号）△②12・129・162・163
6月20日	教育者懇談会発会式についての談話 （『聖教新聞』第77号、6月10日・20日の合併号）*
7月1日	第二回足立支部総会での講演 （『聖教新聞』第78号・臨時増刊）④41
7月1日	杉並支部旗返還授与式での訓話 （『聖教新聞』第78号・臨時増刊）④56
7月1日	教育者懇親会での談話 （『聖教新聞』第78号・臨時増刊）④63
7月1日	第一回大阪支部総会での講演 （『聖教新聞』第79号）④53
7月1日	第二回教学部任用試験終了後のお話 （『聖教新聞』第79号）④65

7月1日　六月度本部幹部会での御訓話
（『聖教新聞』第79号）④67

7月10日　第三回蒲田支部総会での御講演
（『聖教新聞』第80号）④58

7月20日　第十回登山会での質問会
（『聖教新聞』第81号）△②73・97・160

8月1日　青年部「戸田先生を囲む会（第二回）」での質問会
（『聖教新聞』第82号）△②217

8月20日　夏季講習会雄弁大会での訓話
（『聖教新聞』第84号）④72

8月20日　夏季講習会での一般質問会
（『聖教新聞』第84号）△②227

8月20日　夏季講習会での自我偈講義
（『聖教新聞』第84号）＊

8月20日　大石寺内の僧侶夫人たちとの懇談会での話
（『聖教新聞』第84号）＊

8月30日　夏季講習会での寿量品・自我偈講義
（『聖教新聞』第85号）＊

9月6日　八月度本部幹部会での御訓話
（『聖教新聞』第86号）△④74

9月13日　九月度登山会での質問会
（『聖教新聞』第87号）△②164・182・196

9月13日　男女青年部「戸田先生を囲む会」での質問会
（『聖教新聞』第87号）△②180

9月27日	第二回築地支部総会での御話 （『聖教新聞』第89号）④78
10月4日	第二回教育者クラブの研究会での講話 （『聖教新聞』第90号）④76
10月4日	第二回中野支部総会での御講演 （『聖教新聞』第90号）④80
10月4日	九月度本部幹部会での御話 （『聖教新聞』第90号）④82
10月18日	十月度登山会で女子青年部への話 （『聖教新聞』第92号）④84
10月25日	第四回仙台支部総会での御講演 （『聖教新聞』第93号）④86
10月25日	十月（第一回）登山会での質問会 （『聖教新聞』第93号）＊
11月1日	十月度本部幹部会でのお話 （『聖教新聞』第94号）④89
11月8日	第二回文京支部総会での御講演 （『聖教新聞』第95号）④90
11月15日	十一月（第一回）登山会での質問会 （『聖教新聞』第96号）＊
11月22日	牧口初代会長十回忌法要での追憶講演 （『聖教新聞』第97号）④93
11月29日	創価学会第九回秋季総会での講演〈午後の部〉 （『聖教新聞』第98号）④97

12月6日　創価学会第九回秋季総会での講演〈午前の部〉
（『聖教新聞』第99号）④95

12月6日　十一月度本部幹部会での講話
（『聖教新聞』第99号）④101

12月6日　第一回新聞販売拡張会議での話
（『聖教新聞』第99号）＊

12月13日　最近の質問会から
（『聖教新聞』第100号）△②96・172

12月27日　第二回男子青年部総会での御話
（『聖教新聞』第102号）④106

1954（昭和29）年

1月1日　十二月度本部幹部会での御話
（『聖教新聞』第103号）④103

1月17日　第三回教学部員候補生に対する筆記試験終了後の話
（『聖教新聞』第105号）④108

1月17日　学会行事会議でのお話（地区講義について）
（『聖教新聞』第105号）④111

1月17日　学会行事会議での御話（御書再版について）
（『聖教新聞』第105号）＊

1月24日　一月度女子青年部幹部会での御言葉
（『聖教新聞』第106号）④113

2月7日　一月度本部幹部会での御講話
（『聖教新聞』第108号）④114

2月14日　二月第一週登山会における男子青年部への話
（『聖教新聞』第109号）④117

2月14日	二月第一週登山会での質問会（『聖教新聞』第109号）△②175・297・314
2月28日	二月第二週登山会での質問会（『聖教新聞』第111号）△②155・165・202・333
3月7日	二月度本部幹部会での御話（『聖教新聞』第112号）④119
3月7日	教学部登用試験の第一次筆記試験終了後のお話（『聖教新聞』第112号）④123
3月14日	三月第一週登山会での質問会（『聖教新聞』第113号）△②89・363
3月21日	三月第二週登山会での質問会（『聖教新聞』第114号）△②191
4月4日	第三回鶴見支部総会での御話（『聖教新聞』第116号）④124
4月11日	質問会（『聖教新聞』第117号）△②216
4月11日	三月度本部幹部会での御話（『聖教新聞』第117号）④127
4月18日	第四回蒲田支部総会での御話（『聖教新聞』第118号）④132
4月18日	質問会（『聖教新聞』第118号）＊
4月25日	第一回小岩支部総会での御講演（『聖教新聞』第119号）④135

6月27日	第一回向島支部総会での講演 （『聖教新聞』第128号）④169
7月4日	在京各寺院の所化小僧を招待した席での話 （『聖教新聞』第129号）④171
7月4日	第二回杉並支部総会での講演 （『聖教新聞』第129号）④172
7月4日	六月度本部幹部会での話 （『聖教新聞』第129号）＊
7月11日	七月第一週登山会での質問会 （『聖教新聞』第130号）△②88・147・237・339
7月18日	七月第二週登山会での質問会 （『聖教新聞』第131号）△②84・85・98・101・177
7月25日	第三回文京支部総会での御講演 （『聖教新聞』第132号）④175
8月1日	月例登山会での質問会 （『聖教新聞』第133号）△②133・134・213
8月8日	七月度本部幹部会での講演 （『聖教新聞』第134号）④179
8月8日	夏季講習会での質問会 （『聖教新聞』第134号）△②173・218・279・394
8月8日	第九回夏季講習会での生死一大事血脈抄講義 （『聖教新聞』第134号）＊
8月15日	大石寺で聞く戸田先生の体験 （『聖教新聞』第135号）＊

8月22日　北海道大会での講演
（『聖教新聞』第136号）④183

8月29日　第一回八女支部総会での質問会
（『聖教新聞』第137号）△②86

9月5日　八月度本部幹部会での講演
（『聖教新聞』第138号）④186

9月5日　蒲田支部矢口地区総会での話
（『聖教新聞』第138号）④189

9月26日　第三回築地支部総会での講演
（『聖教新聞』第141号）④191

10月3日　第三回中野支部総会での講演
（『聖教新聞』第142号）＊

10月10日　九月の質問会
（『聖教新聞』第143号）△②83・225・382

10月10日　九月度本部幹部会での講演
（『聖教新聞』第143号）④196

10月17日　第六回仙台支部総会での講演
（『聖教新聞』第144号）④200

10月24日　第三回志木支部総会での講演
（『聖教新聞』第145号）④207

10月24日　十月第三週登山会での質問会
（『聖教新聞』第145号）△②36・43・85・105・112・130・164・333・389

10月26日　「戸田会長と一問一答」
（『朝日新聞』東京本社版朝刊第24684号および大阪本社版朝刊第26292号）＊　なお、西部本社版掲載の記事については、本書下巻の289頁を参照。

10月31日　第一回本郷支部総会での講演
（『聖教新聞』第146号）＊

11月7日　十月度本部幹部会での講演
（『聖教新聞』第147号）④214

11月7日　青年部一万人総登山での訓示
（『聖教新聞』第147号）④217

11月14日　創価学会第十一回秋季大総会での講演
（『聖教新聞』第148号）④220

11月21日　第一回青年部体育大会の開会式での御言葉
（『聖教新聞』第149号）④222

11月21日　第一回青年部体育大会の優勝旗授与式での訓示
（『聖教新聞』第149号）＊

11月28日　登山会での質問会
（『聖教新聞』第150号）△②214・225・226・234・247・253・366・376

11月28日　妙華寺（秋田市）落慶入仏法要での講演
（『聖教新聞』第150号）④227

11月28日　牧口初代会長十一回忌法要での挨拶
（『聖教新聞』第150号）④229

12月5日　十一月度本部幹部会での御話
（『聖教新聞』第151号）④232

12月5日　月例質問会
（『聖教新聞』第151号）△②91・389

12月12日　十二月第一週登山会での質問会
（『聖教新聞』第152号）△②359・385

12月19日　十二月第二週登山会での質問会
（『聖教新聞』第153号）△②26・27・167・353

12月19日　第二回本部地区部長会での訓話
（『聖教新聞』第153号）④235

12月26日　勝妙寺（高崎市）入仏落慶式での挨拶
（『聖教新聞』第154号）④237

12月26日　第二回女子青年部総会での講演
（『聖教新聞』第154号）④240

1955（昭和30）年

1月1日　「この声がNHKから電波に乗った 対談全容」
（『聖教新聞』第155号）＊

1月16日　初登山での質問会
（『聖教新聞』第156号）△②99・334・338

1月23日　第三回男子青年部総会での講演
（『聖教新聞』第158号）④247

2月6日　西日本三支部連合総会での講演
（『聖教新聞』第160号）④255

2月20日　「会長先生、東北放送で」
（『聖教新聞』第162号）＊

2月20日　二月第二週登山会での質問会
（『聖教新聞』第162号）△②40・208・219・248

2月27日　故山之内俊彦君納骨式でのお話
（『聖教新聞』第163号）④260

2月27日　二月第三週登山会での質問会
（『聖教新聞』第163号）＊

3月6日　二月度本部幹部会での質問会
（『聖教新聞』第164号）△②379

3月13日　三月第一週登山会での質問会
（『聖教新聞』第165号）△②44・298・342・365・386

3月27日　三月第三週登山会での質問会
（『聖教新聞』第167号）＊

4月1日　講義後の質問会より
（『大白蓮華』第47号）＊

4月3日　第四回鶴見支部総会での講演
（『聖教新聞』第168号）④267

4月10日　小泉隆個人演説会での講演
（『聖教新聞』第169号）④272

4月15日　「創価学会戸田城聖会長との一問一答」
（『真相』第83号、真相社）＊

4月17日　第二回向島支部総会での講演
（『聖教新聞』第170号）④282

4月17日　四月第二週登山会での質問会
（『聖教新聞』第170号）△②130・251・295・319

4月24日　四月第三週登山会での質問会
（『聖教新聞』第171号）△②241

5月1日　第四回中野支部総会での講演
（『聖教新聞』第172号）④287

5月8日　女子青年部総登山での訓示
（『聖教新聞』第173号）④291

5月8日	創価学会第十二回春季総会での講演（『聖教新聞』第173号）④292
5月15日	五月第一週登山会での質問会（『聖教新聞』第174号）＊
5月22日	五月第二週登山会での質問会（『聖教新聞』第175号）＊
5月29日	第二回本郷支部総会での講演（『聖教新聞』第176号）④295
6月5日	男子青年部一万人総登山での訓示（『聖教新聞』第177号）④300
6月5日	五月度本部幹部会での講話（『聖教新聞』第177号）④301
6月12日	第四回足立支部総会での講演（『聖教新聞』第178号）④303
6月26日	六月第三週登山会での質問会（『聖教新聞』第180号）△②30・144・279・349
7月3日	第四回文京支部総会での講演（『聖教新聞』第181号）④306
7月17日	第三回杉並支部総会での講演（『聖教新聞』第183号）④310
7月24日	最近の質問会から（『聖教新聞』第184号）△②290・305・348・357・368
7月31日	七月度本部幹部会での訓話（『聖教新聞』第185号）④313

8月7日　夏季講習会での質問会
（『聖教新聞』第186号）△②166・344
8月7日　女子青年部「戸田先生を囲む会」でのお話
（『聖教新聞』第186号）＊
8月21日　蒲田支部名古屋地区総会での講演
（『聖教新聞』第188号）④320
8月28日　小岩支部旭川地区総会での御講演
（『聖教新聞』第189号）④332
8月28日　日蓮宗宗務院編『創価学会批判』についての談話
（『聖教新聞』第189号）④353
9月4日　八月度本部幹部会での訓話
（『聖教新聞』第190号）④355
9月11日　九月第一週登山会での質問会
（『聖教新聞』第191号）＊
9月25日　第四回築地支部総会での講演
（『聖教新聞』第193号）④357
10月2日　第二回小岩支部総会での講演
（『聖教新聞』第194号）④362
10月9日　九月度本部幹部会での講演
（『聖教新聞』第195号）④365
10月9日　第四回志木支部総会での講演
（『聖教新聞』第195号）④368
10月30日　十月第四週登山会での質問会
（『聖教新聞』第198号）△②352

10月30日	第七回仙台支部総会での講演 （『聖教新聞』第198号）④373
10月30日	正因寺（大宮市）落慶式での挨拶 （『聖教新聞』第198号）④377
10月30日	一問一答 （『週刊読売』第14巻第43号、読売新聞社）＊
11月6日	十月度本部幹部会での指導 （『聖教新聞』第199号）④378
11月13日	創価学会第十三回秋季総会での講演 （『聖教新聞』第200号）④381
11月27日	第二回城東支部総会での講演 （『聖教新聞』第202号）④384
11月27日	大石寺奉安殿落慶法要での挨拶 （『聖教新聞』第202号）④388
11月27日	牧口初代会長十二回忌法要での追憶談 （『聖教新聞』第202号）＊
12月4日	十一月度本部幹部会での講演 （『聖教新聞』第203号）④390
12月4日	大石寺客殿での質問会 （『聖教新聞』第203号）△②58・226・311
12月11日	十二月第一週登山会での質問会 （『聖教新聞』第204号）△②35
12月18日	第三回女子青年部総会での講演 （『聖教新聞』第205号）④394

1956（昭和31）年

12月18日	関西本部の入仏式での挨拶 （『聖教新聞』第205号）④398
12月25日	第四回男子青年部総会での講演 （『聖教新聞』第206号）④401
12月25日	十二月度本部幹部会での講演 （『聖教新聞』第206号）④405
1月19日	「戸田城聖会長と一問一答」 （『中外日報』第15861号）＊
1月29日	水谷日昇の管長勇退と管長選挙の公示についての談話 （『聖教新聞』第211号）③235
1月29日	蒲田支部会館開館式での挨拶 （『聖教新聞』第211号）④411
1月29日	大阪市中央公会堂での講義後の質問会から （『聖教新聞』第211号の西日本版）＊
2月5日	一月度本部幹部会での講演 （『聖教新聞』第212号）④413
2月5日	豊島公会堂での一般講義後の質問会 （『聖教新聞』第212号）△②38
2月5日	水谷日昇管長隠退に関する談話 （『聖教新聞』第212号）＊
2月11日	「創価学会戸田会長と一問一答」 （『中外日報』第15881号）＊
2月12日	大阪市中央公会堂での一級講義後の質問会 （『聖教新聞』第213号）△②153

2月19日　大石寺客殿での質問会
（『聖教新聞』第214号）△②179・367

2月26日　大阪・堺二支部連合決起大会での話
（『聖教新聞』第215号）④416

3月1日　座談会「生命の不思議をめぐって＝戸田会長を囲んでお聞きする＝」
（『大白蓮華』第58号）②397

3月4日　二月第四週登山会での質問会
（『聖教新聞』第216号）△②131・245・381

3月4日　二月度本部幹部会での講演
（『聖教新聞』第216号）④421

3月18日　寿量寺（浜松市）の落慶入仏式での挨拶
（『聖教新聞』第218号の西日本版）④425

3月25日　関西本部での班長質問会
（『聖教新聞』第219号の西日本版）＊

4月8日　三月度本部幹部会での御講演
（『聖教新聞』第221号）④428

4月8日　仙台支部旗返還授与式での講演
（『聖教新聞』第221号）＊

4月15日　関西二支部（大阪・堺）連合大総会での講演
（『聖教新聞』第222号）④435

4月29日　「東北放送で対談 創価学会とは」
（『聖教新聞』第224号）＊

5月1日　「摂受と折伏、折伏の根本精神―戸田会長先生を囲む座談会、その他―」
（『大白蓮華』第60号）②449

5月6日　四月度本部幹部会での講演
（『聖教新聞』第225号）④440

5月6日　創価学会第十四回春季総会での講演
（『聖教新聞』第225号）④442

5月6日　四月度本部幹部会での質問会
（『聖教新聞』第225号）△②87・143・246・335

5月18日　「来阪の創価学会会長語る」
（『読売新聞』大阪読売新聞社版夕刊第１２６０号）＊

5月20日　ある日の登山会での質問会
（『聖教新聞』第227号）△②50・350・387・388

5月20日　「創価学会戸田会長が関西で初の記者会見」
（『中外日報』第１５９６３号）＊

5月27日　大阪市中央公会堂における講義での話
（『聖教新聞』第223号の西日本版）＊

6月3日　五月度本部幹部会での講演
（『聖教新聞』第229号）④446

6月10日　登山会での質問会
（『聖教新聞』第230号）△②238・351・358・369

6月10日　新潟での質問会
（『聖教新聞』第230号）＊

6月17日　講義後の質問会
（『聖教新聞』第231号の西日本版）＊

6月24日　質問会から
（『聖教新聞』第232号）△②373

6月24日　質問会
（『聖教新聞』第232号の北日本版）＊

7月1日　八幡市の市民広場での演説会後の質問会
（『聖教新聞』第233号の西日本版）＊

7月8日　大阪・堺二支部合同婦人部総会での話
（『聖教新聞』第234号の西日本版）④451

7月11日　「会長と一問一答」
（『朝日新聞』東京本社版朝刊第25303号）＊
なお、大阪本社および西部本社版掲載の記事については、本書下巻の289頁を参照。

7月15日　豊島公会堂における一級講義での指導
（『聖教新聞』第235号）④462

7月15日　戸田の発言要旨
（小口偉一他編『宗教と信仰の心理学』、河出書房）＊

7月22日　七月第二週登山会での質問会
（『聖教新聞』第236号）△②80

7月29日　七月度本部幹部会での指導
（『聖教新聞』第237号）④466

7月29日　「戸田会長との一問一答」
（『週刊朝日』第61巻第31号、朝日新聞社）＊

8月1日　戸田会長先生を囲む質問会より
（『大白蓮華』第63号）△②51・139

8月5日　「日本短波放送から『世の批判に応う』宗教の時間に会長先生対談」
（『聖教新聞』第238号）＊

8月5日	最近の質問会 （『聖教新聞』第238号）△②264
8月12日	夏期講習会での質問会 （『聖教新聞』第239号）△②233
9月1日	近藤日出造「世相やぶにらみ 創価学会」の中の一問一答 （『中央公論』第71年第10号、中央公論社）＊
9月2日	全国新支部結成大会での講演 （『聖教新聞』第242号）④468
9月9日	八月度本部幹部会での指導 （『聖教新聞』第243号）④471
9月16日	九月第二週登山会での質問会 （『聖教新聞』第244号）△②378・382
9月23日	九月第三週登山会での質問会 （『聖教新聞』第245号）△②215
9月23日	大宮支部結成大会での講演 （『聖教新聞』第245号の関東版）④478
10月7日	初代会長夫人・牧口クマの学会葬での弔辞 （『聖教新聞』第247号）④483
10月7日	九月度本部幹部会での講演 （『聖教新聞』第247号）④485
10月7日	大阪支部結成大会での話 （『聖教新聞』第247号の西日本版）④480
10月21日	十月第三週登山会での質問会 （『聖教新聞』第249号）△②29・228＊

10月21日　質問会前の話
（『聖教新聞』第249号）＊

11月4日　十月登山会での質問会
（『聖教新聞』第251号）△②121・154・227・350・374・390

11月4日　十月度本部幹部会での講演
（『聖教新聞』第251号）④493

11月4日　創価学会第十五回秋季総会での講演
（『聖教新聞』第251号）④498

11月11日　聖教寺（大阪市）落慶式での話
（『聖教新聞』第252号の西日本版）④502

11月18日　十一月第二週登山会での質問会
（『聖教新聞』第253号）△②13・200・221

11月25日　十一月第三週登山会での質問会
（『聖教新聞』第254号）△②206

12月2日　大法寺（旭川市）落慶式での御話
（『聖教新聞』第255号の北日本版）＊

12月9日　十一月度本部幹部会での話
（『聖教新聞』第256号）④503

12月16日　第四回女子青年部大総会での講演
（『聖教新聞』第257号）④505

12月16日　大阪市中央公会堂での法華経の講義
（『聖教新聞』第257号の西日本版）＊

12月23日　仙台支部第八回総会でのお言葉
（『聖教新聞』第258号の北日本版）④507

1957（昭和32）年

1月1日	十二月度本部幹部会での話（『聖教新聞』第259号）④509
1月1日	第五回男子青年部総会での講演（『聖教新聞』第259号）④512
2月1日	第五回男子青年部総会における講演（『大白蓮華』第69号）▲
2月3日	一月度本部幹部会での話（『聖教新聞』第264号）④517
2月10日	二月第一週登山会での質問会（『聖教新聞』第265号）△②82
2月24日	二月第二週登山会の質問会での指導（『聖教新聞』第267号）②5
2月24日	二月第二週登山会での質問会（『聖教新聞』第267号）△②168
3月1日	講義後の質問より（『大白蓮華』第70号）＊
3月1日	講義後の質問会から（『大白蓮華』第70号）＊
3月3日	二月度本部幹部会でのお話（『聖教新聞』第268号）④519
3月17日	豊橋市公会堂での御書講義後の質問会（『聖教新聞』第270号）＊
3月24日	三月登山会での質問会（『聖教新聞』第271号）△②203・257・273・284

3月31日	登山会での男子青年部第二部隊の部員への話 （『聖教新聞』第272号）＊
3月31日	三月第四週登山会での質問会 （『聖教新聞』第272号）△②65・281・383
4月7日	三月度本部幹部会での話 （『聖教新聞』第273号）＊
4月7日	質問会 （『聖教新聞』第273号）△②301・364・392
4月14日	第一回関西総支部総会での講演 （『聖教新聞』第274号の西日本版）④528
4月21日	杉並支部少年少女の集いでのお話 （『聖教新聞』第275号）④525
4月21日	松島支部と大阪支部の幹部会での質問会 （『聖教新聞』第275号の西日本版）＊
4月28日	第一回九州総会での講演 （『聖教新聞』第276号）④530
4月28日	質問会から （『聖教新聞』第276号）＊
5月12日	妙本寺（千葉県安房郡）の日蓮正宗帰一奉告法要での挨拶 （『聖教新聞』第278号）④532
5月12日	創価学会第十六回春季総会での講演 （『聖教新聞』第278号）④534
5月19日	第一回北海道総会での講演 （『聖教新聞』第279号）④537

5月19日	五月第一週登山会での質問会（『聖教新聞』第279号）＊
5月26日	質問会（『聖教新聞』第280号）②47・198
6月2日	登山会での質問会（『聖教新聞』第281号）△②125・229
6月16日	六月度男女青年部幹部会での訓示（『聖教新聞』第283号）④541
6月20日	「創価学会戸田会長と一問一答」（『北海タイムス』朝刊第3046号）＊
6月23日	六月第三週登山会での質問会（『聖教新聞』第284号）△②262・266
7月1日	六月度男女青年部幹部会での講演（『大白蓮華』第74号）▲
7月1日	「質問会の系統的記録」（『大白蓮華』第74号）▲
7月7日	学生部結成大会での講演（『聖教新聞』第286号）④544
7月14日	七月第一週登山会での質問会（『聖教新聞』第287号）△②285
7月21日	東京大会および大阪大会での質問会（『聖教新聞』第288号）△②220
8月1日	御書・経文講義後の戸田会長先生の質問会より（『大白蓮華』第75号）△②132・307

8月1日	「質問会の系統的記録（2）」（『大白蓮華』第75号）▲
8月1日	秋山ちえ子「創価学会会長 戸田城聖氏夫妻訪問」（『主婦の友』第41巻第8号、主婦の友社）＊
8月2日	登山会での質問会（『聖教新聞』第290号）△②254・280・356
8月16日	夏期講習会での質問会（『聖教新聞』第292号）②71
8月23日	第一回北海道体育大会での訓示（『聖教新聞』第293号）④553
8月23日	夕張支部結成大会での講演（『聖教新聞』第293号）④554
8月23日	本部幹部会での質問会（『聖教新聞』第293号）＊
8月30日	興隆寺（夕張市）落慶式での挨拶（『聖教新聞』第294号）④559
8月30日	八月度本部幹部会での講演（『聖教新聞』第294号）④561
8月30日	質問会（『聖教新聞』第294号）②106・122・271
9月1日	「徳川夢声連載対談 問答有用第333回 城聖」（『週刊朝日』第62巻第36号、朝日新聞社）＊
9月1日	佐木秋夫によるインタビュー「戸田城聖会長にきく 創価学会のハラのなか——これからの活動方針とその内幕——」（『大世界』第12巻第9号、世界仏教協会）＊

9月1日　神山茂夫との対談「創価学会対共産主義」
（『総合』第5号、東洋経済新報社）＊

9月13日　青年部の第四回東日本体育大会での訓辞
（『聖教新聞』第296号）④564

9月13日　質問会
（『聖教新聞』第296号）△②45・299

9月20日　質問会
（『聖教新聞』第297号）△②118

9月22日　「人間模様　末法濁悪の世を嘆く」
（『毎日グラフ』第10年第38号、毎日新聞社）＊

9月27日　青年部の第一回西日本体育大会での訓辞
（『聖教新聞』第298号）④567

10月1日　青年部の第四回東日本体育大会における講演
（『大白蓮華』第77号）▲

10月4日　九月度本部幹部会での講演
（『聖教新聞』第299号）④569

10月4日　質問会
（『聖教新聞』第299号）△②42・222・319

10月11日　小岩支部長交替式での話
（『聖教新聞』第300号の関東版）＊

10月11日　十月第一週登山会での質問会
（『聖教新聞』第300号）△②127・148・234・242・302・341

10月18日　九州総支部結成大会での講演
（『聖教新聞』第301号）＊

10月18日	水谷日昇の密葬にあたっての談話	（『聖教新聞』第301号）④572
10月18日	質問会	（『聖教新聞』第301号）△②109・248・322
10月25日	常在寺改築落慶式での祝詞	（『聖教新聞』第302号）④574
10月25日	登山会での質問会	（『聖教新聞』第302号）＊
11月1日	九月度本部幹部会での講演	（『大白蓮華』第78号）▲
11月1日	九州総支部結成大会での講演	（『大白蓮華』第78号）▲
11月1日	戸田先生を囲む五級講義	（『大白蓮華』第78号）＊
11月1日	一般講義後の質問会	（『大白蓮華』第78号）＊
11月1日	質問会にみる教学問題	（『聖教新聞』第303号）△②69・193
11月8日	十月度本部幹部会での話	（『聖教新聞』第304号）④576
11月8日	十一月第一週登山会での質問会	（『聖教新聞』第304号）△②239・250・275・315
11月15日	創価学会第十七回秋季総会での講演	（『聖教新聞』第305号）④581

11月22日	牧口初代会長十四回忌法要での追憶談（『聖教新聞』第306号）④585
11月22日	大阪市中央公会堂における講義の中でのお話（『聖教新聞』第306号の西日本版）＊
11月22日	質問会（『聖教新聞』第306号）△②283
12月1日	創価学会第十七回秋季総会での講演（『大白蓮華』第79号）▲
12月1日	品川公会堂での講義後の質問会（『大白蓮華』第79号）＊
12月1日	榎その「お題目の週末旅行《創価学会本山お詣り同行記》」での戸田との対話（『婦人生活』第11巻第12号、同志社）＊
12月27日	十二月度本部幹部会への伝言（『聖教新聞』第311号）＊
12月27日	今年の質問会から（『聖教新聞』第311号）△②120・258・321

1958（昭和33）年

1月17日	質問会から（『聖教新聞』第313号）△②22・197・345
1月17日	文底寿量品の三妙合論を講義（『聖教新聞』第313号）＊
1月17日	年頭の和歌三首（『聖教新聞』第313号）①362
1月24日	質問会から（教学問題）（『聖教新聞』第315号）△②25・159・183

	2月1日	昭和三十三年の出発に際しての三指針と三首の歌（『大白蓮華』第81号）▲
	2月1日	「―戸田先生にお聞きした―堀日亨上人と創価学会との関係」（『大白蓮華』第81号）＊
	2月1日	「文底寿量品の三妙合論を説く」（『大白蓮華』第81号）▲
	2月1日	「戸田先生を囲む質問会から」（『大白蓮華』第81号）▲
	2月7日	質問会から（教学問題）（『聖教新聞』第317号）△②65・327
	2月14日	快気祝いの席でのお話（『聖教新聞』第318号）＊
	2月21日	教学に関する質問会から（『聖教新聞』第319号）△②15
	2月28日	質問会から（教学問題）（『聖教新聞』第320号）△②110・161・185
	3月7日	法華本門大講堂落成慶讃大法要での挨拶（『聖教新聞』第321号）④591
	3月21日	岸首相夫人一行の歓迎大会でのお話（『聖教新聞』第323号）④595
	11月21日	質問会から（未掲載分）（『聖教新聞』第358号）△②135
1959（昭和34）年	1月1日	「如是我聞　法華経研究会の戸田先生のお話から」（『聖教新聞』第364号第一元旦号）＊

1月16日	「如是我聞　法華経研究会の戸田先生のお話から」（『聖教新聞』第366号）＊
1月23日	「如是我聞　法華経研究会の戸田先生のお話から―30年6月」（『聖教新聞』第367号）＊
2月6日	「如是我聞」（『聖教新聞』第369号）＊
2月13日	「如是我聞」（『聖教新聞』第370号）＊
2月20日	「如是我聞」（『聖教新聞』第371号）＊
2月27日	「如是我聞」（『聖教新聞』第372号）＊
3月6日	「如是我聞　法華経研究会の記録から」（『聖教新聞』第373号）＊
3月20日	「如是我聞」（『聖教新聞』第375号）＊
3月27日	「如是我聞」（『聖教新聞』第376号）＊
4月3日	「如是我聞」（『聖教新聞』第377号）＊
4月10日	「先生を囲む想い出の質問会⑴（未掲載分）」（『聖教新聞』第378号）②73・77・145・300・340
4月10日	「如是我聞」（『聖教新聞』第378号）＊

	4月17日	「先生を囲む思い出の質問会(2)(未掲載分)」(『聖教新聞』第379号)△②189
	4月17日	「如是我聞」(『聖教新聞』第379号)＊
	4月24日	「如是我聞」(『聖教新聞』第380号)＊
	5月1日	「先生をかこむ思い出の質問会(3)(未掲載分)」(『聖教新聞』第381号)△②54・174
	5月1日	「如是我聞」(『聖教新聞』第381号)＊
	5月8日	「如是我聞」(『聖教新聞』第382号)＊
	5月15日	「先生を囲む思い出の質問会(4)(未掲載分)」(『聖教新聞』第383号)△②46・243・361
	5月22日	「先生を囲む想い出の質問会(5)(未掲載分)」(『聖教新聞』第384号)△②170・240・360
	5月22日	「如是我聞」(『聖教新聞』第384号)＊
	6月5日	「先生を囲む想い出の質問会(6)(未掲載分)」(『聖教新聞』第386号)△②137
1961(昭和36)年	5月3日	女子青年部結成二周年記念総会での訓話〈1953年7月26日に実施〉(『戸田城聖先生講演集』上に収録)④69
	5月3日	青年部大総会での講演〈1954年4月29日に実施〉(『戸田城聖先生講演集』上に収録)④146

	5月3日	妙照寺（軽井沢町）落慶入仏法要での挨拶〈1954年11月10日に実施〉（『戸田城聖先生講演集』上に収録）④223
	10月12日	堺支部幹部会（結集大会）での講演〈1955年4月11日に実施〉（『戸田城聖先生講演集』下に収録）④277
	10月12日	蒲田支部浜松地区総会での講演〈1955年8月11日に実施〉（『戸田城聖先生講演集』下に収録）④315
	10月12日	向島支部新潟地区総会での講演〈1955年8月13日に実施〉（『戸田城聖先生講演集』下に収録）④326
	10月12日	蒲田支部函館地区総会での講演〈1955年8月23日に実施〉（『戸田城聖先生講演集』下に収録）④334
	10月12日	北海道地方折伏講演会（札幌班大会）での講演〈1955年8月24日に実施〉（『戸田城聖先生講演集』下に収録）④343
	10月12日	第一回堺支部総会での講演〈1955年10月4日に実施〉（『戸田城聖先生講演集』下に収録）④371
	10月12日	船場支部結成大会での講演〈1956年9月26日に実施〉（『戸田城聖先生講演集』下に収録）④489
	10月12日	東京大会・大阪大会での講演〈1957年7月12日・7月17日に実施〉（『戸田城聖先生講演集』下に収録）④546
1963（昭和38）年	8月2日	質問会（『戸田城聖先生 質問会集』に収録）②31・33・36・40・95・100・176・260・277・278・308・316・372
1965（昭和40）年	12月10日	質問会（和光社版『戸田城聖全集』第四巻に収録）②34
1984（昭和59）年	2月11日	参議院選挙の応援演説〈1956年7月7日に実施〉（聖教新聞社版『戸田城聖全集』第四巻に収録）④454

あとがき

創価教育学会が一九三〇（昭和五）年十一月十八日に創立されて九十一年になる本年、初代会長の牧口常三郎と、戦後に創価学会と改称されて第二代会長となった戸田城聖の足跡を、『評伝 牧口常三郎』および『評伝 戸田城聖』上下巻の三冊として完結することができた。

「創価教育の源流」編纂委員会が目指したのは、近年見つかった多くの新資料をも考察し、牧口常三郎・戸田城聖・池田大作の三人に流れてきたものとは何かを探求することだった。ただし、この三冊は、あくまで現時点における成果であることをご了承いただきたい。

『評伝 戸田城聖』上巻では、戸田の青少年期からの足跡とともに、彼がどのように牧口を支えてきたかを丹念にたどることに力を注いできた。下巻では、彼が、第三代会長となる池田にすべての思いを託してきたことに焦点をあてている。

戦前の戸田は、教育者・実業家として活躍した。戦後においては、創価学会という「校舎なき総合大学」を創出し、一人一人の幸福を願って語り、励まし続けてきた。

戸田の願いを端的に表現した三つの言葉を改めて確認しておくことにしよう。

「地上から、〝悲惨〟の二字をなくしたい」

「自らの思想は〝地球民族主義〟である」

「たとえある国が原子爆弾を用いて、世界を征服しようとも、その民族、それを使用したものは悪魔であり、魔ものであるという思想を、全世界に弘めることこそ、全日本青年男女の使命であると信ずる」

これらは、創価大学の建学の精神の一つとして掲げられた「人類の平和を守るフォートレス（要塞）たれ」に反映されているように思われる。

池田は、戸田の生涯を描いた小説『人間革命』の「あとがき」に「私のなすべきことは、恩師に代わって、『世界の平和』と『人類の幸福』のために戦い、生き抜き、この世の使命を果たしゆくことと思っている」（池田大作『人間革命』第十二巻、聖教ワイド文庫、二〇一三年、四九八頁）と記している。

戸田の思いは、池田に継承されてから、百九十二カ国・地域へと広がっていった。創価の平和・文化・教育の運動は、牧口、戸田、池田という三代の師弟が築きあげてきた大河の流れなのである。

『評伝 戸田城聖』の発刊は、戸田研究の道を開いてくださった高崎隆治氏、ならびに、三代の会長に縁した多くの方々のお力添えによるところが大きい。また、塩原将行氏と古川敦氏の多大な尽力なくしてはでき得なかった。さらに、本書をまとめることができたのは、創価大学池田大作記念創価教育研究所、創価学会、聖教新聞社、メリーランド大学のプランゲ文庫や広島市立中央図書館をはじめ多くの図書館のご協力があったからである。連載開始より九年間にわたり温かく見守ってくださった第三文明社をはじめ、ご指導・ご協力いただいたすべての方々に、あらためて深く感謝申し上げたい。

今年四月二日、創価大学は、第三代の池田によって創立されてより五十年を迎えることになる。最後に、このことをともどもにお祝い申し上げさせていただきたい。

二〇二一年二月十一日

「創価教育の源流」編纂委員会

評伝 戸田城聖(下) 創価教育の源流 第二部

2021年3月16日　初版第1刷発行
2024年11月18日　初版第2刷発行

編　者　「創価教育の源流」編纂委員会
発行者　松本義治
発行所　株式会社　第三文明社
東京都新宿区新宿1-23-5　〒160-0022
電話番号　03-5269-7144（営業代表）
03-5269-7145（注文専用）
03-5269-7154（編集代表）
振替口座　00150-3-117823
URL https://www.daisanbunmei.co.jp

印刷・製本　藤原印刷株式会社

ISBN978-4-476-03387-8